예제 따라가며 쉽게 배우는

오라클

윤정미 저

도서출판 기한재

머리말

현재 우리는 데이터(Data)의 폭주시대에 살고 있다. 그러나 이런 데이터는 그 자체만으로는 활용가치가 낮으며, 데이터를 잘 가공하고 저장·관리하여 우리가 필요로 할 때, 필요로 하는 목적에 맞게 활용할 수 있을 때에야 비로소 그 가치를 발휘하게 된다.

따라서 DBMS는 이용가치가 낮은 데이터에 생명을 불어 넣어, 필요로 하는 정보를, 필요한 때에 이용할 수 있게 만들어 준다는 점에서 '정보화 사회'의 근간을 이루는 요체라고 할 수 있다. 따라서 DMBS를 얼마나 잘 다루느냐는 정보 분야 종사자나 IT 업계의 성패는 물론, 더 나아가 정보화 사회의 성패를 좌우하는 핵심요소가 아닐 수 없다.

현재 많이 사용되고 있는 DMBS의 종류는 오라클(Oracle), MS-SQL, 엑세스(Access) 등이 있다. 그 중에서 오라클은 프로그램의 안정성과 편리함 때문에 IT 업체나 일반 기업체에서 가장 널리 사용되고 있으며, 보통 오라클을 잘 다룬다고 하면 데이터베이스 혹은 DBMS에 대해서 전문적인 지식을 가지고 있다고 할 만큼 오라클에 대한 인지도가 매우 높은 편이라고 할 수 있다. 따라서 정보화 사회의 진전과 더불어 오라클을 잘 다루는 전문가에 대한 인적 수요는 지속적으로 증가하고 있으며, 이는 최근 OCP와 같은 오라클 자격증 프로그램에 대한 관심의 고조로 이어지고 있다.

사실 오라클을 처음 접하는 초보자를 대상으로, 한 학기라는 한정된 기간 내에 이를 효율적으로 습득케 하는 일은 결코 쉽지 않은 일이다. 이 교재는 필자가 오랫동안 대학에서 데이터베이스를 강의하면서 얻은 고심의 결과물로서, 우선 직접 예제를 실습해가며 익히게 하고, 동시에 주어진 실전문제를 스스로 해결해보도록 함으로써, 짧은 기간 내에 오라클을 습득케 하여 문제해결 능력을 배양하는 데 주안점을 두고 쓰여 졌다. 또한 이 책은 오라클을 처음 대하는 초보자를 대상으로 데이터베이스의 표준 언어인 SQL을 습득케 함은 물론, 오라클 자격증의 시험과목인 [Introduction to Oracle: SQL and PL/SQL]까지도 완벽히 대비토록 쓰여 졌다.

이 책의 구성은 크게 1) SQL, 2) SQL*PLUS, 3) PL/SQL의 세 부분으로 나누어져 있고, 각 부분은 간략한 기본 개념 설명과, 예제풀이, 실전문제로 구성되어 있다. 따라서 각자의 컴퓨터에 오라클을 설치한 후 자신의 목적에 맞게 개념설명, 예제풀이, 실전문제를 적절히 활용한다면 단기간 내에 소귀의 성과를 달성할 수 있으리라고 본다.

지금까지 오라클은 12c 버전까지 나와 있으나, 현재 보편적으로 가장 많이 사용되고 있는 버전이 오라클 11g 버전인 점을 감안하여, 이 책에서는 오라클 11g 버전을 기준으로 하여 설명하고, 문제를 구성하였다. 또한 이 책은 오라클 11g에 대해 설명한 것이지만, 오라클 11g만의 새로운 기능보다는 데이터베이스 본연의 기능에 초점을 맞추어 기술하였다.

이 책이 만들어지기 까지 많은 분들의 격려와 도움이 있었다. 우선 이 책이 나올 수 있도록 배려해주신 기한재 출판사 사장님과, 편집에 최선을 다해준 편집부 직원 여러분께 감사드린다. 그리고 이 책이 나오기까지 나를 이해해주고 도움을 아끼지 않은 남편과, 항상 마음으로 격려해 주신 부모님께도 감사드린다. 이 책은 주로 주말을 이용하여 청안면 부흥리 시골집에서 썼는데, 창문을 통하여 보이는 포근하고 아늑한 시골 풍경과 그곳 사람들을 통해 느낄 수 있었던 따뜻한 인심은 책 쓰는 과정 동안의 피로도 잊게 해주어, 책을 쓰는 기간 내내 행복했던 것 같다.

아무쪼록 이 책이 독자 여러분들로 하여금 단 기간 내에 오라클의 핵심에 좀 더 가까이 다가가는 계기가 되고, 여러분의 실력 향상에 큰 보탬이 되기를 바란다. 그리고 행복하기를 빈다.

목 차

제[1]부 소 개

- **제1장 오라클 소개_11**
    - 1. 데이터베이스 관리 시스템(DBMS) ·· 11
    - 2. 오라클 역사 ·· 12
    - 3. 오라클 구성 ·· 13

- **제2장 오라클 설치_17**
    - 1. 설치환경 ·· 17
    - 2. 설치과정 ·· 18
    - 3. 오라클 시작과 종료 ·· 28

- **제3장 실습용 데이터베이스 소개_31**
    - 1. 실습용 계정 ·· 31
    - 2. 실습용 테이블 ·· 31

제[2]부 SQL

- **제4장 데이터베이스로부터 데이터 검색(SELECT)_37**
    - 1. 기본적인 SELECT 문 ··· 37
    - 2. 조건을 추가한 SELECT 문(WHERE 절) ·· 47
    - 3. 데이터를 정렬한 SELECT 문(ORDER BY 절) ·· 56
    - 4. 단일행 함수를 사용한 SELECT 문 ·· 63
    - 5. 복수행 함수를 사용한 SELECT 문 ·· 99
    - 6. 서브쿼리(SubQuery)를 사용한 SELECT 문 ·· 108
    - 7. 다중 테이블로부터 자료를 검색하는 SELECT 문(JOIN) ····························· 114

- 제5장 DDL(Data Definition Language)_129
  1. 테이블(TABLE) ·· 129
  2. 뷰(VIEW) ··· 179
  3. 시퀀스(SEQUENCE) ·· 191
  4. 인덱스(INDEX) ·· 199
  5. 동의어(SYNONYM) ·· 205

- 제6장 DML(Data Manipulation Language)_209
  1. 데이터 추가(INSERT) ··· 209
  2. 데이터 변경(UPDATE) ··· 215
  3. 데이터 삭제(DELETE) ··· 218
  4. 트랜잭션(TRANSACTION) 관리 ·· 221

- 제7장 DCL(Data Control Language)_227
  1. 시스템 권한 ·· 227
  2. 객체 권한 ·· 234

제[3]부 SQL*PLUS

- 제8장 SQL*PLUS_241
  1. SQL과 SQL*PLUS의 비교 ·· 241
  2. SQL*PLUS 편집 명령어 ·· 242
  3. SQL*PLUS 파일 명령어 ·· 247
  4. SQL*PLUS 환경 명령어 ·· 253
  5. SQL*PLUS 출력 Format 명령어 ·· 259

- 제9장 치환 변수_261
  1. 치환변수의 정의 ··· 261
  2. 단일 앰퍼샌드(&) 치환변수 ·· 261
  3. 이중 앰퍼샌드(&&) 치환변수 ··· 264
  4. 사용자 변수의 정의 ··· 266

제 [4] 부 PL/SQL

제10장 PL/SQL 기본 _271
1. 정의 ··· 271
2. PL/SQL의 종류 ·· 271
3. PL/SQL의 블록 구조 ·· 272

제11장 선언부 _275
1. 스칼라 데이터 타입 ··· 275
2. 참조 데이터 타입 ·· 277
3. 복합 데이터 타입 ·· 279

제12장 실행부 _283
1. 대치문(Assignment Statement) ··· 283
2. 제어문(Flow of Control Statement) ·· 284
3. SQL 문 ··· 293
4. 커서(CURSOR) 문 ·· 299

제13장 예외처리부 _309
1. 예외의 종류 ··· 309
2. 예외 처리를 위한 함수와 프로시저 ·· 318

제14장 모 듈 _321
1. 스토어드 프로시저(Stored Procedure) ·· 321
2. 스토어드 함수(Stored Function) ··· 330
3. 패키지(Package) ·· 335
4. 트리거(Trigger) ·· 339

부 록 _347
1. 오라클 데이터 사전(Oracle Data Dictionary) ································· 349

제1부
소 개

제1장 오라클 소개
제2장 오라클 설치
제3장 실습용 데이터베이스 소개

제1장 오라클 소개

1. 데이터베이스 관리 시스템(DBMS)

- 지속적으로 유지 관리해야 하는 데이터의 집합을 데이터베이스(DataBase)라 하며,
- 이러한 방대한 양의 데이터를 편리하게 저장하고 효율적으로 관리하고 검색할 수 있는 환경을 제공해주는 소프트웨어를 데이터베이스 관리 시스템(DBMS : Database Management System)이라 한다.
- 즉, 데이터베이스 관리 시스템은 사용자가 새로운 데이터베이스를 생성하고, 데이터베이스의 구조를 변경하며 사용자가 데이터를 효율적으로 조회하고 수정할 수 있도록 한다.
- 또한, 시스템의 고장이나 권한이 없는 사용자로부터 데이터를 안전하게 보호하며, 동시에 여러 사용자가 데이터베이스를 접근하는 것을 제어한다.

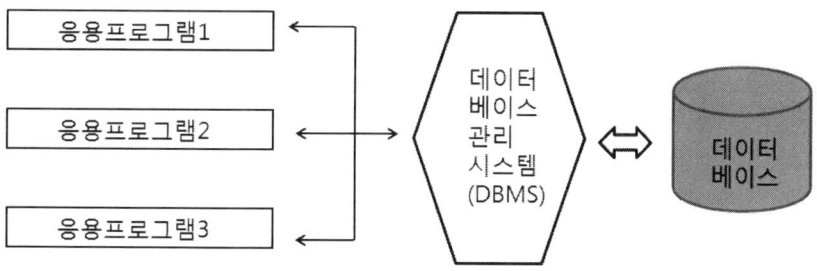

- 데이터베이스 관리 시스템은 응용 프로그램과 데이터베이스의 중재자 역할을 하며, 관계형 데이터베이스 관리 시스템(RDBMS : Relational Database Management System)은 가장 일반적인 형태의 데이터베이스 관리 시스템이다.
- 대표적인 관계형 데이터베이스 관리 시스템 제품은 오라클(Oracle), 사이베이스(Sybase), 인포믹스(Infomix), MySQL, Access 등이 있다.
- 관계형 데이터베이스는 정보를 저장하기 위해 테이블을 이용하며,

- 테이블은 행(로우, ROW, 데이터)과 열(칼럼, COLUMN, 속성)로 구성된 2차원 형태의 표이다.

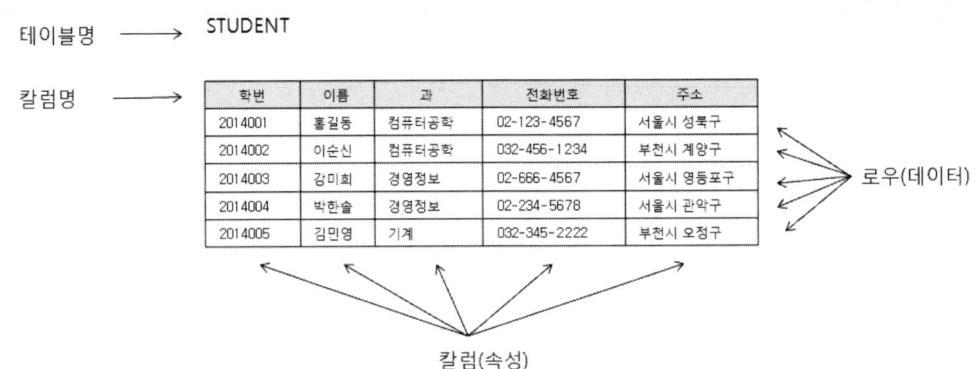

2. 오라클 역사

- 회사 이름이면서 동시에 제품 이름인 오라클은 1977년 래리 엘리슨이 SDL(Software Development Laboratories)이라는 회사를 세우면서 시작되었으며,
- 오라클의 변천 과정은 다음과 같다.

년도	내용
1977년 ~	SDL 회사 설립
1978년 ~	어셈블리어로 작성된 Oracle Version 1 개발, 공식적으로 출시되지 않음
1979년 ~	RSI로 회사 이름 변경 첫 번째 상업용 SQL 기반 RDBMS인 Oracle Version 2 출시
1983년 ~	Oracle Cooperation으로 회사 이름 변경 Oracle Version 3 출시 : 트랜잭션 기능 지원
1984년 ~	Oracle Version 4 출시 : 데이터의 일관성 기능 지원
1986년 ~	Oracle Version 5 출시 : 분산처리 지원, 즉 클라이언트-서버 지원 Version 5.1 : 분산 쿼리 지원
1989년 ~	Oracle Version 6 출시 : 분산서버, Row-level 지원, PL/SQL 등장
1993년 ~	Oracle Version 7 출시 : 참조무결성, Stored Procedure, Trigger 지원
1997년 ~	Oracle Version 8 출시 : 객체지향 특성 확장, 3-Tier 지원
1999년 ~	Oracle 8i 출시 : JVM과 SQLJ 탑재, 데이터웨어 하우징, XML 등 지원
2001년 ~	Oracle 9i 출시 : RAC 지원, XML DB 도입, 400가지 새로운 기능들 추가
2003년 ~	Oracle 10g 출시
2007년 ~	Oracle 11g 출시
2013년 ~	Oracle 12c 출시

3. 오라클 구성

- 오라클은 미국의 오라클 사에서 만든 관계형 데이터베이스 관리 시스템(RDBMS)으로,
- 현재 오라클 12c까지 개발되었으나, 이 책에서는 일반적으로 많이 사용되고 있는 오라클 11g를 중심으로 설명한다.
- 이 책은 크게 SQL, SQL*PLUS, PL/SQL 세 부분으로 나누어서 2부, 3부, 4부에 구성하였으며,
- 각 부분에서 다루는 내용을 개략적으로 정리하면 다음과 같다.

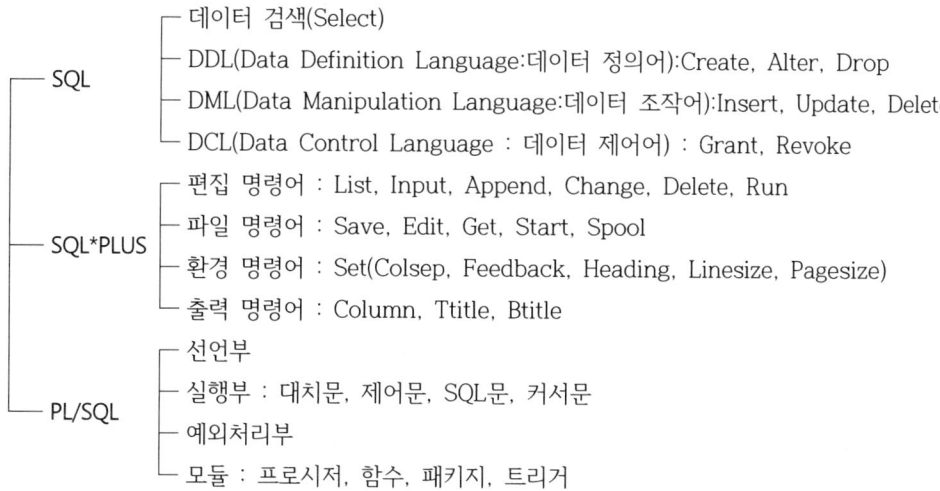

- 그러나, 효율적인 학습을 위해서 다음과 같은 순서로 진행하는 것을 권장한다.
  - 소개(1부: 1장, 2장, 3장)
  - 데이터 검색(2부: 4장)
  - 오라클 데이터 사전(부록)
  - SQL*PLUS(3부: 8장, 9장)
  - DDL의 테이블(2부: 5장)
  - DML(2부: 6장)
  - DDL의 뷰, 시퀀스, 인덱스, 동의어(2부: 5장)
  - DCL(2부: 7장)
  - PL/SQL(4부: 10장, 11장, 12장, 13장, 14장)

1) SQL

- SQL은 오라클 데이터베이스에 접속하여 테이블 등 객체를 생성하고, 생성된 테이블에 데이터를 직접 입력, 수정, 삭제, 검색하기 위해 사용되는 언어이다.

- 명령어의 종류
    - 데이터베이스로부터 자료 검색
      데이터베이스로부터 원하는 자료를 검색하기 위해 SELECT 문을 사용한다.
    - 데이터 정의어(DDL: Data Definition Language)
      오라클 객체를 생성하고 변경, 또는 제거하기 위해 CREATE, ALTER, DROP 등의 명령어를 사용한다.
    - 데이터 조작어(DML: Data Manipulation Language)
      데이터베이스 안의 데이터를 삽입하고 수정, 또는 삭제하기 위해 INSERT, UPDATE, DELETE 등의 명령어를 사용한다.
    - 데이터 제어어(DCL: Data Control Language)
      다중 사용자 환경에서 데이터베이스의 엑세스와 이용으로부터 보안을 유지하기 위해 GRANT, REVOKE 등의 명령어를 사용한다.

2) SQL*PLUS

- SQL*PLUS는 SQL 언어를 통해 데이터베이스의 데이터를 조작하기 위해서 SQL 언어를 데이터베이스에게 전송시켜 주고 처리하며 처리된 결과를 참조할 수 있는 기능을 제공한다.

- 명령어의 종류
    - 편집 명령어
      버퍼 내에서 실행되는 SQL 문을 수정하기 위해 LIST, INPUT, APPEND, CHANGE, DELETE, RUN 등의 명령어를 사용한다.
    - 파일 명령어
      SQL 문을 파일에 저장하거나 파일에 저장된 SQL 문을 읽어오고 파일의 실행을 위해 SAVE, EDIT, GET, START, SPOOL 등의 명령어를 사용한다.
    - 환경 명령어
      환경변수의 값을 제어하기 위해 SET 명령어를 사용하며, COLSEP, FEEDBACK, HEADING, LINESIZE, PAGESIZE 등의 시스템 변수를 제어한다.
    - 출력 명령어
      출력되는 보고서의 특성을 제어하기 위해 COLUMN, TTITLE, BTITL 등의 명령어를 사용한다.

3) PL/SQL

- PL/SQL은 SQL 언어에 프로그램 언어의 장점을 살려 만든 SQL의 확장 언어로, 크게 네 부분으로 구성된다.

  - 선언부
    실행부에서 사용할 변수, 상수 또는 커서를 선언하고 예외처리부에서 처리되는 예외를 선언한다.

  - 실행부
    실질적으로 작업이 진행되는 대치문, 제어문, SQL문, 커서문 등으로 구성된다.

  - 예외처리부
    실행부의 SQL 문을 실행할 때 발생하는 에러를 처리한다.

  - 모듈
    모듈화를 통해 관리가 용이하게 하기 위해 프로시저, 함수, 트리거, 패키지 등을 사용한다.

제2장 오라클 설치

1. 설치환경

- 오라클을 설치하기 위해 기본적으로 갖추어야 하는 조건은 다음과 같다.

구분	요구사항
Processor Type	Intel(x86), AMD 64, Intel EM64T
Physical Memory	512MB~1GB(Windows 7은 최하 1GB)
Virtual Memory	시스템 메모리의 2배
HDD	Total 4GB 이상
Video	1,024 × 768, 256colors 이상
OS	Windows XP 이상

2. 설치과정

- 웹사이트 http://www.oracle.com/technetwork/database/enterprise-edition/downloads/index.html에 접속한 후, "Accept License Agreement"를 선택한다.

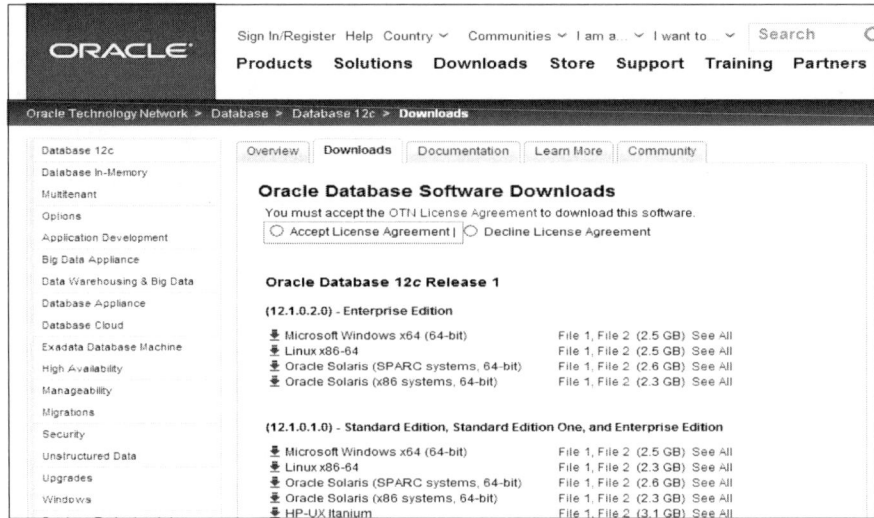

- 컴퓨터의 운영체제에 맞는 버전을 선택한다. 이 책에서는 윈도우 32bit 11g를 선택한다.

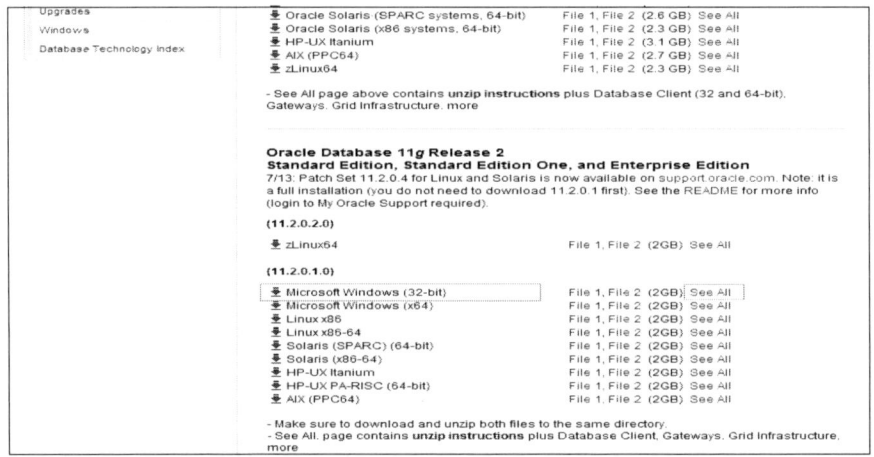

- 파일을 다운 받기 위해 사용자 이름과 암호를 입력한다. 사용자 이름과 암호가 없으면 "sign up now"를 선택하여 사용자 이름을 발급받은 후 진행한다. 사용자 이름과 암호를 입력하여 "win32_11gR2_database_1of2.zip" 파일과 "win32_11gR2_database_2of2.zip" 파일을 선택한다.

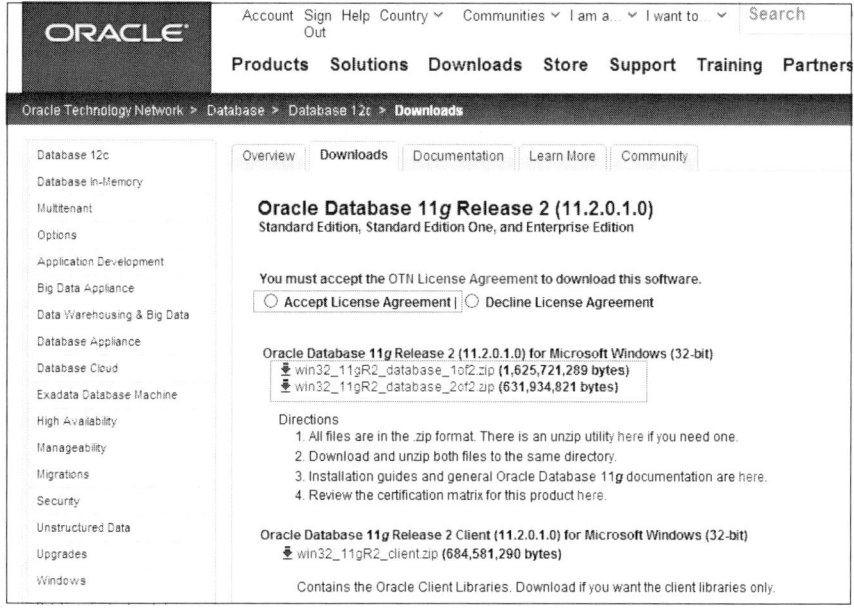

- 「파일 다운로드」 화면이 나타나면, [저장] 버튼을 누른 후 폴더를 지정하여 선택한 파일을 다운받는다. 이때 폴더 이름은 영문으로 한다. 오라클을 설치할 때 폴더 이름이 한글로 되어 있으면 설치가 되지 않는다.

- 다운로드 받은 압축파일을 푼다.

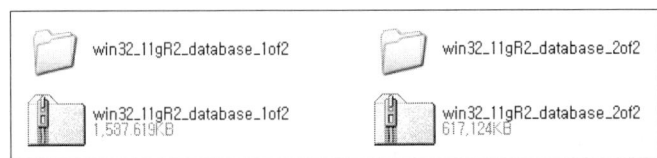

- "win32_11gR2_database_2of2\database\stage\Components" 경로에 있는 폴더를 모두 복사한다.

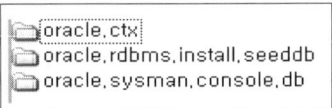

- 복사한 파일을 "win32_11gR2_database_1of2\database\stage\Component" 경로에 붙여 넣는다.

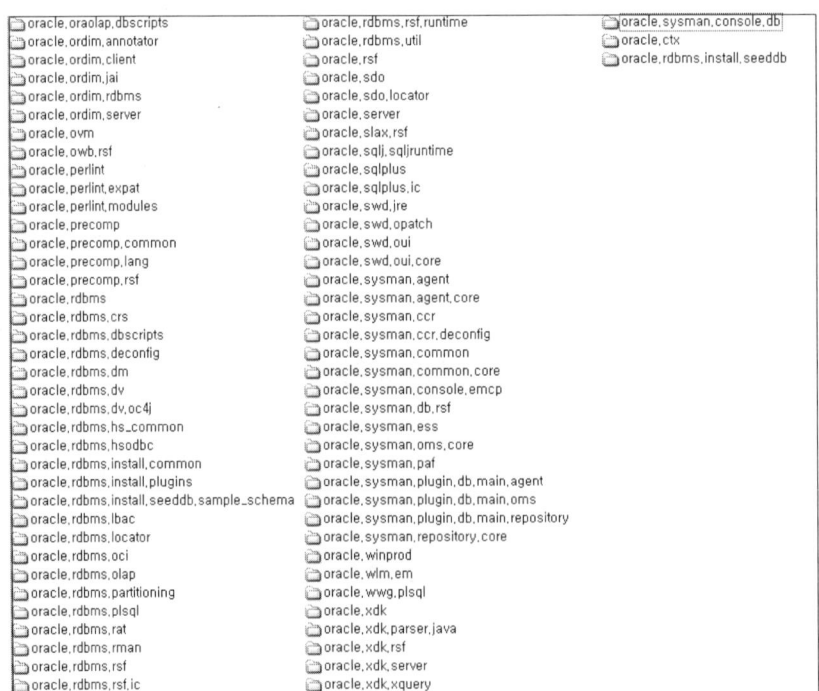

- "win32_11gR2_database_1of2\database" 폴더에 있는 setup 파일을 실행한다.

- 오라클 설치가 시작된다.

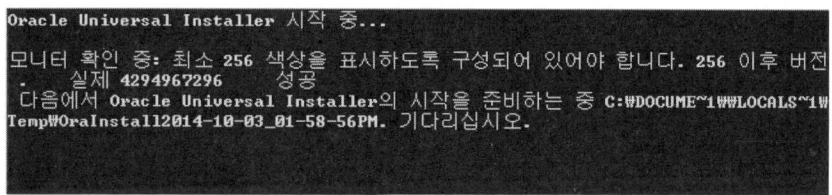

- 「보안 갱신 구성」 화면이 나타나면, 다운받을 때 사용했던 계정을 입력하고 사용하기 싫으면 입력 없이 [다음]을 누른다. 입력하지 않는 경우 경고 화면이 뜨는데 설치에는 문제없으므로 계속해서 진행한다.

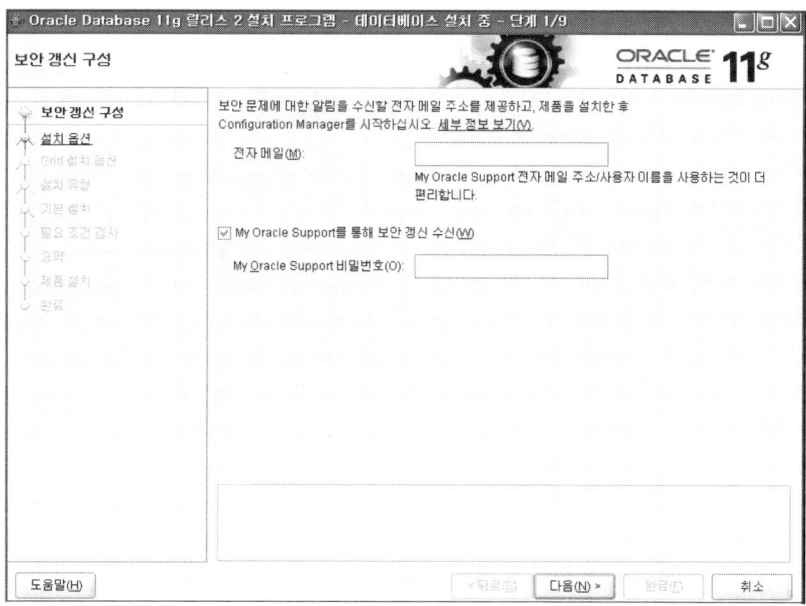

- 「설치 옵션 선택」 화면이 나타나면, "데이터베이스 생성 및 구성"을 선택하고 [다음]을 누른다.

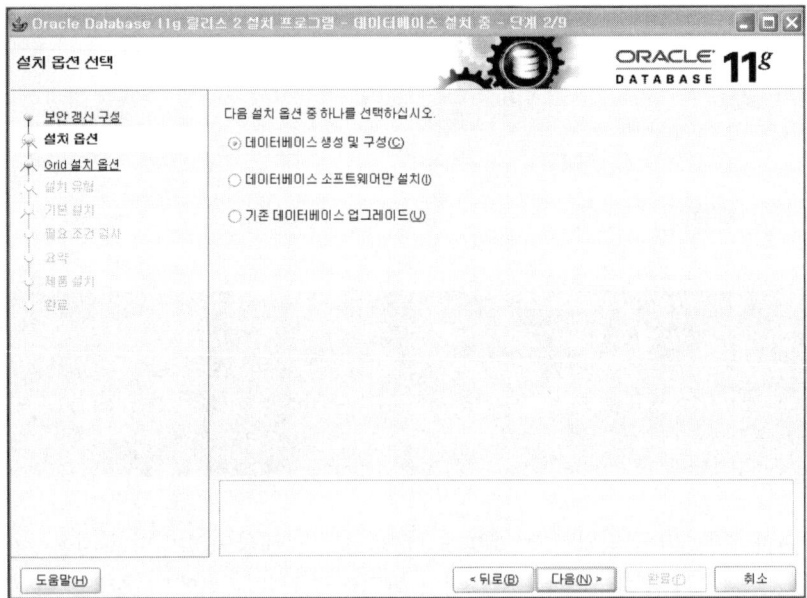

- 「시스템 클래스」 화면이 나타나면, "데스크톱 클래스"를 선택하고 [다음]을 누른다.

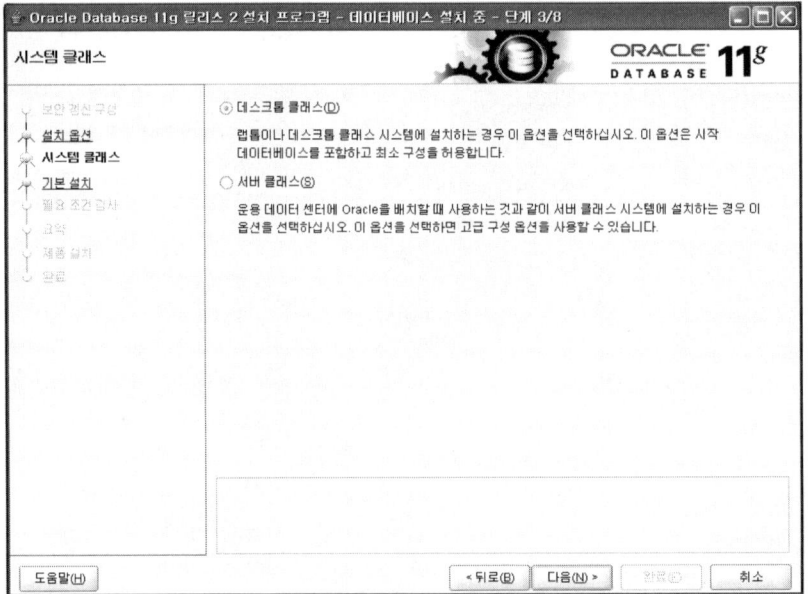

- 「일반 설치 구성」 화면이 나타나면, "관리 비밀번호"와 "비밀 번호 확인"을 입력한 후 [다음]을 누른다.

    - Oracle Base : 기본 설정을 사용하거나, 오라클을 설치하고자 하는 원하는 경로 지정
    - 소프트웨어 위치 : Oracle Base 에 맞춰서 자동으로 조정
    - 데이터베이스 파일 위치 : Oracle Base 에 맞춰서 자동으로 조정
    - 전역 데이터베이스 이름 : 기본 설정 사용
    - 관리 비밀번호 : 원하는 암호 지정
        비밀번호가 권장표준을 따르지 않더라도 설정이 가능하나, 이 암호는 SYS, SYSTEM, SYSMAN, DBSNMP 계정을 사용하기 위해 필요하므로 기억해야 한다.
    - 비밀번호 확인 : 지정한 암호를 다시 한번 입력

- 「필요조건 검사 수행」 화면이 나타나면서 로딩이 진행된다. 로딩이 끝나면 [완료]를 누른다.

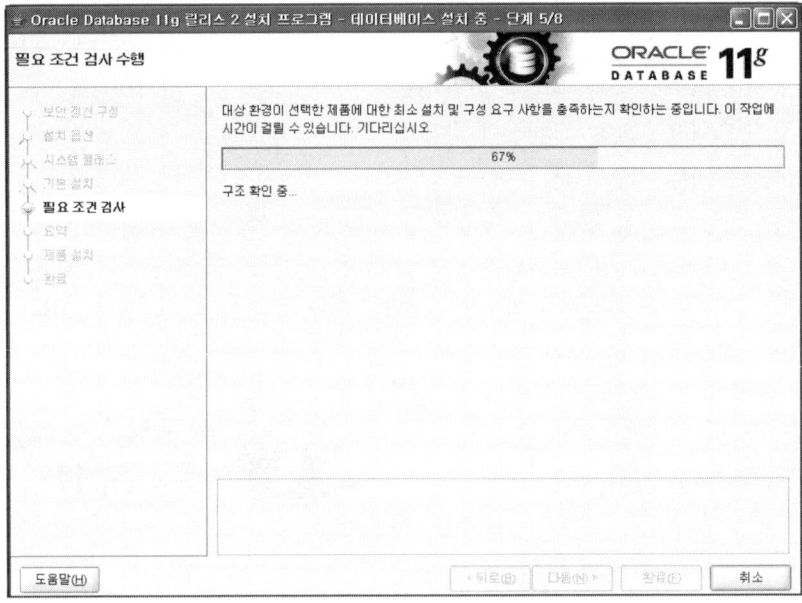

- 「요약」 화면이 나타나면, 확인 후 [완료]를 누른다.

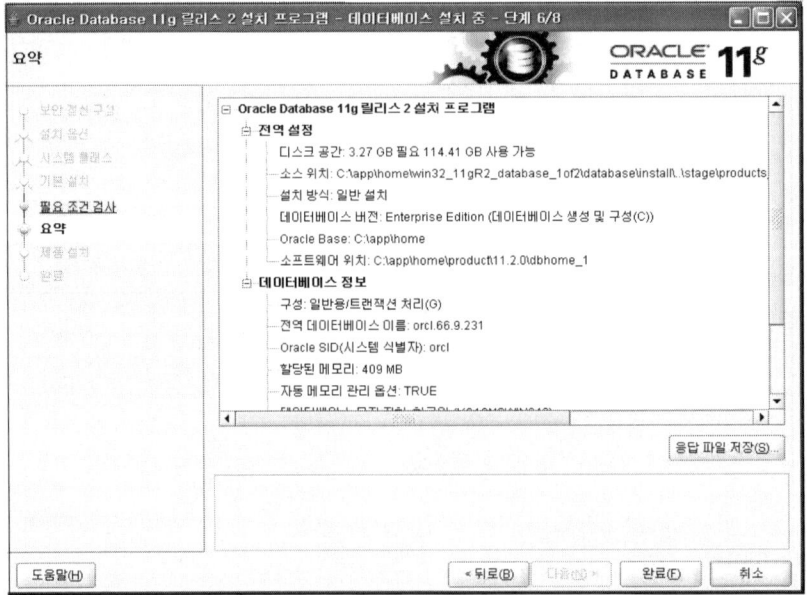

- 「제품 설치」화면이 나타나면, 설치 진행 상태 바와 함께 제품 설치가 진행된다.

- 설치 진행 과정에서 「Database Configuration Assistant」화면이 나타난다. Configuration Assistant 유틸리티는 오라클에 포함된 데이터베이스 관리 유틸리티 중의 하나로, 데이터베이스를 생성하는데 사용된다.

- Configuration Assistant 유틸리티 설치가 완성된 후, 「Database Configuration Assistant 요약」 화면이 나타난다. 생성된 데이터베이스에 대한 정보를 확인한 후, [비밀번호 관리...] 버튼을 누른다.

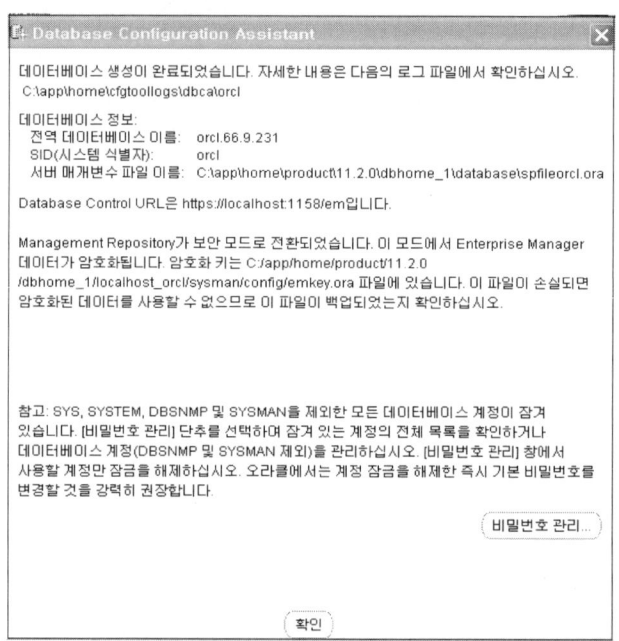

- 오라클을 설치하면 기본적으로 시스템 권한을 가진 사용자인 DBA용 계정과 교육용 계정이 생성된다. 사용할 계정에 대해서 계정 잠금을 해제하고 기본 비밀번호를 변경한다. 이 책에서는 오라클 9i에서 기본적으로 설정되는 비밀번호와 동일하게 사용한다.

계정	암호	설명
SYS	change_on_install	DBA용 계정
SYSTEM	manager	DBA용 계정
SCOTT	tiger	교육용 계정
HR	tiger	교육용 계정

- 「비밀번호 관리」 화면이 나타나면, HR 사용자와 SCOTT 사용자의 계정 잠금을 해지하고 "새 비밀번호"와 "비밀번호 확인"에 tiger를 입력한다. 또한, SYS와 SYSTEM 계정의 "새 비밀번호"와 "비밀번호 확인"에 각각 change_on_install과 manager를 입력하고 [확인]을 누른다.

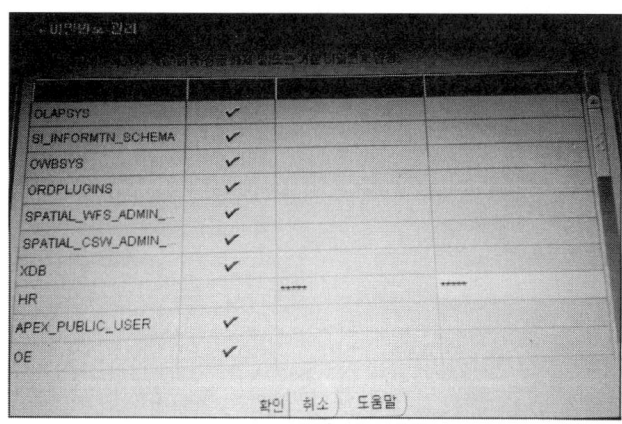

- 「완료」 화면이 나타나면, [닫기] 버튼을 누른다.

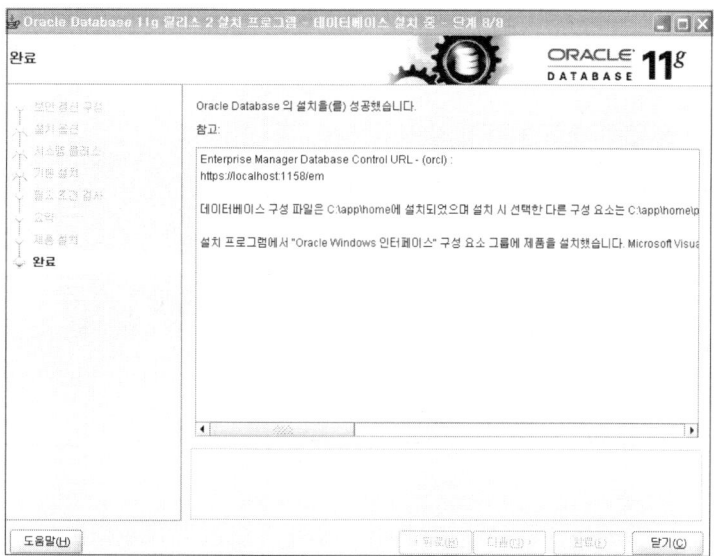

3. 오라클 시작과 종료

1) 오라클 시작

(1) 오라클 설치 시 비밀번호를 변경한 경우

- [시작] → [모든 프로그램] → [Oracle-OraDb11g_home1] → [응용 프로그램 개발] → [SQL Plus]를 실행한다.

- 「SQL Plus」 화면이 나타나면, 사용자명과 비밀번호를 각각 scott, tiger로 입력한다.

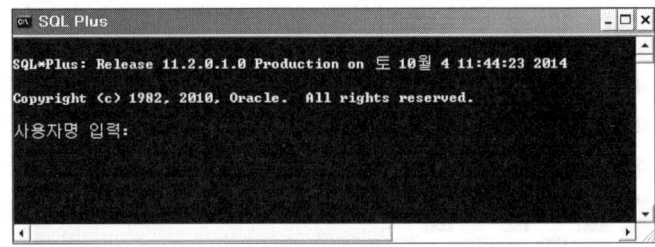

- "SQL>" 프롬프트가 나타나면, 접속이 성공적으로 완료되었음을 의미한다.

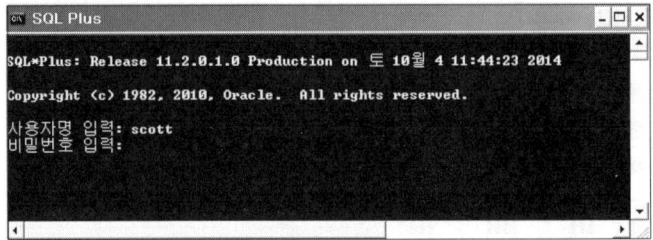

(2) 오라클 설치 시 비밀번호를 변경하지 않은 경우

- [시작] → [모든 프로그램] → [Oracle-OraDb11g_home1] → [응용 프로그램 개발] → [SQL Plus}를 실행한다.

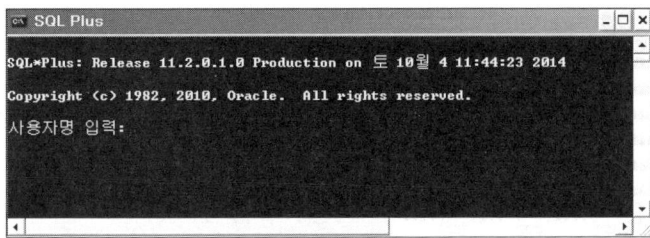

- 만약 오라클 설치 시 비밀번호를 변경하지 않았다면 곧바로 실습용 계정인 SCOTT로 접속할 수 없으므로, 「SQL Plus」화면에서 DBA 계정인 SYSTEM과 설치 시 설정했던 비밀번호를 사용하여 접속한다. 이 책에서는 SYSTEM 계정의 비밀번호를 변경하였으므로 manager를 사용한다.

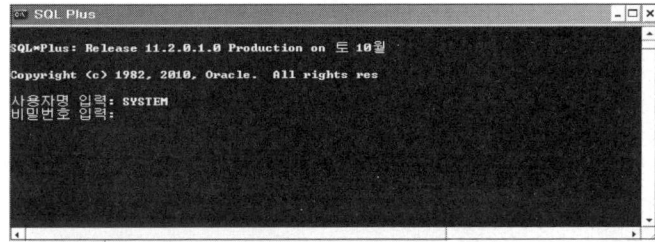

- "SQL>" 프롬프트가 나타나면, 접속이 성공적으로 완료되었음을 의미한다.

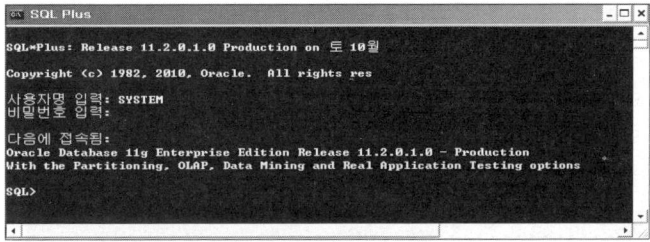

- DBA용 계정은 다른 모든 계정을 생성하거나, 삭제, 변경이 가능하므로, 오라클 실습용 계정인 SCOTT를 접속하게 하기 위해서 잠겨있는 SCOTT 계정을 풀어준다.

- SCOTT의 비밀번호는 설치할 때 지정한 것을 사용할 수 없으므로, DBA 계정에서 SCOTT의 비밀번호를 변경해준다.

- SCOTT 계정으로 접속하기 위해서는 DBA 계정에서 "conn scott/tiger" 명령을 사용하거나, [시작] → [모든 프로그램] → [Oracle-OraDb11g_home1] → [응용 프로그램 개발] → [SQL Plus]를 실행한 후 사용자명과 비밀번호에 각각 SCOTT/TIGER를 입력한다.

2) 오라클 종료

- "SQL>" 프롬프트에서 "exit"을 입력하면 오라클이 종료된다.

제3장 실습용 데이터베이스 소개

1. 실습용 계정

- 오라클을 설치할 때 "비밀번호 변경"을 통해 설정한 계정은 두 개의 DBA용 계정과 두 개의 교육용 계정이다.

계정(User Name)	암호(Password)	설명
SYS	CHANGE_ON_INSTALL	DBA용
SYSTEM	MANAGER	DBA용
SCOTT	TIGER	오라클 교육용
HR	TIGER	오라클 교육용

- SCOTT 계정과 HR 계정은 오라클의 교육 및 실습 목적으로 만들어진 계정으로, 이 책에서는 실습을 위해 주로 SCOTT 계정을 사용한다.

2. 실습용 테이블

- 오라클을 설치할 때 SCOTT 소유로 생성되는 여러 개의 테이블 중에서 이 책의 모든 예제와 실전 문제에서 사용하는 세 개의 테이블을 소개한다.
    - EMP
    - DEPT
    - SALGRADE

- EMP 테이블: 사원의 정보를 담고 있는 테이블로 테이블의 구조와 실제 포함되어 있는 데이터는 다음과 같다.

```
EMPNO ENAME      JOB         MGR  HIREDATE    SAL   COMM  DEPTNO
----- ------     ---------   ---- --------    ----  ----  ------
 7369 SMITH      CLERK       7902 80/12/17     800          20
 7499 ALLEN      SALESMAN    7698 81/02/20    1600   300    30
 7521 WARD       SALESMAN    7698 81/02/22    1250   500    30
 7566 JONES      MANAGER     7839 81/04/02    2975          20
 7654 MARTIN     SALESMAN    7698 81/09/28    1250  1400    30
 7698 BLAKE      MANAGER     7839 81/05/01    2850          30
 7782 CLARK      MANAGER     7839 81/06/09    2450          10
 7788 SCOTT      ANALYST     7566 87/04/19    3000          20
 7839 KING       PRESIDENT        81/11/17    5000          10
 7844 TURNER     SALESMAN    7698 81/09/08    1500     0    30
 7876 ADAMS      CLERK       7788 87/05/23    1100          20
 7900 JAMES      CLERK       7698 81/12/03     950          30
 7902 FORD       ANALYST     7566 81/12/03    3000          20
 7934 MILLER     CLERK       7782 82/01/23    1300          10
```

- EMPNO: 사원 번호
- ENAME: 사원 이름
- JOB: 사원의 직무
- MGR: 상사의 사원 번호(EMP 테이블의 EMPNO와 관계를 맺고 있다.)
- HIREDATE: 사원의 입사일(년/월/일)
- SAL: 사원의 급여
- COMM: 사원의 커미션
- DEPTNO: 사원이 속한 부서의 부서 번호(DEPT 테이블의 DEPTNO와 관계를 맺고 있다.)

- DEPT 테이블: 부서의 정보를 담고 있는 테이블로 테이블의 구조와 실제 포함되어 있는 데이터는 다음과 같다.

```
DEPTNO DNAME        LOC
------ ----------   --------
    10 ACCOUNTING   NEW YORK
    20 RESEARCH     DALLAS
    30 SALES        CHICAGO
    40 OPERATIONS   BOSTON
```

- DEPTNO: 부서 번호
- DNAME: 부서 이름
- LOC: 부서 위치

- SALGRADE 테이블: 급여의 등급에 관한 정보를 담고 있는 테이블로 테이블의 구조와 실제 포함되어 있는 데이터는 다음과 같다.

GRADE	LOSAL	HISAL
1	700	1200
2	1201	1400
3	1401	2000
4	2001	3000
5	3001	9999

- GRADE: 급여의 등급
- LOSAL: 최저 급여
- HISAL: 최고 급여

제 2 부

SQL

제4장 데이터베이스로부터 데이터 검색(SELECT)
제5장 DDL(Data Definition Language)
제6장 DML(Data Manipulation Language)
제7장 DCL(Data Control Language)

제4장 데이터베이스로부터 데이터 검색(SELECT)

1. 기본적인 SELECT 문

- SQL 문장에서 가장 많이 사용되는 문장으로, 데이터베이스로부터 데이터를 검색해서 화면에 출력하는 기능을 하며,
- 기본적으로 SELECT절과 FROM절을 포함한다.
- 구문

```
SELECT   [DISTINCT] { *, 칼럼명  [별칭], 표현식. . . . }
FROM     테이블명;
```

  - FROM 절: 데이터를 가져오고자 하는 테이블 명을 명시
  - SELECT 절: 명시된 테이블로부터 데이터 가져오기를 원하는 내용을 명시
  - [ ]의 내용: 선택적으로 필요할 경우에만 사용
  - { }의 내용: { } 안에 나열된 것 들 중에서 선택하여 사용

1) 특정 칼럼의 내용 검색하기

- 특정 칼럼에 대한 데이터를 검색하기 위해서는 SELECT 절에 원하는 데이터의 칼럼명을 명시하며, 여러 개의 칼럼에 대한 내용을 검색하기 위해서는 출력을 원하는 순서대로 칼럼명을 명시하고 콤마(,)에 의해 분리한다.
- 구문

```
SELECT   칼럼명[, 칼럼명, 칼럼명. . . .]
FROM     테이블명;
```

- SELECT 문의 결과는 SELECT절에 나열한 칼럼명의 순서로 화면에 출력된다.

- 출력되는 데이터는 일정한 형식에 의해 출력된다.
  - 문자와 날짜 : 좌측 정렬
  - 숫자 : 우측 정렬
- 선택한 칼럼명을 heading으로 사용하며, heading은 모두 대문자로 표시된다.

 예제 emp 테이블에서 부서 번호, 사원 이름, 상사의 사원 번호를 검색하여라.

```
SQL> SELECT deptno, ename, mgr
  2  FROM emp;

    DEPTNO ENAME           MGR
---------- ---------- ----------
        20 SMITH          7902
        30 ALLEN          7698
        30 WARD           7698
        20 JONES          7839
        30 MARTIN         7698
        30 BLAKE          7839
        10 CLARK          7839
        20 SCOTT          7566
        10 KING
        30 TURNER         7698
        20 ADAMS          7788
        30 JAMES          7698
        20 FORD           7566
        10 MILLER         7782

14 개의 행이 선택되었습니다.
```

Note: - 원하는 데이터(부서 번호, 사원 이름, 상사의 사원 번호)의 칼럼명이 deptno, ename, mgr이므로 "SELECT deptno, ename, mgr"로 표시
- 데이터를 포함하는 테이블명이 emp이므로 "FROM emp"로 표시
- heading은 칼럼명인 deptno, ename, mgr이 대문자로 나타난다.
- ename의 데이터는 문자이므로 왼쪽 정렬되어 나타나고, deptno와 mgr의 데이터는 숫자이므로 오른쪽 정렬되어 나타난다.

2) 모든 칼럼의 내용 검색하기

- SELECT 절에 칼럼명 대신 asterisk(*)를 사용하면 명시된 테이블의 모든 칼럼에 대한 데이터를 출력한다.
- 구문

```
SELECT    *
FROM      테이블명;
```

- 테이블을 생성할 때 사용한 테이블의 칼럼명을 heading으로 표시한다.

예제 emp 테이블의 모든 내용을 검색하여라.

```
SQL> SELECT *
  2  FROM emp;

    EMPNO ENAME      JOB            MGR HIREDATE         SAL       COMM     DEPTNO
    ----- -----      ---            --- --------         ---       ----     ------
     7369 SMITH      CLERK         7902 80/12/17         800                    20
     7499 ALLEN      SALESMAN      7698 81/02/20        1600        300         30
     7521 WARD       SALESMAN      7698 81/02/22        1250        500         30
     7566 JONES      MANAGER       7839 81/04/02        2975                    20
     7654 MARTIN     SALESMAN      7698 81/09/28        1250       1400         30
     7698 BLAKE      MANAGER       7839 81/05/01        2850                    30
     7782 CLARK      MANAGER       7839 81/06/09        2450                    10
     7788 SCOTT      ANALYST       7566 87/04/19        3000                    20
     7839 KING       PRESIDENT          81/11/17        5000                    10
     7844 TURNER     SALESMAN      7698 81/09/08        1500          0         30
     7876 ADAMS      CLERK         7788 87/05/23        1100                    20
     7900 JAMES      CLERK         7698 81/12/03         950                    30
     7902 FORD       ANALYST       7566 81/12/03        3000                    20
     7934 MILLER     CLERK         7782 82/01/23        1300                    10

14 개의 행이 선택되었습니다.
```

Note: -emp 테이블의 모든 내용을 검색하기 위해서 * 사용
      -heading은 emp 테이블의 칼럼명인 empno, ename, ..., deptno가 대문자로 표시된다.

3) 특정 칼럼의 연산 결과 검색하기

• 계산된 결과 값을 얻기 위해 SELECT 절에 산술 표현식을 사용할 수 있다.

• 산술 표현식은 칼럼명, 상수 및 산술연산자를 포함하며, FROM 절을 제외한 모든 SQL 문장에서 사용 가능하다.

• 산술 연산자의 종류

산술연산자	설명
+	더하기
-	빼기
*	곱하기
/	나누기
( )	괄호

 예제 emp 테이블에서 사원 이름, 1년 동안의 급여(= sal*12), 커미션을 검색하여라.

```
SQL> SELECT ename, sal*12, comm
  2  FROM emp;
```

```
ENAME          SAL*12      COMM
---------- ----------- ----------
SMITH           9600
ALLEN          19200        300
WARD           15000        500
JONES          35700
MARTIN         15000       1400
BLAKE          34200
CLARK          29400
SCOTT          36000
KING           60000
TURNER         18000          0
ADAMS          13200
JAMES          11400
FORD           36000
MILLER         15600

14 개의 행이 선택되었습니다.
```

Note: -SELECT 문에서의 산술 표현식은 데이터베이스에 어떠한 영향도 가하지 못하고, 데이터를 계산해서 가져오는 역할만 한다. 따라서, 칼럼 "sal*12"의 계산 결과는 원래 테이블의 새로운 칼럼이 아니며, 칼럼 "sal"의 내용에도 전혀 변화가 없다.
-heading에는 SELECT 문에서 사용한 산술 표현식인 "SAL*12"로 표시된다.

• 두 개 이상의 연산자를 포함할 경우, 연산 순위는 다음과 같다.
  - 괄호 안의 연산자가 먼저 수행되며,
  - 곱셈 및 나눗셈이 덧셈 및 뺄셈보다 우선한다.
  - 같은 순위의 연산자들은 왼쪽에서 오른쪽 순으로 수행한다.

 예제 emp 테이블에서 사원 이름, 급여, 급여에 100을 더한 후 12를 곱한 결과를 검색하여라.

```
SQL> SELECT ename, sal, 12*(sal+100)
  2  FROM emp;

ENAME          SAL 12*(SAL+100)
---------- ---------- ------------
SMITH           800       10800
ALLEN          1600       20400
WARD           1250       16200
JONES          2975       36900
MARTIN         1250       16200
BLAKE          2850       35400
CLARK          2450       30600
SCOTT          3000       37200
KING           5000       61200
TURNER         1500       19200
ADAMS          1100       14400
JAMES           950       12600
FORD           3000       37200
MILLER         1300       16800

14 개의 행이 선택되었습니다.
```

Note: sal+100을 먼저 계산한 후 12를 곱한 결과가 나타난다.

- 특정 칼럼에 데이터 값이 없는 경우 그 값을 NULL(널)이라 한다.
- NULL 값은 이용할 수 없거나, 할당되지 않았거나, 안 알려져 있거나 적용 불가능한 값에 사용된다.
- NULL 값은 숫자 0이나 문자 공백과는 다르다.
- NULL 값은 산술 연산자를 사용해서 계산할 수 없다.
  따라서 특정 칼럼의 값이 NULL이면 산술 표현식의 결과도 NULL이다.

 예제 emp 테이블에서 사원 이름, 급여, 커미션, 급여와 커미션을 곱해서 100으로 나눈 값을 검색하여라.

```
SQL> SELECT ename, sal, comm, sal+comm/100
  2  FROM emp;

ENAME           SAL      COMM  SAL+COMM/100
---------- --------- --------- ------------
SMITH            800
ALLEN           1600       300         1603
WARD            1250       500         1255
JONES           2975
MARTIN          1250      1400         1264
BLAKE           2850
CLARK           2450
SCOTT           3000
KING            5000
TURNER          1500         0         1500
ADAMS           1100
JAMES            950
FORD            3000
MILLER          1300

14 개의 행이 선택되었습니다.
```

Note: -칼럼 comm이 NULL 값인 데이터는 sal*comm/100의 결과도 NULL이다.
      -칼럼 comm이 NULL 값이 아닌 데이터는 sal*comm/100의 결과를 나타낸다.
      -칼럼 comm의 값이 0인 데이터도 sal*comm/100을 계산하여 그 결과를 나타낸다.

4) 별칭(alias)을 사용하여 heading 변경하기

- 일반적으로 SELECT 절에서 선택한 칼럼명을 heading으로 하여 검색 결과를 나타낸다.
- 칼럼명이 길거나 산술 표현식을 사용한 칼럼명인 경우 heading을 변경할 필요가 생긴다. 이러한 경우, 별칭을 사용하여 heading을 변경할 수 있다.
- 별칭은 다음과 같이 세 가지 방법으로 사용할 수 있다.
  - 공백 사용
  - AS 키워드 사용
  - 이중 인용부호(" ")사용

(1) 공백 사용

- SELECT 절에 별칭을 사용하고자 하는 칼럼명 다음에 하나의 공백이 있게 한 후에 별칭을 적는다.
- 기본적으로 SELECT 절에 소문자로 별칭을 준 경우에도 결과로 나타나는 heading은 항상 대문자이다.
- SELECT 절에 '*'를 사용할 경우에는 별칭의 사용이 불가능하다.

 예제 emp 테이블에서 사원 이름, 급여, 급여에 100을 더한 후 12를 곱한 결과를 검색하여라.

```
SQL> SELECT ename, sal, 12*(sal+100)
  2  FROM emp;

ENAME           SAL 12*(SAL+100)
---------- -------- -------------
SMITH           800         10800
ALLEN          1600         20400
WARD           1250         16200
JONES          2975         36900
MARTIN         1250         16200
BLAKE          2850         35400
CLARK          2450         30600
SCOTT          3000         37200
KING           5000         61200
TURNER         1500         19200
ADAMS          1100         14400
JAMES           950         12600
FORD           3000         37200
MILLER         1300         16800

14 개의 행이 선택되었습니다.
```

Note: Heading에 12*(sal+100)으로 표시된다.

```
SQL> SELECT ename, sal, 12*(sal+100) Annual_Salary
  2  FROM emp;

ENAME           SAL ANNUAL_SALARY
---------- -------- -------------
SMITH           800         10800
ALLEN          1600         20400
WARD           1250         16200
JONES          2975         36900
MARTIN         1250         16200
BLAKE          2850         35400
CLARK          2450         30600
SCOTT          3000         37200
KING           5000         61200
TURNER         1500         19200
ADAMS          1100         14400
JAMES           950         12600
FORD           3000         37200
MILLER         1300         16800

14 개의 행이 선택되었습니다.
```

Note: Heading에 모두 대문자인 ANNUAL_SALARY로 표시된다.

(2) AS 키워드 사용

- 공백을 사용해서 별칭을 만드는 경우와 같으나, 칼럼명과 별칭 사이에 AS 키워드를 사용한다.

 예제 emp 테이블에서 사원 이름, 급여, 급여에 100을 더한 후 12를 곱한 결과를 검색하여라.

```
SQL> SELECT ename, sal, 12*(sal+100) as Annual_Salary
  2  FROM emp;

ENAME           SAL ANNUAL_SALARY
---------- -------- -------------
SMITH           800         10800
ALLEN          1600         20400
WARD           1250         16200
JONES          2975         36900
MARTIN         1250         16200
```

```
BLAKE       2850        35400
CLARK       2450        30600
SCOTT       3000        37200
KING        5000        61200
TURNER      1500        19200
ADAMS       1100        14400
JAMES        950        12600
FORD        3000        37200
MILLER      1300        16800

14 개의 행이 선택되었습니다.
```

Note: 공백을 사용한 경우와 같이 Heading에 모두 대문자인 ANNUAL _SALARY로 표시된다.

(3) 이중 인용부호(" ") 사용

- 다음과 같은 경우에 이중 인용부호를 사용한다.
  - 별칭에 공백 또는 특수문자(# 또는 _)를 포함하는 경우
  - 별칭에 대·소문자 구분이 필요한 경우
  - 한글을 포함하는 경우
- 이중 인용부호를 사용하여 별칭을 만들면 이중 인용 부호 안의 문자가 그대로 heading으로 표시된다.

예제 emp 테이블에서 사원 이름, 급여, 급여에 100을 더한 후 12를 곱한 결과를 검색하여라.

```
SQL> SELECT ename, sal, 12*(sal+100) "Annual_Salary"
  2  FROM emp;

ENAME           SAL Annual_Salary
---------- -------- -------------
SMITH           800         10800
ALLEN          1600         20400
WARD           1250         16200
JONES          2975         36900
MARTIN         1250         16200
BLAKE          2850         35400
CLARK          2450         30600
SCOTT          3000         37200
KING           5000         61200
TURNER         1500         19200
ADAMS          1100         14400
JAMES           950         12600
FORD           3000         37200
MILLER         1300         16800

14 개의 행이 선택되었습니다.
```

Note: -Heading으로 이중 인용 부호 안에 사용한 문자 그대로 Annual_Salary로 표시된다.
      -대, 소문자를 구분해서 heading에 나타난다.

5) 연결 연산자(||)를 사용하여 특정 칼럼 검색하기

- 두 개의 파이프 문자인 연결 연산자(||)를 사용하여
  - 원하는 칼럼들을 서로 연결시키거나
  - 칼럼들을 산술 표현식 또는 상수 값과 연결하여 하나의 문자 형태로 표현한다.
- 별칭과 함께 사용하면 결과가 더욱더 구체적으로 나타난다.

 예제 emp 테이블에서 사원이름과 업무를 결합한 결과를 검색하여라.

```
SQL> SELECT ename||job              SQL> SELECT ename||job "사원별업무"
  2  FROM emp;                        2  FROM emp;

ENAME||JOB                          사원별업무
------------------                  ------------------
SMITHCLERK                          SMITHCLERK
ALLENSALESMAN                       ALLENSALESMAN
WARDSALESMAN                        WARDSALESMAN
JONESMANAGER                        JONESMANAGER
MARTINSALESMAN                      MARTINSALESMAN
BLAKEMANAGER                        BLAKEMANAGER
CLARKMANAGER                        CLARKMANAGER
SCOTTANALYST                        SCOTTANALYST
KINGPRESIDENT                       KINGPRESIDENT
TURNERSALESMAN                      TURNERSALESMAN
ADAMSCLERK                          ADAMSCLERK
JAMESCLERK                          JAMESCLERK
FORDANALYST                         FORDANALYST
MILLERCLERK                         MILLERCLERK

14 개의 행이 선택되었습니다.        14 개의 행이 선택되었습니다.
```

Note: Heading에 EMPNO||ENAME으로   Note: Heading에 별칭인 사원별업무로 표시된다.
표시된다.

6) 리터럴 문자를 사용하여 특정 칼럼 검색하기

- 리터럴이란 칼럼명이나 별칭을 제외한 SELECT 절에 포함된 문자나 표현식 또는 숫자를 말한다.
- 연결 연산자 사이에 원하는 리터럴 문자를 삽입하여 좀 더 구체적인 결과를 나타낼 수 있다.
- 날짜와 문자 리터럴은 단일 인용부호(' ')로 둘러싸여야 하지만 숫자 리터럴은 그대로 사용해도 된다.

 예제 emp 테이블에서 사원 이름과 직무를 결합한 결과를 검색하여라.

```
SQL> SELECT ename||'의 업무는 '||job||'이다.'||2014 AS 사원별업무
  2  FROM emp;
```

```
사원별업무
------------------------------------
SMITH의 업무는 CLERK이다.2014
ALLEN의 업무는 SALESMAN이다.2014
WARD의 업무는 SALESMAN이다.2014
JONES의 업무는 MANAGER이다.2014
MARTIN의 업무는 SALESMAN이다.2014
BLAKE의 업무는 MANAGER이다.2014
CLARK의 업무는 MANAGER이다.2014
SCOTT의 업무는 ANALYST이다.2014
KING의 업무는 PRESIDENT이다.2014
TURNER의 업무는 SALESMAN이다.2014
ADAMS의 업무는 CLERK이다.2014
JAMES의 업무는 CLERK이다.2014
FORD의 업무는 ANALYST이다.2014
MILLER의 업무는 CLERK이다.2014

14 개의 행이 선택되었습니다.
```

Note: -사원 이름과 직무 중간에 문자 리터럴인 '의 업무는'을 넣어 결합하고, 직무 다음에 문자 리터럴인 '이다'와 숫자 리터럴인 '2005'를 결합하여 결과를 구체적으로 표현하였다.
-문자 리터럴은 단일 인용 부호를 반드시 사용해야 하나, 숫자는 사용하지 않아도 된다.
-검색되는 결과는 하나이며, heading은 '사원별 업무'로 표시된다.

7) 중복된 행을 제거하여 특정 칼럼 검색하기

- 기본적으로 SELECT 문의 검색 결과는 중복된 행들을 모두 표시한다.
- 그러나, 중복된 행을 제거하고자 하는 칼럼명 앞에 DISTINCT를 사용하면 중복된 행을 제거할 수 있다.

 예제 emp 테이블에서 서로 다른 직무만을 검색하여라.

```
SQL> SELECT job
  2  FROM emp;

JOB
---------
CLERK
SALESMAN
SALESMAN
MANAGER
SALESMAN
MANAGER
MANAGER
ANALYST
PRESIDENT
SALESMAN
CLERK
CLERK
ANALYST
CLERK

14 개의 행이 선택되었습니다.
```

Note: EMP 테이블에 있는 모든 직무를 검색

```
SQL> SELECT DISTINCT job
  2  FROM emp;

JOB
---------
CLERK
SALESMAN
PRESIDENT
MANAGER
ANALYST
```

Note: 중복되는 직무를 갖는 행은 모두 제거하고, 구분되는 직무를 하나씩만 검색

- 예약어 DISTINCT 다음에 복수 개의 칼럼을 명시하는 경우, DISTINCT는 모든 칼럼에 영향을 주며,
- 예약어 DISTINCT 다음에 명시된 칼럼명의 순서에 의해 결합되어 구별되는 칼럼의 조합으로 결과가 나타난다.
- 오라클은 행 단위로 처리되기 때문에 항상 행의 개수가 같아야 한다.

 예제 emp 테이블에서 다른 부서 번호와 직무를 갖는 모든 결과를 검색하여라.

```
SQL> SELECT DISTINCT deptno, job
  2  FROM emp;

    DEPTNO JOB
---------- ---------
        20 CLERK
        30 SALESMAN
        20 MANAGER
        30 CLERK
        10 PRESIDENT
        30 MANAGER
        10 CLERK
        10 MANAGER
        20 ANALYST

9 개의 행이 선택되었습니다.
```

```
SQL> SELECT DISTINCT deptno, job
  2  FROM emp
  3  ORDER BY deptno;

    DEPTNO JOB
---------- ---------
        10 CLERK
        10 MANAGER
        10 PRESIDENT
        20 ANALYST
        20 CLERK
        20 MANAGER
        30 CLERK
        30 MANAGER
        30 SALESMAN

9 개의 행이 선택되었습니다.
```

Note: - 부서 번호가 10, 20, 30으로 먼저 구분되며, 10번 부서의 직무는 CLERK, MANAGER, PRESIDENT 로, 20번 부서의 직무는 ANALYST, CLARK, MANAGER로 구분되고 30번 부서의 직무는 CLARK, MANAGER, SALESMAN으로 다시 구분된다.
- "ORDER BY deptno"는 deptno 칼럼에 의해 오름차순 정렬된 것이다.

```
SQL> SELECT DISTINCT job, deptno
  2  FROM emp;

JOB           DEPTNO
--------- ----------
MANAGER           20
PRESIDENT         10
CLERK             10
SALESMAN          30
ANALYST           20
MANAGER           30
MANAGER           10
CLERK             30
CLERK             20

9 개의 행이 선택되었습니다.
```

```
SQL> SELECT DISTINCT job, deptno
  2  FROM emp
  3  ORDER BY job;

JOB           DEPTNO
--------- ----------
ANALYST           20
CLERK             10
CLERK             20
CLERK             30
MANAGER           10
MANAGER           20
MANAGER           30
PRESIDENT         10
SALESMAN          30

9 개의 행이 선택되었습니다.
```

Note: - 직무가 ANALYST, CLERK, MANAGER, PRESIDENT, SALESMAN으로 먼저 구분되며, ANALYST는 20번 부서로, CLERK은 10, 20, 30번 부서로, MANAGER는 10, 20, 30번 부서로, PRESIDENT는 10번 부서로, SALESMAN은 30번 부서로 다시 구분된다.
- "ORDER BY job"은 job 칼럼에 의해 오름차순 정렬된 것이다.

2. 조건을 추가한 SELECT 문(WHERE 절)

- 기본적으로 SELECT 문은 테이블로부터 원하는 칼럼들을 명시하여 그 칼럼들의 모든 데이터를 화면에 출력한다.
- 그러나, WHERE 절을 사용해서 표시되는 행들을 제한할 수 있다.
- WHERE절은 명시된 조건에 일치하는 행들만을 검색해서 나타낸다.
- 구문

```
SELECT   [DISTINCT] { *, 칼럼명 [별칭], 표현식. . . . }
FROM     테이블명
[WHERE   조건(들)];
```

- WHERE 절은 FROM절 다음에 위치하며
- WHERE절에 사용하는 조건은 칼럼명, 표현식, 상수, 비교 연산자 등으로 구성되며,

"sal   >   100"

칼럼명을 포함한 표현식   비교연산자   조건 기준이 되는 값

과 같이 사용한다.

 예제 emp 테이블에서 사원 번호가 7782인 사원의 사원 이름, 급여, 입사일을 검색하여라.

```
SQL> SELECT ename, sal, hiredate
  2  FROM emp
  3  WHERE empno = 7782;

ENAME             SAL HIREDATE
---------- ---------- --------
CLARK            2450 81/06/09
```

- 조건에 사용되는 데이터 값이 숫자인 경우에는 숫자 데이터를 그대로 사용할 수 있으나, 문자와 날짜인 경우에는 단일 인용부호(' ')로 데이터 값을 싸 주어야 한다.

예제 emp 테이블에서 직무가 CLERK인 사원의 사원 번호, 이름, 급여를 검색하여라.

```
SQL> SELECT empno, ename, sal
  2  FROM emp
  3  WHERE job = CLERK;
WHERE job = CLERK
            *
3행에 오류:
ORA-00904: "CLERK": 부적합한 식별자
```

```
SQL> SELECT empno, ename, sal
  2  FROM emp
  3  WHERE job = 'CLERK';

     EMPNO ENAME             SAL
---------- ---------- ----------
      7369 SMITH             800
      7876 ADAMS            1100
      7900 JAMES             950
      7934 MILLER           1300
```

Note: 데이터 CLERK은 문자 데이터이므로 반드시 단일 인용부호와 같이 사용해야 한다.

- WHERE 절의 조건에 사용되는 비교 연산자는 크게 관계 연산자, 논리 연산자, SQL 연산자 등 세 가지로 구분한다.

1) 관계연산자 사용

- 수학에서 일반적으로 사용하는 연산자이다.
- 종류

연산자	의미
=	같다
<>, !=, ^=	같지 않다
>	크다
>=	크거나 같다
<	작다
<=	작거나 같다

- 숫자 데이터는 단일 인용부호가 필요 없으나, 문자와 날짜 데이터는 단일 인용부호와 함께 사용한다.
- 오라클은 기본적으로 대, 소문자를 구분하지 않으나, 데이터 값은 대, 소문자를 구분한다.

 예제 emp 테이블에서 이름이 SMITH인 사원의 이름과 직무를 검색하여라.

```
SQL> SELECT ename, job
  2  FROM emp
  3  WHERE ename = 'Smith';

선택된 레코드가 없습니다.
```

```
SQL> SELECT ename, job
  2  FROM emp
  3  WHERE ename = 'SMITH';

ENAME      JOB
---------- ---------
SMITH      CLERK
```

Note: 데이터 SMITH는 모두 대문자로 입력되어져 있으므로 WHERE 절에서 반드시 대문자를 사용해야 한다.

예제 emp 테이블에서 급여가 3000 이상인 사원의 사원 번호, 이름, 직무, 급여를 검색하여라.

```
SQL> SELECT empno, ename, job, sal
  2  FROM emp
  3  WHERE sal >= 3000;

     EMPNO ENAME      JOB            SAL
---------- ---------- --------- ----------
      7788 SCOTT      ANALYST         3000
      7839 KING       PRESIDENT       5000
      7902 FORD       ANALYST         3000
```

2) 논리 연산자 사용

- 논리 연산자는 여러 개의 조건들을 결합하여 보다 정확한 결과를 얻도록 한다.
- 종류
    - AND 연산자
    - OR 연산자
    - NOT 연산자

(1) AND 연산자

- 양쪽의 조건을 모두 만족하는 값을 결과로 나타낸다.

 예제 emp 테이블에서 직무가 CLERK이고 급여가 1000보다 많은 사원의 사원 번호, 이름, 급여를 검색하여라.

```
SQL> SELECT empno, ename, sal
  2  FROM emp
  3  WHERE job = 'CLERK' AND sal > 1000;

     EMPNO ENAME             SAL
---------- ---------- ----------
      7876 ADAMS            1100
      7934 MILLER           1300
```

Note: 직무가 CLERK이고 급여가 1000보다 많은 두 개의 조건을 모두 만족하는 데이터를 출력하기 위해서 AND 연산자를 사용한다.

(2) OR 연산자

- 양쪽의 조건 중 하나만 만족해도 결과로 나타낸다.

 예제 emp 테이블에서 직무가 MANAGER이거나 부서 번호가 10인 사원의 이름, 직무, 급여, 부서 번호를 검색하여라.

```
SQL> SELECT ename, job, sal, deptno
  2  FROM emp
  3  WHERE job = 'MANAGER' OR deptno = 10;

ENAME       JOB              SAL       DEPTNO
---------- ---------- ---------- ----------
JONES       MANAGER          2975           20
BLAKE       MANAGER          2850           30
CLARK       MANAGER          2450           10
KING        PRESIDENT        5000           10
MILLER      CLERK            1300           10
```

Note: 직무가 MANAGER인 데이터와 부서 번호가 10인 데이터를 출력하기 위해서 OR 연산자를 사용한다.

(3) NOT 연산자

- 조건에 맞지 않는 값을 결과로 나타낸다.

 예제 emp 테이블에서 직무가 MANAGER가 아닌 사원의 이름, 직무, 급여, 부서 번호를 검색하여라.

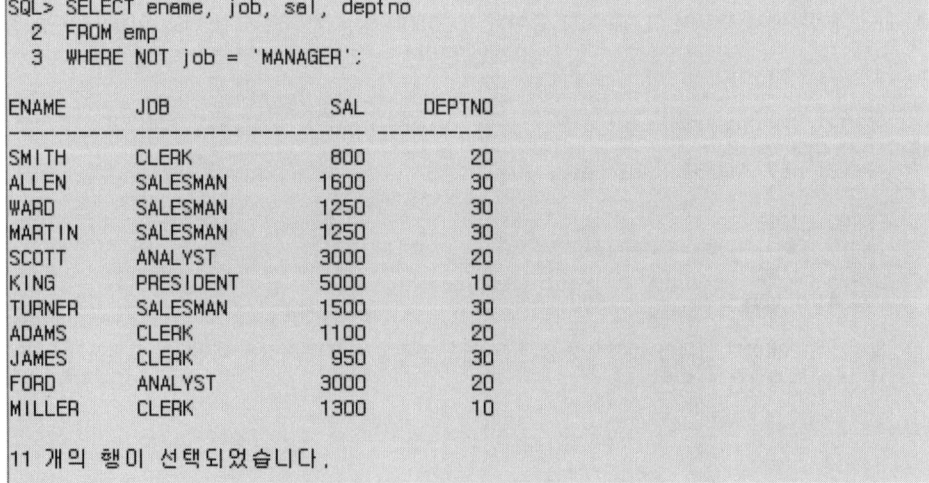

Note: 직무가 MANAGER인 사원을 제외한 사원들을 모두 출력하기 위해서 NOT 연산자를 사용한다.

3) SQL 연산자 사용

- SQL 연산자는 SQL의 특성에 맞게 만들어진 연산자를 말한다.
- 종류
  - BETWEEN ... AND ...
  - IN(....)
  - LIKE
  - IS NULL

(1) BETWEEN a AND b 연산자

- 지정된 범위의 값(a에서 b)을 가진 데이터들을 표시하며
- 상한값과 하한값인 a와 b도 범위에 포함된다.
- BETWEEN .. AND .. 연산자는 두 개의 조건을 AND 연산자로 결합한 것과 같은 결과를 갖는다.

 예제 emp 테이블에서 입사일이 1981년 5월 9일과 1981년 12월 17일 사이의 사원의 이름을 검색하여라.

Note. BETWEEN .. AND .. 연산자를 사용한 결과와 AND 연산자를 사용한 결과가 같은 것을 확인할 수 있다.

(2) IN(a, b, c, ...) 연산자

- IN(a, b, ...) 연산자는 괄호 안에 원하는 값(a, b, ...)을 명시하고, 명시한 값들과 일치하는 데이터를 찾아내어 결과로 나타내며,
- IN(a, b, ...) 연산자는 OR 연산자를 사용한 것과 같은 결과를 갖는다.

예제 emp 테이블에서 부서 번호가 10이나 30인 사원의 이름, 직무, 부서 번호를 검색하여라.

```
SQL> SELECT ename, job, deptno
  2  FROM emp
  3  WHERE deptno IN (10, 30);

ENAME      JOB          DEPTNO
---------- ---------    ------
ALLEN      SALESMAN         30
WARD       SALESMAN         30
MARTIN     SALESMAN         30
BLAKE      MANAGER          30
CLARK      MANAGER          10
KING       PRESIDENT        10
TURNER     SALESMAN         30
JAMES      CLERK            30
MILLER     CLERK            10

9 개의 행이 선택되었습니다.
```

```
SQL> SELECT ename, job, deptno
  2  FROM emp
  3  WHERE deptno = 10 OR deptno = 30;

ENAME      JOB          DEPTNO
---------- ---------    ------
ALLEN      SALESMAN         30
WARD       SALESMAN         30
MARTIN     SALESMAN         30
BLAKE      MANAGER          30
CLARK      MANAGER          10
KING       PRESIDENT        10
TURNER     SALESMAN         30
JAMES      CLERK            30
MILLER     CLERK            10

9 개의 행이 선택되었습니다.
```

Note: IN(...) 연산자를 사용한 결과와 OR 연산자를 사용한 결과가 같은 것을 확인할 수 있다.

(3) LIKE 연산자

- LIKE 연산자는 정확히 모르는 문자가 조건으로 주어지는 경우나 일정한 문자의 조합이 조건으로 주어지는 경우에 와일드카드 문자와 같이 사용한다.
- 오라클에서 사용하는 와일드카드 문자

  ① %: 0개 이상의 문자를 대신할 수 있다.
  예를 들어, LIKE 'A%'와 같이 사용하면 대문자 A로 시작하는 모든 문자열을 결과로 나타낸다. 문자열의 길이는 제한받지 않는다.

  ② _: 하나의 문자만을 대신할 수 있다.
  예를 들어, LIKE '_A'와 같이 사용하면 문자 두 개로 이루어져 있으며 두 번째 문자가 A인 문자열을 결과로 나타낸다.

 예제 emp 테이블에서 'M'으로 시작하는 이름을 가진 사원들을 검색하여라.

```
SQL> SELECT ename
  2  FROM emp
  3  WHERE ename LIKE 'M%';

ENAME
----------
MARTIN
MILLER
```

Note: 첫 번째 글자만 M으로 지정하고, M 다음은 0개 이상의 글자로 이루어진 이름을 검색한다.

예제 emp 테이블에서 두 번째 글자가 'L'인 이름을 가진 사원들을 검색하여라.

```
SQL> SELECT ename
  2  FROM emp
  3  WHERE ename LIKE '_L%';

ENAME
----------
ALLEN
BLAKE
CLARK
```

Note: - 두 번째 글자가 L이고, L 다음은 0개 이상의 글자로 이루어진 이름을 검색한다.
      - 첫 번째 글자는 어느 문자이든 상관없으므로 와일드 카드 문자 '_'를 사용한다.

 예제 dept 테이블에서 부서 이름에 대문자 'S'를 포함하는 모든 데이터를 검색하여라.

```
SQL> SELECT *
  2  FROM dept
  3  WHERE dname LIKE '%S%';

    DEPTNO DNAME          LOC
---------- -------------- -------------
        20 RESEARCH       DALLAS
        30 SALES          CHICAGO
        40 OPERATIONS     BOSTON
```

Note: S 문자 앞과 뒤 모두 0개 이상의 글자로 이루어진 이름을 검색한다.

- 와일드카드 문자인 '%' 및 '_'문자를 포함한 데이터 값을 찾고자 할 때에는 와일드카드 문자 앞에 예약어 ESCAPE을 사용한다.

 예제 emp 테이블에서 사원 이름에 'X_Y' 값이 들어가는 사원들을 검색하여라.

```
SQL> SELECT ename
  2  FROM emp
  3  WHERE ename LIKE '%X\_Y%' ESCAPE '\';

선택된 레코드가 없습니다.
```

Note: ESCAPE 문자로 '\'을 명시하였으므로, X_Y를 포함하는 이름을 검색하기 위해서는 와일드카드 문자인 '_'앞에 '\'을 사용한다.

 예제 dept 테이블에서 부서 이름에 '_' 문자가 들어가는 모든 데이터를 검색하여라.

```
SQL> SELECT *
  2  FROM dept
  3  WHERE dname LIKE '%S_%' ESCAPE 'S';

선택된 레코드가 없습니다.
```

Note: ESCAPE 문자로 'S'를 명시하였으므로, '_'를 포함하는 부서 이름을 검색하기 위해서는 와일드카드 문자인 '_' 앞에 'S'를 사용한다.

(4) IS NULL 연산자

- NULL 값은 "=" 연산자를 이용해서 비교할 수 없다.
- NULL 값을 비교하기 위해서는 IS NULL 연산자를 사용한다.

 예제 emp 테이블에서 커미션이 NULL 값을 갖는 사원의 이름, 직무, 급여를 검색하여라.

```
SQL> SELECT ename, job, sal
  2  FROM emp
  3  WHERE comm = NULL;
선택된 레코드가 없습니다.
```

```
SQL> SELECT ename, job, sal
  2  FROM emp
  3  WHERE comm = '';
선택된 레코드가 없습니다.
```

```
SQL> SELECT ename, job, sal
  2  FROM emp
  3  WHERE comm IS NULL;

ENAME      JOB              SAL
---------- --------- ----------
SMITH      CLERK            800
JONES      MANAGER         2975
BLAKE      MANAGER         2850
CLARK      MANAGER         2450
SCOTT      ANALYST         3000
KING       PRESIDENT       5000
ADAMS      CLERK           1100
JAMES      CLERK            950
FORD       ANALYST         3000
MILLER     CLERK           1300

10 개의 행이 선택되었습니다.
```

Note: 커미션이 NULL인 사원은 존재하지만 연산자 "="을 사용해서 검색할 수 없음을 확인할 수 있다.

 예제 emp 테이블에서 커미션이 NULL 아닌 값을 갖는 사원의 이름, 직무, 급여를 검색하여라.

```
SQL> SELECT ename, job, sal
  2  FROM emp
  3  WHERE comm IS NOT NULL;

ENAME      JOB              SAL
---------- --------- ----------
ALLEN      SALESMAN        1600
WARD       SALESMAN        1250
MARTIN     SALESMAN        1250
TURNER     SALESMAN        1500
```

```
SQL> SELECT ename, job, sal
  2  FROM emp
  3  WHERE NOT comm IS NULL;

ENAME      JOB              SAL
---------- --------- ----------
ALLEN      SALESMAN        1600
WARD       SALESMAN        1250
MARTIN     SALESMAN        1250
TURNER     SALESMAN        1500
```

4) 다중 조건 사용

- 관계 연산자, 논리 연산자, SQL 연산자 들이 결합되어 사용되는 경우에는 연산자들의 우선순위에 의해 차례로 결과를 찾아 나타낸다.
- 우선순위

우선순위	연산자
1	모든 관계 연산자, SQL 연산자 (=, <>, >,>=, <, <=, IN, LIKE, IS NULL, BETWEEN)
2	NOT
2	AND
3	OR

- 동등한 우선순위의 연산자가 연속해서 사용될 경우에는 좌측에서 우측 순으로 수행한다.

 예제 emp 테이블에서 급여가 1000 이상이면서 부서 번호가 30인 사원, 또는 부서 번호가 20인 사원들을 검색하여라.

```
SQL> SELECT ename, sal, deptno, job
  2  FROM emp
  3  WHERE sal >= 1000
  4  AND deptno = 30
  5  OR deptno = 20;

ENAME           SAL     DEPTNO JOB
---------- ---------- ---------- ---------
SMITH           800         20 CLERK
ALLEN          1600         30 SALESMAN
WARD           1250         30 SALESMAN
JONES          2975         20 MANAGER
MARTIN         1250         30 SALESMAN
BLAKE          2850         30 MANAGER
SCOTT          3000         20 ANALYST
TURNER         1500         30 SALESMAN
ADAMS          1100         20 CLERK
FORD           3000         20 ANALYST

10 개의 행이 선택되었습니다.
```

Note: -sal > <1000 AND deptno = 30의 조건을 만족하는 사원들을 검색한 후에
      -deptno = 20인 사원들을 검색해서
      -위에서 검색되는 데이터들을 모두 출력한다.

오라클

 예제 emp 테이블에서 급여가 1000 이상이면서 동시에 부서 번호가 30이거나 부서 번호가 20인 사원들을 검색하여라.

```
SQL> SELECT ename, sal, deptno, job
  2  FROM emp
  3  WHERE sal >= 1000 AND
  4        (deptno = 30 OR deptno = 20);

ENAME           SAL      DEPTNO JOB
---------- ---------- ---------- ---------
ALLEN          1600        30  SALESMAN
WARD           1250        30  SALESMAN
JONES          2975        20  MANAGER
MARTIN         1250        30  SALESMAN
BLAKE          2850        30  MANAGER
SCOTT          3000        20  ANALYST
TURNER         1500        30  SALESMAN
ADAMS          1100        20  CLERK
FORD           3000        20  ANALYST

9 개의 행이 선택되었습니다.
```

Note: -sal >=1000인 사원들을 검색하고
　　　-deptno =20인 사원과 deptno = 30인 사원들을 모두 검색한 후에
　　　-위의 두 조건을 동시에 만족하는 데이터들만 출력한다.

3. 데이터를 정렬한 SELECT 문(ORDER BY 절)

- 기본적으로 SELECT 문을 사용하여 검색되는 결과는 입력한 데이터 순으로 표시되지만,
- ORDER BY 절을 사용하면 결과로 나타나는 값들을 원하는 기준에 의해 정렬할 수 있다.
- 구문

```
SELECT    [DISTINCT] { * , 칼럼명  [alias], 표현식. . . . }
FROM      테이블명
[WHERE    조건(들)
[ORDER BY {칼럼명, 표현식} {ASC|DESC}];
```

- 예약어 ASC는 결과를 오름차순으로 정렬할 때 사용하며 생략이 가능하다.
- 예약어 DESC는 결과를 내림차순으로 정렬할 때 사용한다.

- ORDER BY 절은 SELECT 문에서 항상 마지막에 위치하며, SELECT 문 전체에서 단 한번만 사용 가능하다.
- 오름차순의 정렬 순서는 다음과 같다.
  - 숫자: 적은 값부터 큰 값의 순(1, 2, ..., 999)
  - 날짜: 현재 날짜를 기준으로 과거로부터 현재의 순(92/01/01, ..., 95/01/01)
  - 문자: 알파벳 순(A, ..., Z)
    영문자 대문자 → 영문자 소문자 → 한글의 순
  - NULL 값은 가장 큰 값으로 제일 마지막에 표시
- 내림차순의 정렬 순서는 오름차순의 정 반대로 결과를 나타낸다.
- 정렬을 하기 위한 방법은 다음과 같이 세 가지가 있다.
  - 칼럼명 혹은 표현식에 의한 정렬
  - 위치에 의한 정렬
  - 별칭에 의한 정렬

1) 칼럼명 혹은 표현식에 의한 정렬

- "ORDER BY 칼럼명" 혹은 "ORDER BY 표현식"의 형식으로 정렬한다.

 예제 emp 테이블에서 사원의 이름, 부서 번호, 입사일을 검색해서 입사일에 대해 내림차순으로 정렬하여 출력하여라.

```
SQL> SELECT ename, deptno, hiredate
  2  FROM emp
  3  ORDER BY hiredate DESC;

ENAME          DEPTNO HIREDATE
---------- ---------- --------
ADAMS              20 87/05/23
SCOTT              20 87/04/19
MILLER             10 82/01/23
FORD               20 81/12/03
JAMES              30 81/12/03
KING               10 81/11/17
MARTIN             30 81/09/28
TURNER             30 81/09/08
CLARK              10 81/06/09
BLAKE              30 81/05/01
JONES              20 81/04/02
WARD               30 81/02/22
ALLEN              30 81/02/20
SMITH              20 80/12/17

14 개의 행이 선택되었습니다.
```

Note: 입사일을 기준으로 해서 내림차순으로 정렬하므로 현재 날짜에 가까운 입사일부터 출력된다.

- 여러 칼럼명에 의해서 정렬을 하고자 하는 경우에는 칼럼명 들을 콤마에 의해 구분한다.

예제 emp 테이블에서 사원의 이름, 부서 번호, 급여를 검색해서 부서 번호에 대해 오름차순으로 급여에 대해 내림차순으로 정렬하여 출력하여라.

```
SQL> SELECT ename, deptno, sal
  2  FROM emp
  3  ORDER BY deptno, sal DESC;

ENAME           DEPTNO        SAL
---------- ---------- ----------
KING               10       5000
CLARK              10       2450
MILLER             10       1300
SCOTT              20       3000
FORD               20       3000
JONES              20       2975
ADAMS              20       1100
SMITH              20        800
BLAKE              30       2850
ALLEN              30       1600
TURNER             30       1500
MARTIN             30       1250
WARD               30       1250
JAMES              30        950

14 개의 행이 선택되었습니다.
```

Note: 먼저 부서 번호에 대해 오름차순 정렬이므로 부서 번호가 적은 사원부터 부서 번호가 큰 순으로 출력되고, 같은 부서 번호 별로 다시 급여가 많은 것부터 적은 순으로 출력된다.

예제 emp 테이블에서 사원의 이름, 일년 급여(sal*12)를 검색해서 일년 급여에 대해 오름차순으로 정렬하여 출력하여라.

```
SQL> SELECT ename, sal*12
  2  FROM emp
  3  ORDER BY sal*12;

ENAME          SAL*12
---------- ----------
SMITH            9600
JAMES           11400
ADAMS           13200
WARD            15000
MARTIN          15000
MILLER          15600
TURNER          18000
ALLEN           19200
CLARK           29400
BLAKE           34200
JONES           35700
SCOTT           36000
FORD            36000
KING            60000

14 개의 행이 선택되었습니다.
```

Note: 일년 급여를 계산하기 위해 SELECT 절에 sal*12로 표시하고, ORDER BY 절에도 산술 표현식인 sal*12를 사용하여 정렬한다.

2) 위치에 의한 정렬

- SELECT 절에 표현식을 사용했을 경우, 그 표현식에 의해 정렬을 원하는 경우에 ORDER BY 절에 표현식을 다시 입력할 필요 없이 SELECT 리스트 상에서의 표현식 위치만 명시하여 표현할 수 있다.
- 이 방법은 긴 표현식을 사용한 경우의 정렬에 유용하다.

 예제 emp 테이블에서 사원의 이름, 일년 급여를 검색해서 일년 급여에 대해 오름차순으로 정렬하여 출력하여라.

```
SQL> SELECT ename, sal*12
  2  FROM emp
  3  ORDER BY 2;

ENAME            SAL*12
---------- ----------
SMITH              9600
JAMES             11400
ADAMS             13200
WARD              15000
MARTIN            15000
MILLER            15600
TURNER            18000
ALLEN             19200
CLARK             29400
BLAKE             34200
JONES             35700
SCOTT             36000
FORD              36000
KING              60000

14 개의 행이 선택되었습니다.
```

Note: ORDER BY 2의 의미는 SELECT 절의 두 번째 칼럼을 의미하며, 결과는 두 번째 칼럼인 sal * 12에 의해 오름차순으로 정렬되어 표시된다.

3) 별칭에 의한 정렬

- SELECT 절에서 사용한 별칭을 사용하여 정렬한다.

 예제 emp 테이블에서 사원의 이름, 급여, 12*(sal+100)을 검색해서 12*(sal+100)에 대해 오름차순으로 정렬하여 출력하여라.

```
SQL> SELECT ename, sal, 12*(sal+100) Annual_Salary
  2  FROM emp
  3  ORDER BY Annual_Salary;

ENAME            SAL ANNUAL_SALARY
---------- --------- -------------
SMITH            800         10800
JAMES            950         12600
ADAMS           1100         14400
WARD            1250         16200
MARTIN          1250         16200
MILLER          1300         16800
TURNER          1500         19200
ALLEN           1600         20400
CLARK           2450         30600
BLAKE           2850         35400
JONES           2975         36900
SCOTT           3000         37200
FORD            3000         37200
KING            5000         61200

14 개의 행이 선택되었습니다.
```

Note: -SELECT 절의 세 번째 칼럼인 12 * (sal+100)을 별칭 Annual_Salary로 사용하였다.
      -ORDER BY 절에 칼럼명 12 * (sal+100) 대신 별칭 Annual_Salary를 사용하여 정렬이 가능하다.

 연습문제

*** EMP 테이블 사용 ***

1. 사원 번호가 7499인 사원 중 이름, 입사일, 부서 번호를 출력하여라.

2. 이름이 ALLEN인 사원의 모든 정보를 출력하여라.

3 이름이 K보다 큰 글자로 시작하는 사원의 모든 정보를 출력하여라.

4. 입사일이 02-APR-81보다 늦고 09-DEC-82보다 빠른 사원의 이름, 급여, 부서 번호를 출력하여라.

5. 급여가 $1,600 보다 크고 $3,000보다 작은 사원의 이름, 직무, 급여를 출력하여라.

6. 입사일이 81년 이외에 입사한 사원의 모든 정보를 출력하여라.

7. 직업이 MANAGER와 SALESMAN인 사원의 모든 정보를 출력하여라.

8. 부서 번호가 20번, 30번을 제외한 모든 사원의 이름, 사원 번호, 부서 번호를 출력하여라.

9. 이름이 S로 시작하는 사원의 사원 번호, 이름, 입사일, 부서 번호를 출력하여라.

10. 입사일이 81년도인 사원의 모든 정보를 출력하여라.

11. 이름 중 S자가 들어가 있는 사원의 모든 정보를 출력하여라.

12. 이름이 S자로 시작하고 마지막 글자가 T인 사원의 모든 정보를 출력하여라(단, 이름은 전체 5자리 이다).

13. 처음의 글자는 관계없고 두 번째 글자가 A인 사원의 모든 정보를 출력하여라.

14. 커미션이 NULL이 아닌 사원의 모든 정보를 출력하여라.

15. 급여가 $1,500 이상이고, 부서 번호가 30번인 사원 중 직무가 MANAGER인 사원의 모든 정보를 출력하여라.

16. 부서 번호가 30인 사원들의 모든 정보를 사원 번호 순으로 정렬하여라.

17. 사원의 모든 정보를 부서 번호에 대해 내림차순으로 정렬하고 이름에 대해 오름차순으로, 급여에 대해 내림차순으로 정렬하여라.

18. 부서 번호가 10번인 사원의 사원 번호, 이름, 급여를 출력하여라.

19. 직무가 MANAGER가 아닌 사원의 모든 정보를 출력하여라.

20. 1981년 4월 2일 이후에 입사한 사원의 정보를 출력하여라.

21. 사원 번호가 7698보다 작거나 같은 사원들의 사원 번호와 이름을 출력하여라.

22. 사원 번호가 7654와 7782 사이 이외의 사원의 모든 정보를 출력하여라.

23. 부서가 30번이고 급여가 $1,500 이상인 사원의 이름, 부서, 급여를 출력하여라.

24. 사원의 모든 정보를 부서 번호에 대해 오름차순으로 정렬한 후 급여가 많은 사원부터 차례로 출력하여라.

4. 단일행 함수를 사용한 SELECT 문

1) 함수(Function)의 정의

- 함수란 하나 이상의 매개변수(인수 : Argument)를 전달받아 처리해서 그 결과를 반환해주는 프로그램을 말하며,
- 오라클 데이터베이스에서 기본적으로 제공하는 내장 함수와 사용자가 생성하는 사용자 정의 함수가 있다.
- 이 장에서는 오라클 내장 함수에 대해 소개하고, 4부에서 사용자 정의 함수를 소개한다.
- 오라클 내장 함수는 오라클이 구동될 때 메모리에 기억되므로 특별한 별도의 프로그램이 필요 없이 바로 사용할 수 있다.

2) 함수의 기능

- 데이터에 관한 계산을 수행한다.
- 데이터를 다른 형태로 변환한다.
- 데이터 그룹 결과를 출력한다.

3) 함수의 종류

- 단일행 함수
  - 함수가 정의된 SQL 문이 실행될 때 각각의 행에 대해 수행되며, 행 당 한 개의 결과를 반환한다.
  - 인수로는 상수, 변수, 표현식 등이 사용될 수 있다
  - 함수를 중첩하여 사용할 수 있다.
  - SELECT 절, WHERE 절, ORDER BY 절에 사용할 수 있다.
  - FROM 절에는 사용할 수 없다.

- 복수행 함수
  - 함수가 정의된 SQL 문이 실행될 때 복수의 행을 실행하여, 복수의 행에 대해 한 개의 결과를 반환한다.
  - SELECT 절과 HAVING 절에 사용할 수 있다.
  - GROUP BY 절에 의해 그룹화 시킬 칼럼을 정의할 수 있다.
  - COUNT 함수를 제외한 모든 그룹 함수는 NULL 값을 제외하고 처리한다.

4) 단일행 함수의 종류

- 한 개 이상의 인수를 받아들여 한 개의 행에 대해 한 개의 값을 반환한다.
- 구문

> 함수명(칼럼명|수식, [인수1, 인수2, . . .])

- 단일행 함수는 함수의 성격에 따라 문자 함수, 숫자 함수, 날짜 함수, 변환 함수, 일반 함수 등으로 구분할 수 있다.

(1) 문자 함수

- 문자함수는 문자열을 인수로 받아들여 실행하는 함수를 말하며,
- 결과로 문자열이나 숫자를 반환한다.
- 문자열의 데이터를 인수로 사용할 경우에는 반드시 단일 인용부호(' ')와 함께 사용해야 한다.
- 컬럼명을 인수로 사용할 경우에는 단일 인용부호 없이 사용한다.

① LOWER 함수

- LOWER 함수는 인수로 받아들인 문자열을 모두 소문자로 변환시켜 결과를 나타낸다.
- 구문

> LOWER(컬럼명|표현식)

 예제 ORACLE Example을 소문자로 변환시켜라.

```
SQL> SELECT LOWER('ORACLE Example')
  2  FROM DUAL;

LOWER('ORACLEE
--------------
oracle example
```

Note: -DUAL 테이블은 오라클에서 제공하는 DUMMY 테이블이다.
-DUAL 테이블은 SYS 계정의 소유이며 모든 사용자가 접근할 수 있다.
-DUAL 테이블은 주로 단 한번의 결과를 얻기 위한 연산식 등을 위해 사용한다.

예제 emp 테이블에서 사원의 이름과 직무를 검색해서 직무는 소문자로 변환하여 출력하여라.

```
SQL> SELECT ename, LOWER(job)
  2  FROM emp;

ENAME      LOWER(JOB
---------- ---------
SMITH      clerk
ALLEN      salesman
WARD       salesman
JONES      manager
MARTIN     salesman
BLAKE      manager
CLARK      manager
SCOTT      analyst
KING       president
TURNER     salesman
ADAMS      clerk
JAMES      clerk
FORD       analyst
MILLER     clerk

14 개의 행이 선택되었습니다.
```

② UPPER 함수

- UPPER 함수는 인수로 받아들인 문자열을 모두 대문자로 변환시켜 결과를 나타낸다.
- 구문

> UPPER(컬럼명|표현식)

 예제 ORACLE Example을 대문자로 변환시켜라.

```
SQL> SELECT UPPER('ORACLE Example')
  2  FROM DUAL;

UPPER('ORACLEE
--------------
ORACLE EXAMPLE
```

예제 emp 테이블에서 직무가 대문자 'salesman'과 같은 사원의 사원 번호와 이름을 검색하여라.

```
SQL> SELECT empno, ename
  2  FROM emp
  3  WHERE job = UPPER('salesman');

     EMPNO ENAME
---------- ----------
      7499 ALLEN
      7521 WARD
      7654 MARTIN
      7844 TURNER
```

```
SQL> SELECT empno, ename
  2  FROM emp
  3  WHERE job = 'salesman';

선택된 레코드가 없습니다.
```

Note: 데이터 'SALESMAN'과 'salesman'은 다르므로, UPPER 함수 없이 'salesman'을 사용하면 데이터 'SALESMAN'을 찾을 수가 없다.

③ INITCAP 함수

- INITCAP 함수는 인수로 받아들인 문자열의 첫 번째 문자만 대문자로 변환시켜 결과를 나타낸다.
- 구문

> INITCAP(컬럼명|표현식)

 예제 ORACLE Example을 단어의 첫 글자만 대문자로, 다른 문자는 소문자로 변환시켜라.

```
SQL> SELECT INITCAP('ORACLE Example')
  2  FROM DUAL;

INITCAP('ORACL
--------------
Oracle Example
```

 예제 emp 테이블에서 사원의 이름과 직무를 검색해서 직무의 첫 글자만 대문자로 출력하여라.

```
SQL> SELECT ename, INITCAP(job)
  2  FROM emp;

ENAME      INITCAP(J
---------- ---------
SMITH      Clerk
ALLEN      Salesman
WARD       Salesman
JONES      Manager
MARTIN     Salesman
BLAKE      Manager
CLARK      Manager
SCOTT      Analyst
KING       President
TURNER     Salesman
ADAMS      Clerk
JAMES      Clerk
FORD       Analyst
MILLER     Clerk

14 개의 행이 선택되었습니다.
```

④ CONCAT 함수

- CONCAT 함수는 인수로 받은 두 개의 문자열을 연결시켜 하나의 문자열로 만들어서 결과를 나타낸다.
- 구문

> CONCAT(컬럼명1|표현식1, 컬럼명2|표현식2)

- CONCAT 함수는 앞에서 설명한 연결 연산자(||)와 같은 역할을 한다.
- CONCAT 함수는 세 개의 문자열을 결합할 수 없으나, 연결 연산자는 가능하다.

 예제 'Oracle'과 'Example'을 결합시켜라.

```
SQL> SELECT CONCAT('Oracle', 'Example')
  2  FROM DUAL;

CONCAT('ORACL
-------------
OracleExample
```

예제 emp 테이블에서 부서 번호가 10인 사원들의 사원 번호와 이름을 결합하여 출력하여라.

```
SQL> SELECT CONCAT(empno, ename)
  2  FROM emp
  3  WHERE deptno = 10;

CONCAT(EMPNO,ENAME)
-----------------------------------
7782CLARK
7839KING
7934MILLER
```

```
SQL> SELECT empno || ename
  2  FROM emp
  3  WHERE deptno = 10;

EMPNO||ENAME
-----------------------------------
7782CLARK
7839KING
7934MILLER
```

Note: CONCAT 함수를 사용한 경우와 연결 연산자를 사용하여 결합한 경우의 결과가 같음을 확인할 수 있다.

 예제 emp 테이블에서 부서 번호가 10인 사원들의 사원 번호와 이름을 검색하여 "XXX의 이름은 XXX"와 같은 형태로 출력하여라.

```
SQL> SELECT concat(empno, '의 이름은 ', ename)
  2  FROM emp
  3  WHERE deptno = 10;
SELECT concat(empno, '의 이름은 ', ename)
       *
1행에 오류 :
ORA-00909: 인수의 개수가 부적합합니다
```

Note: CONCAT 함수는 세 개의 인수를 결합할 수 없다.

해결방안

```
SQL> SELECT CONCAT(empno||'의 이름은 ', ename)
  2  FROM emp
  3  WHERE deptno = 10;

CONCAT(EMPNO||'의이름은',ENAME)
-----------------------------------------------------------
7782의 이름은 CLARK
7839의 이름은 KING
7934의 이름은 MILLER
```

Note: CONCAT 함수는 인수를 두 개만 사용할 수 있으므로, empno와 '의 이름은'을 연결 연산자로 결합한 후 그 결과를 CONCAT 함수의 인수로 사용한다.

```
SQL> SELECT empno||'의 이름은 '|| ename
  2  FROM emp
  3  WHERE deptno = 10;

EMPNO||'의이름은'||ENAME
-----------------------------------------------------------
7782의 이름은 CLARK
7839의 이름은 KING
7934의 이름은 MILLER
```

Note: 세 개의 문자열을 결합하기 위해서 연결 연산자를 사용한다.

⑤ SUBSTR, SUBSTRB 함수

- SUBSTR, SUBSTRB 함수는 인수로 받은 문자열에서 명시된 위치(m)부터 명시된 길이(n)만큼 잘라내어 결과를 나타낸다.
- SUBSTR 함수는 1개의 한글을 1바이트로 취급하며,
- SUBSTRB 함수는 1개의 한글을 2바이트로 취급한다.
- 구문

```
SUBSTR(컬럼명|표현식, m, [n])
```

```
SUBSTRB(컬럼명|표현식, m, [n])
```

예제 명시된 'Oracle'의 두 번째 문자부터 3개의 문자를 출력하여라.

```
SQL> SELECT SUBSTR('Oracle', 2, 3)
  2  FROM DUAL;

SUB
---
rac
```

```
SQL> SELECT SUBSTRB('Oracle', 2, 3)
  2  FROM DUAL;

SUB
---
rac
```

 예제 emp 테이블에서 사원 이름의 앞 세 글자가 'SCO'인 사원의 사원 번호, 이름을 출력하여라.

```
SQL> SELECT empno, ename
  2  FROM emp
  3  WHERE SUBSTR(ename, 1, 3) = 'SCO';

     EMPNO ENAME
---------- ----------
      7788 SCOTT
```

```
SQL> SELECT empno, ename
  2  FROM emp
  3  WHERE SUBSTRB(ename, 1, 3) = 'SCO';

     EMPNO ENAME
---------- ----------
      7788 SCOTT
```

 예제 '오라클 실습'에서 앞 여섯 글자를 출력하여라.

```
SQL> SELECT SUBSTR('오라클 실습', 1, 6)
  2  FROM DUAL;

SUBSTR('오
----------
오라클 실습
```

Note: SUBSTR 함수는 한글 데이터를 인수로 받는 경우에도 알파벳과 같이 한 글자를 한 개의 문자로 취급하여 결과를 나타낸다.

```
SQL> SELECT SUBSTRB('오라클 실습', 1, 6)
  2  FROM DUAL;

SUBSTR
------
오라클
```

Note: SUBSTRB 함수는 한글 데이터를 인수로 받는 경우에 알파벳과는 다르게 한 글자를 두 개의 바이트로 취급하여 결과를 나타낸다.

⑥ LENGTH, LENGTHB 함수

• LENGTH 함수는 인수로 받은 문자열의 길이를 숫자로 반환하며,

• LENGTHB 함수는 인수로 받은 문자열의 바이트 수를 숫자로 반환한다.

• 구문

```
LENGTH(컬럼명)
```

```
LENGTHB(컬럼명)
```

 예제 'Oracle'의 글자 길이를 출력하여라.

```
SQL> SELECT LENGTH('Oracle')
  2  FROM DUAL;

LENGTH('ORACLE')
----------------
               6
```

 예제 'Oracle'의 바이트 수를 출력하여라.

```
SQL> SELECT LENGTHB('Oracle')
  2  FROM DUAL;

LENGTHB('ORACLE')
-----------------
                6
```

 예제 '오라클 실습'의 글자 길이를 출력하여라.

```
SQL> SELECT LENGTH('오라클 실습')
  2  FROM DUAL;

LENGTH('오라클실습')
-------------------
                  6
```

Note: LENGTH 함수는 한글 데이터를 인수로 받는 경우에도 알파벳과 같이 한 글자를 한 개의 문자로 취급하며, 공백도 하나의 문자로 취급한다.

예제 '오라클 실습'의 바이트 수를 출력하여라.

```
SQL> SELECT LENGTHB('오라쿨 실습')
  2  FROM DUAL;

LENGTHB('오라쿨실습')
--------------------
                 11
```

Note: LENGTHB 함수는 한글 데이터를 인수로 받는 경우에 한 글자를 2바이트로 취급하며, 공백도 하나의 바이트로 취급한다.

 예제 emp 테이블에서 부서 번호가 10인 사원들의 이름과 이름의 길이를 출력하여라.

```
SQL> SELECT ename, LENGTH(ename)
  2  FROM emp
  3  WHERE deptno = 10;

ENAME      LENGTH(ENAME)
---------- -------------
CLARK                  5
KING                   4
MILLER                 6
```

 예제 emp 테이블에서 부서 번호가 10인 사원들의 이름과 이름의 바이트 수를 출력하여라.

```
SQL> SELECT ename, LENGTHB(ename)
  2  FROM emp
  3  WHERE deptno = 10;

ENAME      LENGTHB(ENAME)
---------- --------------
CLARK                   5
KING                    4
MILLER                  6
```

⑦ INSTR, INSTRB 함수

- INSTR, INSTRB 함수는 인수로 받은 문자열 중에서 명시된 문자열('m')의 위치를 찾아 숫자로 결과를 나타낸다.
- SUBSTR 함수는 1개의 한글을 1바이트로 취급하며,
- SUBSTRB 함수는 1개의 한글을 2바이트로 취급한다.

• 구문

> INSTR(컬럼명|표현식, 'm' [, b, w])

> INSTRB(컬럼명|표현식, 'm' [, b, w])

- m은 하나 이상으로 된 문자열을 의미하며
- 결과로 표시되는 숫자는 그 문자열의 위치를 나타낸다.
- m의 값이 0을 나타내면 그 문자열이 없다는 것을 의미한다.
- b는 시작위치를 의미하며, 생략하는 경우에는 1의 값을 갖는다.
- w는 몇 번째 발견하는 값인지를 의미하며, 생략하는 경우에는 1의 값을 갖는다.

 예제 명시된 'Oracle'에서 'c'의 위치와 'le'의 위치, 'C'의 위치를 출력하여라.

```
SQL> SELECT INSTR('Oracle', 'c'), INSTR('Oracle', 'le'), INSTR('Oracle', 'C')
  2  FROM DUAL;

INSTR('ORACLE','C') INSTR('ORACLE','LE') INSTR('ORACLE','C')
------------------- -------------------- -------------------
                  4                    5                   0
```

Note: -INSTR('Oracle', 'C')의 결과가 0이므로 대문자 'C'는 발견할 수 없음을 알 수 있다.
      -INSTR('Oracle', 'le')는 'le'가 시작되는 위치인 5를 나타낸다.

```
SQL> SELECT INSTRB('Oracle', 'c'), INSTRB('Oracle', 'le'), INSTRB('Oracle', 'C')
  2  FROM DUAL;

INSTRB('ORACLE','C') INSTRB('ORACLE','LE') INSTRB('ORACLE','C')
-------------------- --------------------- --------------------
                   4                     5                    0
```

예제 emp 테이블에서 사원의 이름과 이름에서 대문자 'A'의 위치를 출력하여라.

```
SQL> SELECT ename, INSTR(ename, 'A')
  2  FROM emp;

ENAME        INSTR(ENAME,'A')
----------   ----------------
SMITH                       0
ALLEN                       1
WARD                        2
JONES                       0
MARTIN                      2
BLAKE                       3
CLARK                       3
SCOTT                       0
KING                        0
TURNER                      0
ADAMS                       1
JAMES                       2
FORD                        0
MILLER                      0

14 개의 행이 선택되었습니다.
```

Note: 'ADAMS'의 경우 'A'가 첫 번째와 세 번째 두 곳에서 발견되나 INSTR 함수의 결과는 첫 번째에 나타나는 위치만 반환한다.

```
SQL> SELECT ename, INSTRB(ename, 'A', 1, 2)
  2  FROM emp;

ENAME        INSTRB(ENAME,'A',1,2)
----------   ---------------------
SMITH                            0
ALLEN                            0
WARD                             0
JONES                            0
MARTIN                           0
BLAKE                            0
CLARK                            0
SCOTT                            0
KING                             0
TURNER                           0
ADAMS                            3
JAMES                            0
FORD                             0
MILLER                           0

14 개의 행이 선택되었습니다.
```

예제 '데이터베이스 실습'에서 3번째 이후에 나타나는 첫 번째 '이'의 위치를 출력하여라.

```
SQL> SELECT INSTR('데이터베이스', '이', 3, 1), INSTRB('데이터베이스', '이', 3, 1)
  2  FROM DUAL;

INSTR('데이터베이스','이',3,1) INSTRB('데이터베이스','이',3,1)
--------------------------- ----------------------------
                          5                            3
```

Note : -INSTR 함수는 시작 위치가 세 번째 글자인 '터'가 되며 그 이후에 나타나는 첫 번째 '이'는 5번째 위치가 된다.
  -INSTRB 함수는 시작 위치가 세 번째 바이트인 '이가 되며 그 이후에 나타나는 첫 번째 '이'는 3번째 바이트가 된다.

⑧ LPAD 함수

• LPAD 함수는 인수로 받은 문자열을 명시된 길이(n) 만큼의 자리수로 오른쪽 정렬하여 나타내고 남는 자리는 왼쪽부터 명시된 문자('s')로 채워 준다.

• 구문

```
LPAD(컬럼명|표현식, n, 's')
```

- LPAD에서의 'L'은 Left를 의미하므로, 왼쪽부터 명시된 문자를 채운다.

 예제 emp 테이블에서 부서 번호가 10인 사원의 이름을 출력하고, 왼쪽 남는 자리는 '#'으로 채워 10자리로 이름을 출력하여라.

```
SQL> SELECT ename, LPAD(ename, 10, '#')
  2  FROM emp
  3  WHERE deptno = 10;

ENAME      LPAD(ENAME,10,'#')
---------- --------------------
CLARK      #####CLARK
KING       ######KING
MILLER     ####MILLER
```

⑨ RPAD 함수

• RPAD 함수는 인수로 받은 문자열을 명시된 길이(n) 만큼의 자리수로 왼쪽 정렬하여 나타내고 남는 자리는 오른쪽부터 명시된 문자('s')로 채워 준다.

• 구문

> RPAD(컬럼명|표현식, n, 's')

- RPAD에서의 'R'은 Right를 의미하므로, 오른쪽부터 명시된 문자를 채운다.

 예제 emp 테이블에서 부서 번호가 10인 사원의 이름을 출력하고, 오른쪽 남는 자리는 '?'으로 채워 10자리로 이름을 출력하여라.

```
SQL> SELECT ename, RPAD(ename, 10, '?')
  2  FROM emp
  3  WHERE deptno = 10;

ENAME       RPAD(ENAME,10,'?')
----------  --------------------
CLARK       CLARK?????
KING        KING??????
MILLER      MILLER????
```

⑩ LTRIM 함수

• LTRIM 함수는 인수로 받은 문자열에서 왼쪽부터 시작하여 명시된 문자열('s')을 잘라내고 남는 문자열을 결과로 나타낸다.

• 구문

> LTRIM(컬럼명|표현식, 's')

• 명시된 문자열은 맨 왼쪽이나 맨 오른쪽에서만 잘라낸다. 문자열의 중간에 있는 문자열은 잘라내지 않는다.

 예제 'Oracle'에서 왼쪽 'O'를 제거, 'abcabcd'에서 왼쪽 'abc'를 제거, 'abcdabc'에서 왼쪽 'abc'를 제거하여라.

```
SQL> SELECT LTRIM('Oracle', 'O'), LTRIM('abcabcd', 'abc'), LTRIM('abcdabc', 'abc')
  2  FROM DUAL;

LTRIM L LTRI
----- - ----
racle d dabc
```

Note: LTRIM 함수는 명시된 문자열이 연속해서 여러 번 주어지는 경우에는 모두 제거하나, 비연속적인 경우에는 한번만 제거한다.

⑪ RTRIM 함수

- RTRIM 함수는 인수로 받은 문자열에서 오른쪽부터 시작하여 명시된 문자열('s')을 잘라내고 남는 문자열을 결과로 나타낸다.

- 구문

> RTRIM(칼럼명|표현식, 's')

 예제 'Oracle'에서 오른쪽 'e'를 제거, 'abcabcd'에서 오른쪽 'abc'를 제거, 'abcdabc'에서 오른쪽 'abc'를 제거하여라.

```
SQL> SELECT RTRIM('Oracle', 'e'), RTRIM('abcabcd', 'abc'), RTRIM('abcdabc', 'abc')
  2  FROM DUAL;

RTRIM RTRIM(' RTRI
----- ------- ----
Oracl abcabcd abcd
```

Note: Rtrim('abcabcd', 'abc')에서 오른쪽 끝에 문자열 'abc'가 없으므로 제거된 결과는 원래의 문자열과 같다.

⑫ TRIM 함수

- TRIM 함수는 LTRIM 함수와 RTRIM 함수를 결합한 형태이다.
- TRIM 함수는 문자열의 왼쪽 또는 오른쪽 부분에서 명시된 문자가 존재하면 그 문자를 제거한다.
- 구문

> TRIM(LEADING|TRAILING|BOTH 's' FROM 칼럼명)

- LEADING: LTRIM 함수와 동일한 기능을 하며, 정의된 칼럼의 왼쪽에 명시된 문자열이 존재하면 그 문자를 제거하여 결과로 나타낸다.
- TRAILING: RTRIM 함수와 동일한 기능을 하며, 정의된 칼럼의 오른쪽에 명시된 문자열이 존재하면 그 문자를 제거하여 결과로 나타낸다.
- BOTH: 정의된 칼럼의 왼쪽, 오른쪽에 명시된 문자열이 존재하면 그 문자를 제거하여 결과로 나타낸다.

예제 emp 테이블에서 사원 이름과 이름의 왼쪽 끝에서 'S'를 제거한 결과와 오른쪽 끝에서 'S'를 제거한 결과, 그리고 양쪽 끝에서 'S'를 제거한 결과를 출력하여라.

```
SQL> SELECT ename, TRIM(LEADING 'S' FROM ename) as LEADING,
  2         TRIM(TRAILING 'S' FROM ename) as TRAILING,
  3         TRIM(BOTH 'S' FROM ename) as BOTH
  4  FROM emp;

ENAME      LEADING    TRAILING   BOTH
---------- ---------- ---------- ----------
SMITH      MITH       SMITH      MITH
ALLEN      ALLEN      ALLEN      ALLEN
WARD       WARD       WARD       WARD
JONES      JONES      JONE       JONE
MARTIN     MARTIN     MARTIN     MARTIN
BLAKE      BLAKE      BLAKE      BLAKE
CLARK      CLARK      CLARK      CLARK
SCOTT      COTT       SCOTT      COTT
KING       KING       KING       KING
TURNER     TURNER     TURNER     TURNER
ADAMS      ADAMS      ADAM       ADAM
JAMES      JAMES      JAME       JAME
FORD       FORD       FORD       FORD
MILLER     MILLER     MILLER     MILLER

14 개의 행이 선택되었습니다.
```

(2) 숫자함수

- 숫자 함수는 숫자를 인수로 받아들여 실행하며, 숫자를 결과로 나타낸다.

① ROUND 함수

- ROUND 함수는 인수로 받은 수를 반올림해서 명시된 자리(n)까지의 숫자를 나타낸다. 즉, 명시된 자리보다 하나 낮은 자리에서 반올림하여 명시된 자리까지 나타낸다.
- 구문

> ROUND(컬럼명|표현식[, n])

- n>0: 소수점의 오른쪽 자리수를 의미(즉, 소수점 이하 자리수)
- n≤0: 소수점의 왼쪽 자리수를 의미하며, 소수점 왼쪽 자리는 0부터 시작
- n이 명시되지 않은 경우: n = 0을 의미

예제 숫자 45.928을 반올림해서 소수점 이하 둘째 자리, 일의 자리, 십의 자리까지 나타내어라.

```
SQL> SELECT ROUND(45.928, 2), ROUND(45.928, 0), ROUND(45.928, -1)
  2  FROM DUAL;

ROUND(45.928,2) ROUND(45.928,0) ROUND(45.928,-1)
--------------- --------------- ----------------
          45.93              46               50
```

② TRUNC 함수

- TRUNC 함수는 인수로 받은 수를 절삭해서 명시된 자리(n)까지의 숫자를 나타낸다.
- 구문

TRUNC(컬럼명|표현식[, n])

- n>0: 소수점의 오른쪽 자리수를 의미(즉, 소수점 이하 자리수)
- n≤0: 소수점의 왼쪽 자리수를 의미하며, 소수점 왼쪽 자리는 0부터 시작
- n이 명시되지 않은 경우: n = 0을 의미

 예제 숫자 45.928을 절삭해서 소수점 이하 둘째 자리, 일의 자리, 십의 자리까지 나타내어라.

```
SQL> SELECT TRUNC(45.928, 2), TRUNC(45.928), TRUNC(45.928, -1)
  2  FROM DUAL;

TRUNC(45.928,2) TRUNC(45.928) TRUNC(45.928,-1)
--------------- ------------- ----------------
          45.92            45               40
```

③ MOD 함수

- MOD 함수는 인수로 받은 두 개의 수를 받아들여 첫 번째 인수(n1)를 두 번째 수(n2)로 나눈 나머지를 숫자로 나타낸다.
- 구문

MOD(n1, n2)

예제 숫자 1600을 300으로 나눈 나머지를 구하여라.

```
SQL> SELECT MOD(1600, 300)
  2  FROM DUAL;

MOD(1600,300)
-------------
          100
```

 예제 emp 테이블에서 커미션이 NULL이 아니면서 급여가 1400보다 큰 사원에 대해 사원의 이름과 급여,
커미션, 급여를 커미션으로 나눈 나머지를 출력하여라.

```
SQL> SELECT ename, sal, comm, MOD(sal, comm)
  2  FROM emp
  3  WHERE sal > 1400
  4  AND comm IS NOT NULL;

ENAME             SAL       COMM MOD(SAL,COMM)
---------- ---------- ---------- -------------
ALLEN            1600        300           100
TURNER           1500          0          1500
```

④ FLOOR 함수

- FLOOR 함수는 하나의 수(n)를 인수로 받아들여 명시된 숫자보다 작거나 같은 정수 중에서 가장 큰 수를 결과로 나타낸다.

- 구문

```
FLOOR(n)
```

 예제 명시된 숫자 1234.5, -1234.5, 1234에서 명시된 숫자보다 작거나 같은 정수 중에서 가장 큰 수를 출력하여라.

```
SQL> SELECT FLOOR(1234.5), FLOOR(-1234.5), FLOOR(1234)
  2  FROM DUAL;

FLOOR(1234.5) FLOOR(-1234.5) FLOOR(1234)
------------- -------------- -----------
         1234          -1235        1234
```

⑤ CEIL 함수

- CEIL 함수는 하나의 수(n)를 인수로 받아들여 명시된 숫자보다 크거나 같은 정수 중에서 가장 적은 수를 결과로 나타낸다.

- 구문

```
CEIL(n)
```

 예제 명시된 숫자 1234.5, -1234.5, 1234에서 명시된 숫자보다 크거나 같은 정수 중에서 가장 적은 수를 출력하여라.

```
SQL> SELECT CEIL(1234.5), CEIL(-1234.5), CEIL(1234)
  2  FROM DUAL;

CEIL(1234.5) CEIL(-1234.5) CEIL(1234)
------------ ------------- ----------
        1235         -1234       1234
```

(3) 날짜 함수

- 날짜 함수는 날짜를 인수로 받아들여 실행하며, 결과로 날짜나 숫자를 나타낸다.

① 날짜의 기본 형식

- 오라클의 기본 날짜 형식은 미국 표준 방식인 'DD-MON-RR'이며, 한글 OS에서의 날짜 형식은 'RR/MM/DD'이다.
  예를 들어, 2014년 10월 4일의 경우 기본 포맷은 '04-OCT-14'이지만 한글 OS에서의 날짜 형식은 '14/10/04'이다.

- 현재의 날짜를 결과로 반환하는 함수인 SYSDATE를 사용하면 자신이 사용하는 오라클의 날짜 형식을 확인할 수 있다.

- 이 책에서는 'RR/MM/DD' 형식을 사용한다.

 예제 현재 날짜를 출력하여라.

```
SQL> SELECT SYSDATE
  2  FROM DUAL;

SYSDATE
--------
14/10/04
```

② 날짜의 연산

- 날짜 데이터는 날짜나 숫자를 더하거나 빼는 등의 산술 연산이 가능하며, 가능한 날짜의 연산은 다음과 같다.

연산	결과	설명
날짜 + 숫자	날짜	주어진 숫자(일 수)를 날짜에 더한다.
날짜 - 숫자	날짜	날짜에서 주어진 숫자(일 수)를 뺀다.
날짜 - 날짜	숫자(일 수)	하나의 날짜에서 다른 하나의 날짜를 뺀다.
날짜 + 숫자/24	날짜	날짜에 시간을 더한다.

 예제 emp 테이블에서 부서 번호가 10인 사원의 현재 날짜, 일주일 전의 날짜, 일주일 후의 날짜, 입사일로부터 현재까지의 일 수, 현재 날짜의 12시간 후를 출력하여라.

```
SQL> SELECT sysdate "현재날짜", sysdate-7 "일주일전", sysdate+7 "일주일후",
  2         sysdate-hiredate "근무일수", sysdate+12/24 "12시간후"
  3  FROM emp
  4  WHERE deptno = 10;

현재날짜  일주일전  일주일후   근무일수    12시간후
--------  --------  --------  ----------  --------
14/10/04  14/09/27  14/10/11  12170.8588  14/10/05
14/10/04  14/09/27  14/10/11  12009.8588  14/10/05
14/10/04  14/09/27  14/10/11  11942.8588  14/10/05
```

③ MONTHS_BETWEEN 함수

- MONTHS_BETWEEN 함수는 두 개의 날짜를 인수로 받아들여 첫 번째 명시된 날짜(날짜1)와 두 번째 명시된 날짜(날짜2) 사이의 달수를 숫자로 나타낸다.

- 구문

> MONTHS_BETWEEN(날짜1, 날짜2)

- 결과(날짜1-날짜2)는 양수 또는 음수가 가능하며, 날짜1이 날짜2보다 현재에 가까운 날짜인 경우에는 결과가 양수이고, 날짜2가 날짜1보다 현재에 가까운 날짜인 경우에는 결과가 음수이다.
- 결과에서 비 정수부분은 일수를 달로 계산하여 나타낸 것이다.

예제 emp 테이블에서 부서 번호가 10인 사원의 입사일로부터 현재까지의 달수와 입사일로부터 현재까지의 일수를 출력하여라.

```
SQL> SELECT MONTHS_BETWEEN(sysdate, hiredate) "근무달수",
  2         sysdate - hiredate "근무일수"
  3  FROM emp
  4  WHERE deptno = 10;

  근무달수   근무일수
---------- ----------
399.866521 12170.8622
394.608457 12009.8622
392.414908 11942.8622
```

④ ADD_MONTHS 함수

- ADD_MONTHS 함수는 한 개의 날짜와 한 개의 숫자를 인수로 받아들여 첫 번째 인수인 날짜(d)에 두 번째 인수인 달수(n)를 더해서 결과를 날짜로 나타낸다.

- 구문

> ADD_MONTHS(d, n)

- 명시된 인수 n은 정수여야 하며 음수가 가능하다.

 예제 emp 테이블에서 부서 번호가 10인 사원의 이름, 입사일, 입사일로부터 3개월 후, 입사일로부터 3개월 전의 날짜를 출력하여라.

```
SQL> SELECT ename, hiredate, ADD_MONTHS(hiredate, 3) "3개월 후",
  2         ADD_MONTHS(hiredate, -3) "3개월 전"
  3  FROM emp
  4  WHERE deptno = 10;

ENAME      HIREDATE 3개월 후 3개월 전
---------- -------- -------- --------
CLARK      81/06/09 81/09/09 81/03/09
KING       81/11/17 82/02/17 81/08/17
MILLER     82/01/23 82/04/23 81/10/23
```

⑤ NEXT_DAY 함수

- NEXT_DAY 함수는 한 개의 날짜와 한 개의 문자를 인수로 받아들여 첫 번째 인수인 날짜(d) 이후의 가장 빠른 명시된 요일(s)의 날짜를 찾아 결과로 나타낸다.

- 구문

> NEXT_DAY(d, 's')

예제 emp 테이블에서 부서 번호가 10인 사원의 이름, 입사일, 입사일 이후의 첫 번째 수요일을 출력하여라.

```
SQL> SELECT ename, hiredate, NEXT_DAY(hiredate, '수') "수요일"
  2  FROM emp
  3  WHERE deptno = 10;

ENAME      HIREDATE 수요일
---------- -------- --------
CLARK      81/06/09 81/06/10
KING       81/11/17 81/11/18
MILLER     82/01/23 82/01/27
```

⑥ LAST_DAY 함수

• LAST_DAY 함수는 한 개의 날짜를 인수로 받아들여 명시된 날짜(d)를 포함하고 있는 달의 마지막 날짜를 찾아 결과로 나타낸다.

• 구문

```
LAST_DAY(d)
```

 예제 emp 테이블에서 부서 번호가 10인 사원의 이름, 입사일, 입사한 달의 마지막 날짜를 출력하여라.

```
SQL> SELECT ename, hiredate, LAST_DAY(hiredate) "마지막날"
  2  FROM emp
  3  WHERE deptno = 10;

ENAME      HIREDATE 마지막날
---------- -------- --------
CLARK      81/06/09 81/06/30
KING       81/11/17 81/11/30
MILLER     82/01/23 82/01/31
```

⑦ ROUND 함수

• ROUND 함수는 인수로 받은 날짜(d)를 명시된 형식(fmt)에 의해 반올림한 날짜를 결과로 나타낸다.

• 구문

```
ROUND(d[, 'fmt'])
```

- 형식에는 'YEAR', 'MONTH', 'DAY'가 사용되며, 명시된 형식의 바로 아래 단위에서 반올림하여 결과를 나타낸다.
  - 'YEAR'가 제시되면 달을 기준으로 반올림하며, 7월부터 반올림 되어 다음 년도로 표시된다.
  - 'MONTH'가 제시되면 일을 기준으로 반올림하며, 16일부터 반올림 되어 다음 달을 표시한다. 2월도 마찬가지로 16일을 기준으로 한다.
  - 인수 'fmt'은 생략 가능하며, 생략 되면 시간을 기준으로 반올림되어 결과를 나타낸다. 낮 12시가 넘으면 다음 날짜를 나타내고, 낮 12시 이전이면 주어진 날짜를 표시한다.
  - 'DAY'가 제시되면 주어진 날짜가 수요일 이후이면 주어진 날짜 다음 주가 시작되는 일요일의 날짜를 표시하고, 주어진 날짜가 일요일부터 수요일까지는 주어진 날짜를 시작한 주의 일요일의 날짜를 표시한다.

예제 emp 테이블에서 부서 번호가 10인 사원의 이름, 입사일, 그리고 달, 일, 시간, 요일을 기준으로 입사일을 반올림한 날짜를 출력하여라.

```
SQL> SELECT ename, hiredate, ROUND(hiredate, 'YEAR') "YEAR",
  2         ROUND(hiredate, 'MONTH') "MONTH",
  3         ROUND(hiredate) "생략", ROUND(hiredate, 'DAY') "DAY"
  4  FROM emp
  5  WHERE deptno = 10;

ENAME      HIREDATE YEAR     MONTH    생략     DAY
---------- -------- -------- -------- -------- --------
CLARK      81/06/09 81/01/01 81/06/01 81/06/09 81/06/07
KING       81/11/17 82/01/01 81/12/01 81/11/17 81/11/15
MILLER     82/01/23 82/01/01 82/02/01 82/01/23 82/01/24
```

⑧ TRUNC 함수

- TRUNC 함수는 인수로 받은 날짜(d)를 명시된 형식(fmt)에 의해 절삭한 날짜를 결과로 나타낸다.
- 구문

  TRUNC(d[, 'fmt'])

- 형식은 ROUND 함수와 같다.

예제 emp 테이블에서 부서 번호가 10인 사원의 이름, 입사일, 그리고 달, 일, 시간, 요일을 기준으로 입사일을 절삭한 날짜를 출력하여라.

```
SQL> SELECT ename, hiredate, TRUNC(hiredate, 'YEAR') "YEAR",
  2         TRUNC(hiredate, 'MONTH') "MONTH",
  3         TRUNC(hiredate) "생략", TRUNC(hiredate, 'DAY') "DAY"
  4  FROM emp
  5  WHERE deptno = 10
  6  ;

ENAME      HIREDATE YEAR     MONTH    생략     DAY
---------- -------- -------- -------- -------- --------
CLARK      81/06/09 81/01/01 81/06/01 81/06/09 81/06/07
KING       81/11/17 81/01/01 81/11/01 81/11/17 81/11/15
MILLER     82/01/23 82/01/01 82/01/01 82/01/23 82/01/17
```

(4) 변환 함수

- 변환 함수는 문자, 숫자, 날짜 등의 주어진 데이터들을 다른 데이터 형식으로 변환하고자 할 때 사용한다. 예를 들어, 문자 형식의 데이터를 숫자 형식으로 변환시켜 산술 연산을 수행할 수 있다.
- 변환함수의 종류

함수	목적
TO_CHAR 함수	숫자 또는 날짜 형식의 데이터를 문자 형식으로 변환
TO_NUMBER 함수	문자 형식의 데이터를 숫자 형식으로 변환
TO_DATE 함수	문자 형식의 데이터를 날짜 형식으로 변환

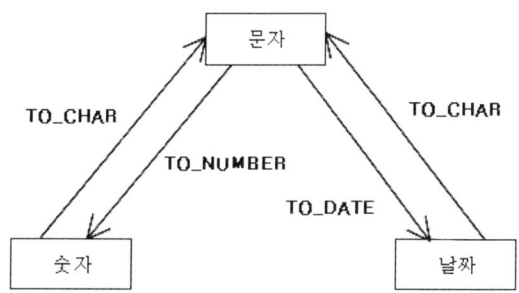

① TO_CHAR 함수

- 숫자 또는 날짜 형식의 데이터를 문자 형식으로 나타낸다.
- 구문

```
TO_CHAR(number|date ,'fmt')
```

- 첫 번째 인수는 날짜 또는 숫자가 올 수 있으며, 두 번째 인수는 변환하고자 하는 변환 형식을 명시한다. 변환형식은 첫 번째 인수가 날짜 형식인지 숫자 형식인지에 따라 달라진다. 변환형식은 단일 인용부호로 에워싸야 한다.

a. 날짜 형식

- 오라클의 기본 날짜 형식은 미국 표준 방식인 'DD-MON-RR'이나, 이 책에서는 한글 OS에서의 날짜 형식인 'RR/MM/DD' 형식을 사용한다.
- TO_CHAR 함수는 이런 기본 형식의 날짜 값을 사용자가 명시한 변환 형식의 문자로 변환한다.

• 사용할 수 있는 변환형식

형태	변환형식	내용	값의 범위/예
날짜	YYYY	년도를 네 자리로 표시	1999, 2000, 2001
	YY	년도의 마지막 두 자리를 표시	99, 00, 01
	YEAR	년도를 문자로 표시	NINETEEN NINETY-EIGHT
	MM	달을 두 자리로 표시	01-12
	MONTH	달을 대문자로 표시	JANUARY-DECEMBER
	MON	달을 세 글자로 축약해서 표시	JAN-DEC,
	DD	일을 두 자리로 표시	01-31
	D	주 중의 날 수를 표시	1-7
	DDD	일년 중의 날 수를 표시	1-366
	DAY	요일을 대문자로 표시	SUNDAY-SATURDAY, 일요일-토요일
	DY	요일을 세 글자의 축약어로 표시	SUN-SAT, 일-토
	W	달 중에서 해당하는 주를 표시	1-5
	WW	일년 중에서 해당하는 주를 표시	1-53
	CC	세기를 표시	19, 20, 21
	Q	분기를 표시	1-4
	BC, AD	BC/AD 지시자	BC, AD
시간	HH, HH12	시간을 12시간제의 두 자리로 표시	0-12
	HH24	시간을 24시간제의 두 자리로 표시	0-24
	MI	분을 두 자리로 표시	0-59
	SS	초를 두 자리로 표시	0-59
	SSSSS	밤 12시부터 계산한 초를 표시	0-86399
	AM, PM	AM, PM으로 오전, 오후를 표시	AM, PM
접미사	TH	서수로 표시	4TH
	SP	숫자를 문자로 표시	FOUR
	SPTH, THSP	서수와 문자를 합성하여 표시	FOURTH
기타	"/", ".", ","	인용부호 속의 문자를 결과에 표시	
	"of the"	인용부호 속의 문자열을 결과에 표시	

예제 emp 테이블에서 부서 번호가 20인 사원의 이름, 입사일을 '04/81'형식으로 출력하여라.

```
SQL> SELECT ename, TO_CHAR(hiredate, 'MM/YY') hire
  2  FROM emp
  3  WHERE deptno = 20;

ENAME      HIRE
---------- -----
SMITH      12/80
JONES      04/81
SCOTT      04/87
ADAMS      05/87
FORD       12/81
```

 예제 emp 테이블에서 부서 번호가 20인 사원의 이름과 입사일을 '1980/12/80' 형식과 '80/DECEMBER/수요일' 형식으로 출력하여라.

```
SQL> SELECT ename, TO_CHAR(hiredate, 'YYYY/MM/YY') 변환1,
  2         TO_CHAR(hiredate, 'YY/MONTH/DAY') 변환2
  3  FROM emp
  4  WHERE deptno = 20;

ENAME      변환1       변환2
---------- ---------- --------------------
SMITH      1980/12/80 80/12월  /수요일
JONES      1981/04/81 81/4월   /목요일
SCOTT      1987/04/87 87/4월   /일요일
ADAMS      1987/05/87 87/5월   /토요일
FORD       1981/12/81 81/12월  /목요일
```

 예제 emp 테이블에서 부서 번호가 20인 사원의 이름과 입사일을 'NINETEEN EIGHTY/ DEC/4'의 형식으로 출력하여라.

```
SQL> SELECT ename, TO_CHAR(hiredate, 'YEAR/MON/D') 변환
  2  FROM emp
  3  WHERE deptno = 20;

ENAME      변환
---------- --------------------------------------------------
SMITH      NINETEEN EIGHTY/12월 /4
JONES      NINETEEN EIGHTY-ONE/4월 /5
SCOTT      NINETEEN EIGHTY-SEVEN/4월 /1
ADAMS      NINETEEN EIGHTY-SEVEN/5월 /7
FORD       NINETEEN EIGHTY-ONE/12월 /5
```

예제 현재 날짜를 '05-01-20 04:01:43' 형식과 '05-01-20 16:01:60043' 형식으로 출력하여라.

```
SQL> SELECT TO_CHAR(SYSDATE, 'YY-MM-DD HH:MM:SS') 변환1,
  2         TO_CHAR(SYSDATE, 'YY-MM-DD HH24:MM:SSSSS') 변환2
  3  FROM dual;

변환1              변환2
----------------  -----------------
14-10-04 08:10:25 14-10-04 20:10:75445
```

예제 emp 테이블에서 부서 번호가 10인 사원의 이름과 입사일, 그리고 입사일을 'EIGHTY-ONE JUNE NINTH' 형식과 '81ST SIX 09TH' 형식으로 출력하여라.

```
SQL> SELECT ename, hiredate, TO_CHAR(hiredate, 'YYSP MONTH DDSPTH') 변환1,
  2         TO_CHAR(hiredate, 'YYTH MMSP DDTH') 변환2
  3  FROM emp
  4  WHERE deptno = 10;

ENAME    HIREDATE  변환1                          변환2
-------  --------  ----------------------------  ----------------
CLARK    81/06/09  EIGHTY-ONE 6월   NINTH         81ST SIX 09TH
KING     81/11/17  EIGHTY-ONE 11월  SEVENTEENTH   81ST ELEVEN 17TH
MILLER   82/01/23  EIGHTY-TWO 1월   TWENTY-THIRD  82ND ONE 23RD
```

예제 현재 날짜를 '2005년 01월 20일 05시 22분' 형식으로 출력하여라.

```
SQL> SELECT TO_CHAR(SYSDATE, 'YYYY"년" mm"월" dd"일" hh"시" mi"분"') 변환
  2  FROM DUAL;

변환
-------------------------
2014년 10월 04일 09시 01분
```

b. 숫자 형식

- TO_CHAR 함수는 숫자 형태의 데이터를 사용자가 명시한 변환 형식의 문자로 변환하며,
- 자릿수가 부족한 숫자는 파운드 기호(#) 스트링으로 나타난다.

- 사용할 수 있는 변환형식

변환형식	내용	사용 예	결과
9	자릿수를 표시(빈 자리는 표시하지 않는다.)	999999	1234
0	자릿수를 표시(빈 자리는 '0'으로 표시)	099999	001234
$	숫자 앞에 달러 기호를 표시	$999999	$1234
L	숫자 앞에 국가별 화폐 단위를 표시	L999999	₩1234
.	지정한 위치에 소수점을 표시	999999.99	1234.00
,	세자리마다 콤마 표시	999,999	1,234

 예제 emp 테이블에서 부서 번호가 10인 사원의 이름과 급여, 그리고 급여를 '₩2,450' 형식과 '₩002,450' 형식으로 출력하여라.

```
SQL> SELECT ename, sal, TO_CHAR(sal, 'L999,999') 변환1,
  2         TO_CHAR(sal, 'L099,999') 변환2
  3  FROM emp
  4  WHERE deptno = 10;

ENAME           SAL 변환1              변환2
---------- -------- ----------------- -----------------
CLARK          2450         ₩2,450           ₩002,450
KING           5000         ₩5,000           ₩005,000
MILLER         1300         ₩1,300           ₩001,300
```

② TO_NUMBER 함수

- 문자 형식의 데이터를 숫자 형식으로 변환한다.
- 구문

> TO_NUMBER(char, 'fmt')

- TO_NUMBER 함수는 문자열을 숫자로 바꿔주는 역할을 수행하기 때문에 받아들이는 인수는 숫자로 변환이 가능한 문자열이어야 한다.
- 사용할 수 있는 변환형식은 TO_CHAR에서의 숫자형태 변환형식과 같으며, 첫 번째 명시된 문자열을 인식할 수 있는 변환형식을 제시하여야 한다.

 예제 문자 '145,000'을 숫자로 변환하고, 변환된 숫자에 100을 더해서 그 결과를 출력하여라.

```
SQL> SELECT TO_NUMBER('145,000', '999,999') 변환1,
  2         TO_NUMBER('145,000', '999,999')+100 변환2
  3  FROM DUAL;

    변환1       변환2
---------- ----------
    145000     145100
```

③ TO_DATE 함수

- 문자 형식의 데이터를 날짜 형식으로 변환한다.
- 구문

> TO_DATE(char, 'fmt')

- TO_DATE 함수는 문자열을 날짜로 바꿔주는 역할을 수행하기 때문에, 받아들이는 인수는 날짜로 변환이 가능한 문자열이어야 한다.
- 이때 사용할 수 있는 변환형식은 TO_CHAR에서의 날짜형태 변환형식과 같으며, 첫 번째 명시된 문자열을 인식할 수 있는 변환형식을 제시하여야 한다.
- 결과는 오라클의 기본 날짜 형식인 'DD-MON-RR'으로 표시되나, 이 책에서는 한글 OS에서의 날짜 형식인 'RR/MM/DD' 형식으로 표시된다.

 예제 문자 '10 September 1992'를 날짜로 변환하여 출력하여라.

```
SQL> SELECT TO_DATE('10 9월 1992', 'DD MONTH YYYY') 변환
  2  FROM DUAL;

변환
--------
92/09/10
```

(5) 기타 함수

① CHR 함수

- 아스키 코드에 해당하는 문자를 나타낸다.
- 구문

> CHR(n)

- 명시된 숫자 n에 해당하는 문자를 나타낸다.

 예제 CHR 함수를 사용해서 ORACLE을 출력되게 하여라.

```
SQL> SELECT CHR(79)||CHR(82)||CHR(65)||CHR(67)||CHR(76)||CHR(69) chr
  2  FROM DUAL;

CHR
------
ORACLE
```

② NVL 함수
- NVL 함수는 NULL 값을 원하는 값으로 바꾸어 사용하게 하는 함수이며,
- 문자, 숫자, 날짜 형태의 데이터에 모두 사용이 가능하다.
- 구문

> NVL(칼럼명|표현식, 값)

- 첫 번째 인수에는 숫자, 문자, 날짜 형태의 칼럼명이나 표현식을 사용하며, 두 번째 인수에는 첫 번째 인수의 데이터 형태와 일치하는 값을 명시한다.
- 문자와 날짜 형태의 값은 반드시 단일 인용부호와 함께 사용한다.

- NULL 값은 산술 연산이 불가능하기 때문에, NULL 값의 데이터를 계산하고자 할 때에는 NVL 함수를 사용한다. 그렇다고 실제 테이블에 있는 NULL 값이 바뀌는 것은 아니다.
예를 들어, NVL(숫자형 칼럼명, 9), NVL(날짜형 칼럼명, '01_JAN_95'), NVL(문자형 칼럼명, 'Unavailable')와 같이 사용한다.

 예제 emp 테이블에서 사원의 이름, 직무, 급여, 커미션, 커미션이 NULL인 경우 0으로 표시, 급여에 커미션을 100으로 나누어서 더한 값, 커미션이 NULL인 경우 0으로 바꿔서 급여에 커미션을 100으로 나누어서 더한 값을 출력하여라.

```
SQL> SELECT ename, job, sal, comm, NVL(comm, 0), sal+comm/100,
  2         sal+NVL(comm, 0)/100 산술연산
  3  FROM emp;

ENAME      JOB              SAL       COMM  NVL(COMM,0)  SAL+COMM/100   산술연산
---------- ---------  ---------- ----------  -----------  ------------  ---------
SMITH      CLERK            800                       0                      800
ALLEN      SALESMAN        1600        300          300          1603       1603
WARD       SALESMAN        1250        500          500          1255       1255
JONES      MANAGER         2975                       0                     2975
MARTIN     SALESMAN        1250       1400         1400          1264       1264
BLAKE      MANAGER         2850                       0                     2850
CLARK      MANAGER         2450                       0                     2450
SCOTT      ANALYST         3000                       0                     3000
KING       PRESIDENT       5000                       0                     5000
TURNER     SALESMAN        1500          0            0          1500       1500
ADAMS      CLERK           1100                       0                     1100
JAMES      CLERK            950                       0                      950
FORD       ANALYST         3000                       0                     3000
MILLER     CLERK           1300                       0                     1300

14 개의 행이 선택되었습니다.
```

Note: sal+comm/100에서 comm이 NULL의 값을 갖는 데이터는 계산결과도 NULL이 되는 것을 볼 수 있으며, sal+NVL(comm, 0) /100에서는 NULL 값을 갖는 데이터도 0으로 변환하여 계산한 결과를 나타내는 것을 알 수 있다.

③ NVL2 함수

- NVL2 함수는 오라클 9i에서 추가된 함수이며,
- 이미 정의되어 있는 칼럼의 값이 NULL이 아니면 "값1"로 나타내고, 값이 NULL이면 "값2"로 나타낸다.
- 구문

> NVL2(칼럼명, 값1, 값2)

 예제 emp 테이블에서 사원의 번호, 이름, 커미션, 커미션이 NULL이 아니면 커미션에 1.1을 곱한 값을 출력하고, NULL인 경우에는 0을 출력하여라.

```
SQL> SELECT empno, ename, comm, NVL2(comm, comm*1.1, 0)
  2  FROM emp;

    EMPNO ENAME            COMM NVL2(COMM,COMM*1.1,0)
--------- ---------- ---------- ---------------------
     7369 SMITH                                     0
     7499 ALLEN             300                   330
     7521 WARD              500                   550
     7566 JONES                                     0
     7654 MARTIN           1400                  1540
     7698 BLAKE                                     0
     7782 CLARK                                     0
     7788 SCOTT                                     0
     7839 KING                                      0
     7844 TURNER              0                     0
     7876 ADAMS                                     0
     7900 JAMES                                     0
     7902 FORD                                      0
     7934 MILLER                                    0

14 개의 행이 선택되었습니다.
```

④ NULLIF 함수

- NVL2 함수와 마찬가지로 오라클 9i에서 추가된 함수이며,
- NULLIF 함수는 두 개의 인수를 받아들여, 받아들인 두 개의 값이 같으면 NULL을 결과로 표시하고 같지 않으면 첫 번째 인수인 칼럼명의 값을 결과로 나타낸다.
- 구문

> NULLIF(칼럼명, 값1)

예제 emp 테이블에서 사원의 번호, 이름, 급여, 급여가 1500이면 NULL을 출력하고 NULL이 아니면 급여를 출력하여라.

```
SQL> SELECT empno, ename, sal, NULLIF(sal, 1500)
  2  FROM emp;

     EMPNO ENAME             SAL NULLIF(SAL,1500)
---------- ---------- ---------- ----------------
      7369 SMITH             800              800
      7499 ALLEN            1600             1600
      7521 WARD             1250             1250
      7566 JONES            2975             2975
      7654 MARTIN           1250             1250
      7698 BLAKE            2850             2850
      7782 CLARK            2450             2450
      7788 SCOTT            3000             3000
      7839 KING             5000             5000
      7844 TURNER           1500
      7876 ADAMS            1100             1100
      7900 JAMES             950              950
      7902 FORD             3000             3000
      7934 MILLER           1300             1300

14 개의 행이 선택되었습니다.
```

⑤ COALESCE 함수

- COALESCE 함수는 오라클 9i에서 추가된 함수이며,
- 첫 번째 인수의 값이 NULL이 아니면 첫 번째 인수의 값을 결과로 나타내고, NULL이면 두 번째 인수의 값을 나타내며, 첫 번째 인수와 두 번째 인수가 모두 NULL이면 세 번째 인수의 값을 나타낸다.
- 구문

> COALESCE(칼럼명1|표현식1, 칼럼명2|표현식2, 칼럼명3|표현식3)

 예제 emp 테이블에서 커미션이 NULL이 아니면 커미션의 값을, NULL이면 급여를, 커미션도 급여노 NULL 이면 111을 출력하여라.

```
SQL> SELECT comm, sal, COALESCE(comm, sal, 111)
  2  FROM emp;

      COMM        SAL COALESCE(COMM,SAL,111)
---------- ---------- ----------------------
                  800                    800
       300       1600                    300
       500       1250                    500
                 2975                   2975
```

```
            1400              1250              1400
                              2850              2850
                              2450              2450
                              3000              3000
                              5000              5000
               0              1500                 0
                              1100              1100
                               950               950
                              3000              3000
                              1300              1300

14 개의 행이 선택되었습니다.
```

⑥ DECODE 함수

- DECODE 함수는 데이터를 원하는 다른 값으로 바꾸어 주는 함수이며, IF- THEN-ELSE 문장의 처리를 보다 편리하게 해준다.

- 구문

> DECODE(칼럼명|표현식, 조건1, 값1, 조건2, 값2, ...)

- DECODE 함수는 첫 번째 인수를 받아들여서 받아들인 내용이 "조건1"과 일치하면 "값1"로 바꾸고, "조건2"와 일치하면 "값2"로 바꾼다. 이 함수도 역시 테이블의 실제 값은 변화시키지 않는다.

 예제 dept 테이블에서 부서 번호를 출력하고 부서 번호가 10이면 영업부로 20이면 기획부로 30이면 생산부로 40이면 전산부로 출력하여라.

```
SQL> SELECT deptno, DECODE(deptno, 10, '영업부',
  2                                 20, '기획부',
  3                                 30, '생산부',
  4                                 40, '전산부') AS "부서명"
  5  FROM dept;

    DEPTNO 부서명
---------- ------
        10 영업부
        20 기획부
        30 생산부
        40 전산부
```

⑦ CASE 함수

- CASE 함수는 여러 가지 경우에서 하나를 선택하는 함수이며, 프로그램 언어의 IF-THEN-ELSE 와 같은 역할을 한다.

• 구문

```
CASE 표현식
     WHEN 값1  THEN 결과1
     WHEN 값2  THEN 결과2,
     ............
     ELSE 결과n
END
```

또는

```
CASE  WHEN 조건1  THEN 결과1
      WHEN 조건2  THEN 결과2,
      ............
      ELSE 결과n
END
```

• CASE 함수는 표현식이 값1과 일치하면 결과1을 반환하고, 값2와 일치하면 결과2를 반환한다. 일치하는 값이 없거나 NULL인 경우에는 ELSE에 나오는 결과n을 반환한다.

 예제 emp 테이블에서 사원이름과 부서 번호, 부서명을 출력하여라. 부서 번호가 10이면 영업부로 20이면 기획부로 30이면 생산부로 40이면 전산부로 출력하여라.

```
SQL> SELECT deptno, CASE deptno
  2                    WHEN 10 THEN '영업부'
  3                    WHEN 20 THEN '기획부'
  4                    WHEN 30 THEN '생산부'
  5                    WHEN 40 THEN '전산부'
  6                 END AS "부서명"
  7  FROM dept;

   DEPTNO 부서명
---------- ------
       10 영업부
       20 기획부
       30 생산부
       40 전산부
```

또는

```
SQL> SELECT deptno, CASE WHEN deptno = 10 THEN '영업부'
  2                       WHEN deptno = 20 THEN '기획부'
  3                       WHEN deptno = 30 THEN '생산부'
  4                       WHEN deptno = 40 THEN '전산부'
  5                  END AS "부서명"
  6  FROM dept;

    DEPTNO 부서명
---------- ------
        10 영업부
        20 기획부
        30 생산부
        40 전산부
```

(6) 중첩 함수

- 단일행 함수들은 여러 레벨에 걸쳐 중첩 사용이 가능하다.
- 중첩된 함수들은 가장 하위 레벨에서 상위 레벨 순으로 진행된다.
- 예를 들어, F3(F2(F1(col, arg1), arg2), arg3)과 같이 단일행 함수가 중첩되어 사용되면 다음과 같이 계산이 진행된다.

  ① 1순위: x = F1(col, arg1)
  ② 2순위: y = F2(x, arg2)
  ③ 3순위: z = F3(y, arg3)

 예제 현재 날짜의 6개월 후의 날짜로부터 처음 나오는 수요일을 구해서 '2005/07/06' 형태로 출력하여라.

```
SQL> SELECT TO_CHAR(NEXT_DAY(ADD_MONTHS(sysdate, 2), '수'), 'yyyy/mm/dd')
  2  FROM dual;

TO_CHAR(NE
----------
2014/12/10
```

Note: ADD_MONTHS 함수를 제일 먼저 적용하고, NEXT_DAY 함수를 적용한 후 TO_CHAR 함수를 적용한다.

 연습문제

*** EMP 테이블 사용***

1. 모든 사원의 사원번호, 이름, 급여, 부서 번호를 출력하여라.

2. 모든 사원의 이름, 급여, 커미션, 총액(급여+커미션)을 구하여 총액이 많은 순서로 출력하여라(단, 커미션이 null인 사원도 0으로 해서 포함하여라.).

3. 10번 부서의 모든 사원에게 급여의 13%를 보너스로 지불하기로 하였다. 10번 부서 사원들의 이름, 급여, 보너스 금액, 부서 번호를 출력하여라.

4. 급여가 $1,500부터 $3,000 사이의 사원에 대해서만 급여의 15%를 회비로 지불하기로 하였다. 조건에 해당되는 사원의 이름, 급여, 회비(소수이하 2자리까지 반올림)를 출력하여라.

5. 모든 사원의 부서 번호, 이름, 입사일, 현재일, 입사일부터 현재까지의 근무 일 수(소수점 이하 절삭), 근무 년 수, 근무 월 수(30일 기준), 근무 주수를 출력하여라.

6. 모든 사원에 대해 입사일로부터 90일이 지난 후의 날짜를 계산해서 이름, 입사일, 90일 후의 날짜, 급여를 출력하여라.

7. 모든 사원에 대해 입사한 달의 근무 일 수를 계산하여 부서 번호, 이름, 근무 일 수를 출력하여라.

8. 모든 사원에 대해 입사힌 날로부터 60일이 지난 후의 '월요일'이 몇 년, 몇 월, 몇 일인지를 구하여 이름, 입사일, 60일 후의 '월요일' 날짜를 출력하여라.

9. 이름의 글자수가 6자 이상인 사원의 이름을 앞에서 3자만 구하여 소문자로 이름만 출력하여라.

10. 모든 사원에 대해 사원의 이름은 앞에서 세 글자만 대문자로, 업무는 소문자로 하여 이름, 직무, 부서 번호를 출력하여라.

11. 모든 사원에 대해 사원의 이름과 부서 번호를 합성시켜 "연결예제"라는 heading으로 출력하여라.

12. 사원의 직무가 'SAL'로 시작하는 사원의 이름과 사원 이름의 길이를 출력하여라.

13. 이름의 두 번째 글자가 'A'인 사원들의 이름과 직무를 출력하여라(단, 직무는 앞에서부터 세 글자로 줄여 표시하여라.).

14. 현재의 7일 전과 7일 후, 그리고 30일이 지난 후의 첫 번째 월요일을 출력하여라.

15. 직무가 'CLERK'인 사원들의 사원 번호, 이름, 급여를 표시하여라(단, 급여는 1000 단위마다 콤마(,)를 찍고 앞에는 국가별 화폐 단위를 붙여 표시하여라.).

16. 사원들의 사원 번호와 급여, 커미션, 연봉((comm+sal)*12)을 연봉이 많은 순서로 출력하여라(단, 커미션이 null인 사원도 0으로 계산하여라.).

17. 모든 사원에 대해 입사일로부터 6개월이 지난 후의 날짜를 계산해서 이름, 입사일, 6개월 후의 날짜를 출력하여라.

18. 모든 사원에 대해 사원들의 이름, 급여, 커미션을 급여가 적은 것부터 출력하여라(단, 커미션이 없는 사원은 'No Commission'이라는 말이 출력되게 하여라.).

19. 'CLERK'은 20%, 'SALESMAN'은 15%, 'ANALYST'는 10%, 'MANAGER'는 5%, 'PRESIDENT'는 0%와 같이 업무에 따라 급여인상을 다르게 할 경우, 모든 사원들의 이름, 직무, 급여, 인상 후의 급여를 출력하여라.

20. 모든 사원들의 입사한 년도와 입사한 달을 출력하여라.

21. 사원번호가 짝수인 사원들의 모든 정보를 출력하여라.

5. 복수행 함수를 사용한 SELECT 문

1) 복수행 함수의 종류
- 복수행 함수는 단일행 함수와는 달리 행들의 그룹에 대해 연산을 한 후 단 하나의 결과를 나타낸다.
- 복수행 함수는 행들의 그룹에 대해 평균(AVG)같은 통계적인 정보를 얻는데 주안점을 둔다.
- 종류
  - MAX 함수
  - MIN 함수
  - SUM 함수
  - AVG 함수
  - VARIANCE 함수
  - STDDEV 함수
  - COUNT 함수

(1) MAX, MIN 함수
- 인수로 받아들인 데이터 중에서 최대 값 또는 최소 값을 구해 결과로 반환한다.
- 구문

```
MAX(컬럼명|표현식)
```

```
MIN(컬럼명|표현식)
```

- MAX와 MIN 함수는 숫자뿐만 아니라 문자와 날짜 형식의 데이터에 대해서도 적용이 가능하다.

 예제 emp 테이블에서 사원 이름, 급여, 입사일에 대해 각각 최대 값과 최소 값을 구하여라.

```
SQL> SELECT MIN(ename), MAX(ename), MIN(sal), MAX(sal),
  2         MIN(hiredate), MAX(hiredate)
  3  FROM emp;

MIN(ENAME)  MAX(ENAME)   MIN(SAL)   MAX(SAL) MIN(HIRE MAX(HIRE
---------- ----------   --------   -------- -------- --------
ADAMS       WARD              800       5000 80/12/17 87/05/23
```

(2) COUNT 함수

- COUNT 함수는 인수로 받아들인 데이터의 개수를 결과로 나타낸다.
- 구문

> COUNT([DISTINCT|ALL] 컬럼명|*)

- 칼럼명: 인수로 주어진 컬럼에 대해 NULL 값이 아닌 행의 개수를 표시
- *: 중복 및 널 값을 갖는 행들을 모두 포함한 행의 개수를 표시
- DISTINCT: 오직 중복되지 않는 값만 고려하여 행의 개수를 표시
- ALL: 중복된 것을 포함한 모든 값을 고려하게 한다. 기본 값이 ALL이기 때문에 명시할 필요는 없다.

 예제 emp 테이블에서 전체 행의 개수, 직무의 개수, 구별되는 직무의 개수, 모든 직무의 개수, 커미션의 개수 등을 구하여라.

```
SQL> SELECT COUNT(*), COUNT(job), COUNT(DISTINCT job), COUNT(ALL job), COUNT(comm)
  2  FROM emp;

COUNT(*) COUNT(JOB) COUNT(DISTINCTJOB) COUNT(ALLJOB) COUNT(COMM)
-------- ---------- ------------------ ------------- -----------
      14         14                  5            14           4
```

Note: -COUNT(job)과 COUNT(ALL job)은 같은 의미이므로 같은 결과를 나타낸다.
　　　-COUNT(DISTINCT job)은 서로 다른 직무의 개수만 나타낸다.
　　　-COUNT(comm)은 NULL 값을 제외한 데이터의 개수만을 나타낸다.

(3) SUM 함수

- 인수로 받아들인 데이터들의 합계를 구해 결과로 나타내며, 숫자 형식의 데이터에만 적용된다.
- 구문

> SUM([DISTINCT|ALL] 칼럼명)

- SUM 함수는 널값을 제외한 데이터들의 합계를 구한다.
- DISTINCT: 중복되지 않는 값만 고려하여 데이터들의 합계를 구한다.
- ALL: 중복된 것을 포함한 모든 값을 고려하여 데이터들의 합계를 구한다. 기본 값이 ALL이기 때문에 명시할 필요는 없다.

 예제 emp 테이블에서 커미션의 합계, 급여의 합계, 서로 다른 급여의 합계, 급여 전체의 합계 등을 구하여라.

```
SQL> SELECT SUM(comm), SUM(sal), SUM(DISTINCT sal), SUM(ALL sal)
  2  FROM emp;

SUM(COMM)   SUM(SAL) SUM(DISTINCTSAL) SUM(ALLSAL)
---------- ---------- ---------------- -----------
     2200      29025            24775       29025
```

Note: -SUM(sal)과 SUM(ALL sal)은 같은 의미이므로 같은 결과를 나타낸다.
-SUM(DISTINCT sal)은 서로 다른 급여의 합계를 나타낸다.
-SUM(comm)은 NULL 값을 제외한 데이터의 합계를 나타낸다.

(4) AVG 함수

- 인수로 받아들인 데이터들의 평균을 구해 결과로 반환한다.
- 구문

> AVG([DISTINCT|ALL] 컬럼명)

- AVG 함수는 NULL 값을 제외한 데이터들의 평균을 구하며, 숫자 형식의 데이터에만 적용된다.
- DISTINCT: 중복되지 않는 값만 고려하여 데이터들의 평균을 표시한다.
- ALL: 중복된 것을 포함한 모든 값을 고려하여 데이터들의 평균을 표시한다. 기본 값이 ALL이기 때문에 명시할 필요는 없다.

예제 emp 테이블에서 커미션의 평균, 급여의 평균, 서로 다른 급여의 평균, 급여 전체의 평균 등을 구하여라.

```
SQL> SELECT AVG(comm), AVG(sal), AVG(DISTINCT sal), AVG(ALL sal)
  2  FROM emp;

AVG(COMM)   AVG(SAL)  AVG(DISTINCTSAL)  AVG(ALLSAL)
---------   --------  ----------------  -----------
      550  2073.21429        2064.58333   2073.21429
```

Note: -SUM(sal)과 SUM(ALL sal)은 같은 의미이므로 같은 결과를 나타낸다.
　　　 -SUM(DISTINCT sal)은 서로 다른 급여의 평균을 나타낸다.
　　　 -SUM(comm)은 NULL 값을 제외한 데이터의 평균을 나타낸다.

(5) STDDEV, VARIANCE 함수

- 인수로 받아들인 데이터들의 표준편차 또는 분산을 구해 결과로 나타내며, 숫자 형식의 데이터에만 적용된다.
- 구문

```
STDDEV([DISTINCT|ALL] 컬럼명)
VARIANCE([DISTINCT|ALL] 컬럼명)
```

- STDDEV 함수와 VARIANCE 함수는 널 값을 제외한 데이터들의 표준편차 또는 분산을 구한다.
- DISTINCT: 중복되지 않는 값만 고려하여 데이터들의 표준편차 또는 분산을 구한다.
- ALL: 중복된 것을 포함한 모든 값을 고려하여 데이터들의 표준편차 또는 분산을 구한다. 기본 값이 ALL이기 때문에 명시할 필요는 없다.

 예제 emp 테이블에서 커미션의 표준편차, 급여의 표준편차, 서로 다른 급여의 표준편차, 급여 전체의 표준편차 등을 구하여라.

```
SQL> SELECT STDDEV(comm), STDDEV(sal), STDDEV(DISTINCT sal), STDDEV(ALL sal)
  2  FROM emp;

STDDEV(COMM)  STDDEV(SAL)  STDDEV(DISTINCTSAL)  STDDEV(ALLSAL)
------------  -----------  -------------------  --------------
  602.771377   1182.50322           1229.95096      1182.50322
```

Note: -SUM(sal)과 SUM(ALL sal)은 같은 의미이므로 같은 결과를 나타낸다.
　　　 -SUM(DISTINCT sal)은 서로 다른 급여의 표준편차를 나타낸다.
　　　 -SUM(comm)은 NULL 값을 제외한 데이터의 표준편차를 나타낸다.

예제 emp 테이블에서 커미션의 분산, 급여의 분산, 서로 다른 급여의 분산, 급여 전체의 분산 등을 구하여라.

```
SQL> SELECT VARIANCE(comm), VARIANCE(sal), VARIANCE(DISTINCT sal),
  2          VARIANCE(ALL sal)
  3  FROM emp;

VARIANCE(COMM)  VARIANCE(SAL)  VARIANCE(DISTINCTSAL)  VARIANCE(ALLSAL)
--------------  -------------  ---------------------  ----------------
   363333.333     1398313.87             1512779.36        1398313.87
```

Note: -SUM(sal)과 SUM(ALL sal)은 같은 의미이므로 같은 결과를 나타낸다.
　　　-SUM(DISTINCT sal)은 서로 다른 급여의 분산을 나타낸다.
　　　-SUM(comm)은 NULL 값을 제외한 데이터의 분산을 나타낸다.

 예제 emp 테이블에서 직무에 'SALES'가 들어가는 사원들의 급여의 평균, 최대 값, 최소 값, 합계를 구하여라.

```
SQL> SELECT AVG(sal), MAX(sal), MIN(sal), SUM(sal)
  2  FROM emp
  3  WHERE UPPER(job) LIKE 'SALES%';

AVG(SAL)   MAX(SAL)   MIN(SAL)   SUM(SAL)
--------   --------   --------   --------
    1400       1600       1250       5600
```

2) GROUP BY 절의 사용

- GROUP BY 절은 SELECT 문의 특정 칼럼에 대해서 행들을 몇 개의 그룹으로 구분할 때 사용한다.
- 구문

```
SELECT      칼럼명, 그룹함수
FROM        테이블명
[WHERE      조건들]
[GROUP BY   칼럼명1, 칼럼명2, ...]
[ORDER BY   칼럼명];
```

- 기본적으로 한 테이블의 모든 행들은 하나의 그룹으로 취급된다.
- 행들을 더 작은 그룹으로 나누기위해 SELECT 문장에 GROUP BY 절을 사용하며, GROUP BY 절에 사용된 컬럼명은 그룹을 나누는 기준이 된다.
- 나타나는 결과는 GROUP BY 절에 명시된 컬럼명에 의해 오름차순으로 자동 정렬된다.

예제 emp 테이블에서 전체 사원의 급여 합계와 평균을 구하여라.

```
SQL> SELECT SUM(sal), AVG(sal)
  2  FROM emp;

  SUM(SAL)   AVG(SAL)
---------- ----------
     29025 2073.21429
```

Note: 전체사원이 14명이므로 14명의 급여를 더한 값과 총 급여를 14로 나눈 값을 구한다.

 예제 emp 테이블에서 부서 번호 별로 사원들의 급여 합계와 평균을 구하여라.

```
SQL> SELECT deptno, SUM(sal), AVG(sal)
  2  FROM emp
  3  GROUP BY deptno;

    DEPTNO   SUM(SAL)   AVG(SAL)
---------- ---------- ----------
        10       8750 2916.66667
        20      10875       2175
        30       9400 1566.66667
```

Note: -부서별로 구분하여 10번 부서 사원들 3명에 대한 급여의 합계와 평균, 20번 부서 사원들 5명에 대한 급여의 합계와 평균, 30번 부서 사원들 6명에 대한 급여의 합계와 평균을 구해서 결과로 나타낸다.
-GROUP BY 절에 명시된 컬럼인 부서 번호에 의해 자동으로 오름차순 정렬된다.

• ORDER BY 절을 사용하여 정렬 순서를 바꿀 수 있다. GROUP BY 절에 컬럼의 위치를 나타내는 방법이나 별칭을 사용하는 방법은 허용하지 않는다.

 예제 emp 테이블에서 부서 번호 별로 부서 번호와 사원들의 급여 합계를 구해서 급여합계에 대해 오름차순으로 정렬하여 출력하여라.

```
SQL> SELECT deptno, SUM(sal)
  2  FROM emp
  3  GROUP BY deptno
  4  ORDER BY SUM(sal);

    DEPTNO   SUM(SAL)
---------- ----------
        10       8750
        30       9400
        20      10875
```

Note: -일반적으로 GROUP BY 절의 칼럼인 부서 번호에 의해 자동 정렬이 된다.
-여기서는 ORDER BY 절이 사용되었기 때문에 급여의 합계에 의해 정렬이 된다.

- SELECT 절에 복수행 함수가 사용된 경우, SELECT 절에 명시된 복수행 함수 이외의 컬럼은 모두 GROUP BY 절에 포함되어야 한다. 만약, 그렇지 않을 경우에는 에러가 발생한다.

 예제 emp 테이블에서 부서별로 부서 번호와 급여의 합계를 구하여라.

```
SQL> SELECT deptno, SUM(sal)
  2  FROM emp;
SELECT deptno, SUM(sal)
       *
1행에 오류:
ORA-00937: 단일 그룹의 그룹 함수가 아닙니다.
```

```
SQL> SELECT deptno, SUM(sal)
  2  FROM emp
  3  GROUP BY deptno;

    DEPTNO    SUM(SAL)
---------- ----------
        10        8750
        20       10875
        30        9400
```

Note: SELECT 절에 그룹함수인 SUM이 사용되었기 때문에, SELECT 절에 있는 컬럼명인 deptno는 반드시 GROUP BY 절에 의해 그룹화 되어야만 한다.

- 그룹을 더 세분화하기 위해서는 그룹화를 두 번 이상 시킬 수도 있다.

GROUP BY 절에 명시되는 칼럼명이 두 개 이상인 경우에는 먼저 첫 번째 칼럼명에 의해 그룹화가 되고 다시 두 번째 칼럼명에 의해 그룹화가 되어진다.

 예제 emp 테이블에서 부서별, 직무별(직무별, 부서별)로 각각 부서 번호, 직무, 급여의 최대 값, 최소 값을 구하여라.

```
SQL> SELECT deptno, job, MAX(sal), MIN(sal)
  2  FROM emp
  3  GROUP BY deptno, job;

    DEPTNO JOB        MAX(SAL)   MIN(SAL)
---------- --------- ---------- ----------
        10 CLERK           1300       1300
        10 MANAGER         2450       2450
        10 PRESIDENT       5000       5000
        20 CLERK           1100        800
        20 ANALYST         3000       3000
        20 MANAGER         2975       2975
        30 CLERK            950        950
        30 MANAGER         2850       2850
        30 SALESMAN        1600       1250

9 개의 행이 선택되었습니다.
```

```
SQL> SELECT job, deptno, MAX(sal), MIN(sal)
  2  FROM emp
  3  GROUP BY job, deptno;

JOB          DEPTNO   MAX(SAL)   MIN(SAL)
--------- ---------- ---------- ----------
CLERK             10       1300       1300
CLERK             20       1100        800
CLERK             30        950        950
ANALYST           20       3000       3000
MANAGER           10       2450       2450
MANAGER           20       2975       2975
MANAGER           30       2850       2850
SALESMAN          30       1600       1250
PRESIDENT         10       5000       5000

9 개의 행이 선택되었습니다.
```

Note: deptno에 의해 먼저 그룹화되고, 다시 10번 부서의 직무, 20번 부서의 직무, 30번 부서의 직무로 세분화된다.

Note: job에 의해 먼저 그룹화되고, 다시 각각의 직무에 대해 10, 20, 30의 부서 번호로 세분화된다.

- GROUP BY 절에 사용되는 칼럼명이 반드시 SELECT 절에 있어야 되는 것은 아니다. 그러나, GROUP BY 절에 명시되는 칼럼명이 SELECT 절에 쓰일 경우에 결과는 더욱더 의미가 있다.

 예제 emp 테이블에서 부서별 인원수를 구하여라.

```
SQL> SELECT deptno, COUNT(ename)
  2  FROM emp
  3  GROUP BY deptno;

    DEPTNO COUNT(ENAME)
---------- ------------
        10            3
        20            5
        30            6
```

```
SQL> SELECT COUNT(ename)
  2  FROM emp
  3  GROUP BY deptno;

COUNT(ENAME)
------------
           3
           5
           6
```

Note: 두 개의 결과가 같으나, 그룹화하는 기준 컬럼이 SELECT 절에 명시되면, 10번 부서의 인원이 3명, 20번 부서의 인원이 5명, 30번 부서의 인원이 6명인 것을 결과에서 정확하게 파악할 수 있다.

3) HAVING 절의 사용

- SELECT 절에서 결과를 제한할 때 WHERE 절을 사용한다.
- 그러나, WHERE 절은 그룹을 제한하지 못한다.
- 그룹을 제한하기 위해서는 HAVING 절을 사용한다.
- 구문

```
SELECT      칼럼명, 그룹함수
FROM        테이블명
[WHERE      조건들]
[GROUP BY   칼럼1, 칼럼2, ...]
[HAVING     그룹조건]
[ORDER BY   칼럼명];
```

- HAVING 절을 사용하면, 행들이 먼저 그룹으로 나누어진 후에 그룹함수가 그룹에 적용된다.

예제 emp 테이블에서 부서별 급여의 평균이 2000보다 많은 부서의 부서 번호와 급여 평균을 구하여라.

```
SQL> SELECT deptno, AVG(sal)
  2  FROM emp
  3  WHERE AVG(sal) > 2000
  4  GROUP BY deptno;
WHERE AVG(sal) > 2000
      *
3행에 오류:
ORA-00934: 그룹 함수는 허가되지 않습니다.
```

Note: -일반적으로 오라클은 SELECT를 하기 전에 조건문을 사용하는 WHERE 절을 먼저 검사한다.
-그러나, AVG(sal)이 구해지지 않았기 때문에 진행 불가능하다.

```
SQL> SELECT deptno, AVG(sal)
  2  FROM emp
  3  GROUP BY deptno
  4  HAVING AVG(sal) > 2000;

   DEPTNO   AVG(SAL)
   ------   --------
       10   2916.66667
       20   2175
```

Note: -그룹함수를 조건으로 하는 경우에는 AVING 절을 사용하여 해결한다.
-30번 부서의 평균 급여는 1566.6667이므로 2000 보다 적어서 제외된다.

- WHERE 절과 HAVING 절을 같이 사용할 수 있다. 그룹함수를 사용하는 조건은 HAVING 절에 표시하고, 일반 조건은 WHERE 절에 표시한다.

 예제 emp 테이블에서 'P'로 시작하지 않는 직무에 대해 직무 별로 급여의 합계가 5000보다 많은 직무와 급여의 합계를 구해서 급여의 합계에 대해 오름차순으로 정렬하여 출력하여라.

```
SQL> SELECT job, SUM(sal)
  2  FROM emp
  3  WHERE job NOT LIKE 'P%'
  4  GROUP BY job
  5  HAVING SUM(sal) > 5000
  6  ORDER BY SUM(sal);

JOB         SUM(SAL)
--------    --------
SALESMAN    5600
ANALYST     6000
MANAGER     8275
```

Note: 그룹함수에 대한 조건은 HAVING 절을 사용하나, 그룹함수의 사용이 없는 조건은 WHERE 절을 사용한다.

- SELECT 절에 그룹함수를 포함하지 않아도 HAVING 절을 사용할 수 있다.

 예제 emp 테이블에서 부서 번호 별로 급여의 평균이 2000보다 많은 부서의 번호를 구하여라.

```
SQL> SELECT deptno
  2  FROM emp
  3  GROUP BY deptno
  4  HAVING AVG(sal) > 2000;

    DEPTNO
----------
        10
        20
```

6. 서브쿼리(SubQuery)를 사용한 SELECT 문

1) 서브쿼리의 개념

- SELECT 절에 포함된 또 다른 SELECT 문장을 서브쿼리라고 한다.
- 서브쿼리는 알려지지 않은 데이터의 값을 검색하기 위해 사용한다.
- 구문

```
SELECT   select_list
FROM     테이블명
WHERE    수식 연산자 (SELECT   select_list
                    FROM     테이블명);
```

- 서브쿼리는 괄호로 묶어야 한다.
- 서브쿼리는 연산자의 오른쪽에 나타나야 한다.
- 서브쿼리는 ORDER BY 절을 포함할 수 없다.
  ORDER BY 절은 SELECT 문장에 대해 한 개만 사용할 수 있다.
  ORDER BY 절은 메인 쿼리(주 SELECT) 문의 마지막에 위치한다.
- 서브쿼리는 WHERE 절, HAVING절, INSERT 문장의 INTO절, UPDATE 문장의 SET 절, SELECT 또는 DELETE 문장의 FROM 절에서 사용 가능

- 서브쿼리의 처리방법
  - 괄호안의 SELECT 문장인 서브쿼리가 먼저 실행된다.
  - 서브쿼리의 결과가 메인 쿼리(주 SELECT) 문장의 조건으로 전달되어 결과를 구한다.

 예제 JONES와 같은 부서에 근무하는 사원들의 부서 번호, 사원 번호, 이름, 급여를 구하여라.

```
SQL> SELECT deptno
  2  FROM emp
  3  WHERE ename = 'JONES';

    DEPTNO
----------
        20
```

```
SQL> SELECT deptno, empno, ename, sal
  2  FROM emp
  3  WHERE deptno = 20;

    DEPTNO      EMPNO ENAME             SAL
---------- ---------- ---------- ----------
        20       7369 SMITH             800
        20       7566 JONES            2975
        20       7788 SCOTT            3000
        20       7876 ADAMS            1100
        20       7902 FORD             3000
```

Note: -JONES가 어떤 부서에 근무하는지 모르므로 먼저 JONES의 부서 번호부터 구한다.
　　　-JONES의 부서 번호가 20이므로, 20번 부서 사원들의 알고자 하는 내용을 구한다.

 예제 JONES와 같은 부서에 근무하는 사원들의 부서 번호, 사원 번호, 이름, 급여를 구하여라.

```
SELECT *
FROM emp
WHERE deptno = ?
```

```
SQL> SELECT *
  2  FROM emp
  3  WHERE deptno = (SELECT deptno
  4                  FROM emp
  5                  WHERE ename = 'JONES');

     EMPNO ENAME      JOB              MGR HIREDATE        SAL       COMM     DEPTNO
---------- ---------- --------- ---------- -------- ---------- ---------- ----------
      7369 SMITH      CLERK           7902 80/12/17        800                    20
      7566 JONES      MANAGER         7839 81/04/02       2975                    20
      7788 SCOTT      ANALYST         7566 87/04/19       3000                    20
      7876 ADAMS      CLERK           7788 87/05/23       1100                    20
      7902 FORD       ANALYST         7566 81/12/03       3000                    20
```

Note: -두개의 SELECT 문을 하나로 결합한다.
　　　-서브쿼리 "SELECT deptno FROM emp WHERE ename = 'JONES'"가 먼저 실행되어 결과를 구한다.
　　　-서브쿼리의 결과가 메인 쿼리 문장인 "SELECT * FROM emp WHERE deptno = ?"의 조건으로 전달되어 결과를 구한다.

예제 JONES와 같은 직무를 가진 사원들의 이름과 직무를 구하여라.

```
SQL> SELECT job
  2  FROM emp
  3  WHERE UPPER(ename) = 'JONES';

JOB
---------
MANAGER
```

Note: JONES의 직무가 'MANAGER'임을 알 수 있다.

```
SQL> SELECT ename, job
  2  FROM emp
  3  WHERE job = 'MANAGER';

ENAME       JOB
---------   ---------
JONES       MANAGER
BLAKE       MANAGER
CLARK       MANAGER
```

Note: job='MANAGER'인 사원들의 이름과 직무를 구한다.

 예제 JONES와 같은 직무를 가진 사원들의 이름과 직무를 구하여라.

```
SQL> SELECT ename, job
  2  FROM emp
  3  WHERE job =
  4      (SELECT job
  5       FROM   emp
  6       WHERE UPPER(ename) = 'JONES');

ENAME       JOB
---------   ---------
JONES       MANAGER
BLAKE       MANAGER
CLARK       MANAGER
```

Note: 두개의 SELECT 문을 하나로 결합한다.

- 서브쿼리는 다음과 같이 두 가지 종류가 있다.
  - 단일행 서브쿼리
  - 복수행 서브쿼리

2) 단일행 서브쿼리

- 단일행 서브쿼리는 서브쿼리인 SELECT 문장으로부터 오직 한 개의 값을 결과로 산출하며,
- 단일행 비교연산자(=, <>, >, >=, <, <=)를 사용한다.

예제 이름이 'CLARK'인 사원의 봉급보다 많은 사원들의 이름과 직무를 구하여라.

```
SQL> SELECT ename, job
  2  FROM emp
  3  WHERE sal >
  4      (SELECT sal
  5       FROM emp
  6       WHERE ename = 'CLARK');

ENAME       JOB
---------   ---------
JONES       MANAGER
BLAKE       MANAGER
SCOTT       ANALYST
KING        PRESIDENT
FORD        ANALYST
```

• 서브쿼리에 그룹함수의 사용이 가능하다.

 예제 사원 전체의 평균 급여보다 급여가 적은 사원들의 이름과 급여를 구하여라.

```
SQL> SELECT ename, sal
  2  FROM emp
  3  WHERE sal <
  4      (SELECT AVG(sal)
  5       FROM emp);

ENAME              SAL
---------     ---------
SMITH              800
ALLEN             1600
WARD              1250
MARTIN            1250
TURNER            1500
ADAMS             1100
JAMES              950
MILLER            1300

8 개의 행이 선택되었습니다.
```

Note: 사원전체의 평균 급여를 모르므로 서브쿼리를 이용해서 평균 급여를 구한다.

- 서브쿼리는 WHERE절 뿐만 아니라 HAVING절에서도 사용 가능하다.

 예제 emp 테이블에서 부서별로 평균 급여가 부서 번호 30인 사원들의 평균 급여보다 큰 부서의 부서 번호와 평균 급여를 구하여라.

```
SQL> SELECT deptno, AVG(sal)
  2  FROM emp
  3  GROUP BY deptno
  4  HAVING AVG(sal) >
  5         (SELECT AVG(sal)
  6          FROM emp
  7          WHERE deptno = 30);

    DEPTNO   AVG(SAL)
  --------- ----------
        10  2916.66667
        20        2175
```

Note: -30번 부서의 평균 급여를 구하기 위해 서브쿼리를 사용한다.
　　　-조건에 그룹함수를 사용했기 때문에 WHERE 절이 아닌 HAVING 절을 사용한다.

3) 복수행 서브쿼리

- 복수행 서브쿼리는 서브쿼리인 SELECT 문장으로부터 여러 개의 값을 결과로 산출하며,
- 복수행 연산자(IN, NOT IN, ANY, ALL)를 사용한다.
- IN 연산자는 메인 쿼리의 비교 조건이 서브쿼리의 결과 중에서 하나라도 일치하면 참이 된다.

 예제 emp 테이블에서 부서별로 이름의 최소 값을 가진 사원의 이름과 급여, 부서 번호를 구하여라.

```
SQL> SELECT ename, sal, deptno
  2  FROM emp
  3  WHERE ename =
  4      (SELECT MIN(ename)
  5       FROM emp
  6       GROUP BY deptno);
      (SELECT MIN(ename)
       *
4행에 오류:
ORA-01427: 단일 행 부속 질의에 2개 이상의
행이 리턴되었습니다
```

```
SQL> SELECT ename, sal, deptno
  2  FROM emp
  3  WHERE ename IN
  4      (SELECT MIN(ename)
  5       FROM emp
  6       GROUP BY deptno);

ENAME         SAL     DEPTNO
---------- --------- ---------
ADAMS        1100        20
ALLEN        1600        30
CLARK        2450        10
```

Note: -서브쿼리의 결과로 부서별 세 개의 이름을 산출하므로 복수행 서브쿼리이다.
　　　-만약 두 개 이상의 값이 나오는 서브쿼리에 단일행 비교연산자를 사용하면 에러가 발생한다.
　　　-에러를 정정하기 위해서 복수행 연산자인 IN을 사용한다.

- ANY 연산자는 서브쿼리가 반환하는 각각의 값과 비교한다.
- <ANY는 최대값보다 작음을 나타내고
- >ANY는 최소값보다 큼을 나타내며
- =ANY는 IN과 동일한 역할을 한다.

 예제 emp 테이블에서 부서번호가 30번인 사원들의 급여 중 가장 낮은 값보다 높은 급여를 받는 사원의 이름, 급여를 구하여라.

```
SQL> SELECT ename, sal
  2  FROM emp
  3  WHERE sal >
  4       (SELECT MIN(sal)
  5        FROM emp
  6        GROUP BY deptno
  7        HAVING deptno = 30);

ENAME           SAL
---------- ----------
ALLEN          1600
WARD           1250
JONES          2975
MARTIN         1250
BLAKE          2850
CLARK          2450
SCOTT          3000
KING           5000
TURNER         1500
ADAMS          1100
FORD           3000
MILLER         1300

12 개의 행이 선택되었습니다.
```

```
SQL> SELECT ename, sal
  2  FROM emp
  3  WHERE sal > ANY
  4       (SELECT sal
  5        FROM emp
  6        WHERE deptno = 30);

ENAME           SAL
---------- ----------
KING           5000
FORD           3000
SCOTT          3000
JONES          2975
BLAKE          2850
CLARK          2450
ALLEN          1600
TURNER         1500
MILLER         1300
WARD           1250
MARTIN         1250
ADAMS          1100

12 개의 행이 선택되었습니다.
```

- ALL 연산자는 서브쿼리가 반환하는 모든 값과 비교한다.
- >ALL은 최대값보다 큼을 나타내고
- <ALL은 최소값보다 작음을 나타낸다.

 예제 emp 테이블에서 부서번호가 30번인 사원들의 급여 중 가장 높은 값보다 더 많은 급여를 받는 사원의 이름, 급여를 구하여라.

```
SQL> SELECT ename, sal
  2  FROM emp
  3  WHERE sal >
  4       (SELECT MAX(sal)
  5        FROM emp
  6        GROUP BY deptno
  7        HAVING deptno = 30);

ENAME           SAL
---------- ----------
JONES          2975
SCOTT          3000
KING           5000
FORD           3000
```

```
SQL> SELECT ename, sal
  2  FROM emp
  3  WHERE sal > ALL
  4       (SELECT sal
  5        FROM emp
  6        WHERE deptno = 30);

ENAME           SAL
---------- ----------
JONES          2975
SCOTT          3000
FORD           3000
KING           5000
```

7. 다중 테이블로부터 자료를 검색하는 SELECT 문(JOIN)

1) 조인의 개념

- 조인은 두 개 이상의 테이블로부터 데이터를 검색하기 위해서 키 관계를 이용하여 두 개 이상의 테이블을 연결시키는 것을 말한다.
- JOIN의 종류
  - 오라클에서 사용하는 조인은 오라클 8i 이전에 사용하던 EQUI 조인, NON-EQUI 조인, OUTER 조인, SELF 조인이 있으며,
  - 오라클 9i 부터는 ANSI 표준 SQL 조인 방식인 CROSS JOIN, INNER JOIN, NATURAL JOIN, JOIN USING, OUTER JOIN을 제공한다.

- 일반적으로, 일차 키(Primary Key)와 외래 키(Foreign Key) 값을 사용하여 조인하며, FROM 절에 조인할 테이블들을 명시한다.
- 또한, WHERE 절에 반드시 테이블들의 조인 조건을 명시해야 한다.
- 만약 조인 조건이 생략되면 Cartesian Product 현상이 발생하며, 이때의 조인을 Cross Join이라 한다.
- Cartesian Product 현상이란 여러 개의 테이블 결합에서 생성되는 모든 가능한 행들의 조합이 표시되는 것을 말한다. 즉, 두 개의 테이블이 조인될 경우, 첫 번째 테이블의 모든 행들이 두 번째 테이블의 모든 행들과 조인된다.
- Cartesian Product 현상은 다음과 같은 경우에 발생된다.
  - 조인 조건을 생략한 경우
  - 조인 조건이 잘못된 경우
  - 첫 번째 테이블의 모든 행들이 두 번째 테이블의 모든 행과 조인이 되는 경우

예제 emp, dept 테이블에서 사원 번호, 이름, 급여, 부서 이름을 구하여라.

```
SQL> SELECT empno, ename, sal, dname
  2  FROM emp, dept;

EMPNO ENAME           SAL DNAME
----- ---------- ------- ----------
 7369 SMITH          800 ACCOUNTING
 7521 WARD          1250 ACCOUNTING
 7566 JONES         2975 ACCOUNTING
 7654 MARTIN        1250 ACCOUNTING
 7698 BLAKE         2850 ACCOUNTING
 7782 CLARK         2450 ACCOUNTING
 7788 SCOTT         3000 ACCOUNTING
 7839 KING          5000 ACCOUNTING
 7844 TURNER        1500 ACCOUNTING
 7876 ADAMS         1100 ACCOUNTING
 7900 JAMES          950 ACCOUNTING
 7902 FORD          3000 ACCOUNTING
 7934 MILLER        1300 ACCOUNTING
 7369 SMITH          800 RESEARCH
 7499 ALLEN         1600 RESEARCH
 7521 WARD          1250 RESEARCH
 .....
 7902 FORD          3000 OPERATIONS
 7934 MILLER        1300 OPERATIONS

56 개의 행이 선택되었습니다.
```

Note: -Cartesian Product 현상이 발생한다.
-14*4=56 행이 출력된다.

```
SQL> SELECT empno, ename, sal, dname
  2  FROM emp, dept
  3  WHERE emp.deptno = dept.deptno;

EMPNO ENAME           SAL DNAME
----- ---------- ------- ----------
 7369 SMITH          800 RESEARCH
 7499 ALLEN         1600 SALES
 7521 WARD          1250 SALES
 7566 JONES         2975 RESEARCH
 7654 MARTIN        1250 SALES
 7698 BLAKE         2850 SALES
 7782 CLARK         2450 ACCOUNTING
 7788 SCOTT         3000 RESEARCH
 7839 KING          5000 ACCOUNTING
 7844 TURNER        1500 SALES
 7876 ADAMS         1100 RESEARCH
 7900 JAMES          950 SALES
 7902 FORD          3000 RESEARCH
 7934 MILLER        1300 ACCOUNTING

14 개의 행이 선택되었습니다.
```

Note: Cartesian Product 현상을 피하기 위해서는 WHERE절에 항상 정확한 조인 조건을 써야 한다.
WHERE 절의 조인 조건은 emp.deptno = dept.deptno;처럼 외래키에 있는 것부터 먼저 사용한다.

2) Equi Join

- Equi Join은 조인하는 테이블 사이에서 외래 키와 일차 키가 일치되는 행을 찾아 결합하며,
- WHERE 절의 조인 조건에 = 연산자를 사용한다.
- 구문

```
SELECT  테이블명1.칼럼명1, 테이블명2.칼럼명2, ...
FROM    테이블명1, 테이블명2
WHERE   테이블명1.칼럼명1=테이블명2.칼럼명2, ...;
```

- 칼럼명 앞에 테이블명을 붙여 사용한다.
- 여러 개의 테이블들을 조인하기 위해서는 최소한 (테이블 개수 - 1) 만큼의 조인 조건이 필요하다. 따라서, 4개의 테이블을 조인하기 위해서는 최소 3개의 조인 조건이 필요하다.

예제 emp, dept 테이블에서 사원 이름, 부서 번호, 부서 이름을 구하여라.

```
SQL> SELECT emp.ename, emp.deptno, dept.dname
  2  FROM emp, dept
  3  WHERE emp.deptno = dept.deptno;

ENAME       DEPTNO DNAME
---------- ------- --------------
SMITH           20 RESEARCH
ALLEN           30 SALES
WARD            30 SALES
JONES           20 RESEARCH
MARTIN          30 SALES
BLAKE           30 SALES
CLARK           10 ACCOUNTING
SCOTT           20 RESEARCH
KING            10 ACCOUNTING
TURNER          30 SALES
ADAMS           20 RESEARCH
JAMES           30 SALES
FORD            20 RESEARCH
MILLER          10 ACCOUNTING

14 개의 행이 선택되었습니다.
```

Note: -emp, dept 테이블 두 개가 사용되었으므로, 한 개의 조인 조건이 필요하다.
　　　-사원의 이름과 부서 번호는 emp 테이블에 있고, 부서 이름은 dept 테이블에 있으므로 두 개의 테이블을 사용해야 한다.

- 칼럼명이 다른 테이블에는 존재하지 않고 특정한 테이블에만 존재하는 경우에는 생략 가능하다. 테이블명을 반드시 명시하지 않아도 되나, SELECT 절에 나열된 각각의 칼럼명을 검색하기 위해서 모든 테이블을 찾아보아야 하므로 속도 등 효율성이 낮아진다. 그러나, 같은 칼럼명이 한 개 이상의 테이블에 존재하는 경우에는, 반드시 해당 테이블명을 붙여 사용해야 한다.

 예제 emp, dept 테이블에서 사원의 이름, 부서 번호, 부서 이름을 구하여라.

```
SQL> SELECT ename, emp.deptno, dname
  2  FROM emp, dept
  3  WHERE emp.deptno = dept.deptno;

ENAME       DEPTNO DNAME
---------- ------- --------------
SMITH           20 RESEARCH
ALLEN           30 SALES
WARD            30 SALES
JONES           20 RESEARCH
MARTIN          30 SALES
```

```
BLAKE         30 SALES
CLARK         10 ACCOUNTING
SCOTT         20 RESEARCH
KING          10 ACCOUNTING
TURNER        30 SALES
ADAMS         20 RESEARCH
JAMES         30 SALES
FORD          20 RESEARCH
MILLER        10 ACCOUNTING

14 개의 행이 선택되었습니다.
```

Note: - 칼럼 ename은 emp 테이블에만 존재하고 칼럼 dname은 dept 테이블에만 존재하므로 테이블명 없이 사용 가능하다.
- 칼럼 deptno는 emp, dept 두 개의 테이블에 모두 존재하므로 반드시 테이블명과 함께 사용해야 한다.

- 테이블에 별칭을 사용하면 테이블명과 함께 사용하는 칼럼명을 좀 더 간편하게 사용할 수 있고 의미도 명확해진다.
- 그러나, 테이블에 별칭을 한번 사용하면 반드시 모든 칼럼 참조 시에 지속적으로 별칭을 사용해야 한다.
- 테이블의 별칭 길이는 30자까지 가능하다.

예제 emp, dept 테이블에서 사원의 이름, 부서 번호, 부서 이름을 구하여라.

```
SQL> SELECT e.ename, d.deptno, d.dname
  2  FROM emp e, dept d
  3  WHERE e.deptno = d.deptno;

ENAME         DEPTNO DNAME
---------     ------ ----------
SMITH         20 RESEARCH
ALLEN         30 SALES
WARD          30 SALES
JONES         20 RESEARCH
MARTIN        30 SALES
BLAKE         30 SALES
CLARK         10 ACCOUNTING
SCOTT         20 RESEARCH
KING          10 ACCOUNTING
TURNER        30 SALES
ADAMS         20 RESEARCH
JAMES         30 SALES
FORD          20 RESEARCH
MILLER        10 ACCOUNTING

14 개의 행이 선택되었습니다.
```

- 별칭을 지정한 경우, 별칭 대신에 테이블명을 사용하여 칼럼을 참조하면 에러가 발생한다.

 예제 emp, dept 테이블에서 사원의 이름, 부서 번호, 부서 이름을 구하여라.

```
SQL> SELECT e.ename, d.deptno, d.dname
  2  FROM emp e, dept d
  3  WHERE emp.deptno = dept.deptno;
WHERE emp.deptno = dept.deptno
      *
3행에 오류:
ORA-00904: 열명이 부적합합니다.
```

Note: emp 테이블에 별칭을 e로 dept 테이블에 d로 별칭을 지정했으므로, WHERE 절에 emp.deptno = dept.deptno 대신 e.deptno = d.deptno를 사용해야 에러가 발생하지 않는다.

- 그러나, 테이블명에 사용한 별칭은 서브쿼리에는 영향을 주지 않는다.

 예제 emp, dept 테이블로부터 'SCOTT'의 부서와 같은 부서 번호를 갖는 사원의 이름, 부서 번호, 부서 이름을 구하여라.

```
SQL> SELECT e.ename, d.deptno, d.dname
  2  FROM emp e, dept d
  3  WHERE e.deptno = d.deptno
  4  AND e.deptno = (SELECT deptno
  5                  FROM    emp
  6                  WHERE   ename = 'SCOTT');

ENAME       DEPTNO DNAME
---------- ------- ------------
SMITH           20 RESEARCH
JONES           20 RESEARCH
SCOTT           20 RESEARCH
ADAMS           20 RESEARCH
FORD            20 RESEARCH
```

Note: -서브쿼리에서는 emp 한 개의 테이블만 사용되었으므로 조인 조건이 필요없다.
　　　-주 SELECT 문에서 테이블에 별칭을 사용했어도 서브쿼리의 SELECT 문에 영향을 미치지 않는다.

3) Non-Equi Join

- Non-Equi Join은 조인하는 두 개의 테이블 사이에 어떤 칼럼도 조인할 테이블의 특정 칼럼에 직접적으로 일치하지 않을 경우에 사용한다.
- 조인할 테이블 사이에 일차 키와 외래 키의 관계가 없다.
- 조인 조건에 = 이외의 연산자를 사용한다.
- "<=", ">=", "BETWEEN ... AND"와 같은 연산자의 사용이 가능하다.
- BETWEEN ... AND 연산자를 사용 할 경우에 하한값을 먼저 명시하고 상한 값을 나중에 명시한다.

 예제 emp, salgrade 테이블로부터 사원의 이름, 직무, 급여, 급여 등급을 구하여라.

```
SQL> SELECT e.ename, e.job, e.sal, s.grade
  2  FROM emp e, salgrade s
  3  WHERE e.sal BETWEEN s.losal AND s.hisal;

ENAME      JOB            SAL      GRADE
---------- ---------- ---------- ----------
SMITH      CLERK          800         1
ADAMS      CLERK         1100         1
JAMES      CLERK          950         1
WARD       SALESMAN      1250         2
MARTIN     SALESMAN      1250         2
MILLER     CLERK         1300         2
ALLEN      SALESMAN      1600         3
TURNER     SALESMAN      1500         3
JONES      MANAGER       2975         4
BLAKE      MANAGER       2850         4
CLARK      MANAGER       2450         4
SCOTT      ANALYST       3000         4
FORD       ANALYST       3000         4
KING       PRESIDENT     5000         5

14 개의 행이 선택되었습니다.
```

Note: -emp 테이블에 있는 급여의 급여 등급을 구하기 위해 salgrade 테이블과 결합한다.
　　　-emp테이블의 급여는 salgrade 테이블의 어떤 칼럼과도 일치하지 않으므로 BETWEEN ... AND 연산자를 사용하여 조인한다.
　　　-"=" 연산자가 아닌 "BETWEEN ... AND" 연산자를 사용하여 조인되었기 때문에 Non-Equi Join이다.

4) Outer Join

- 일반적으로 조인에서는 조인 조건을 만족하지 않는 행은 결과에 나타나지 않는다.
- 정상적으로 조인 조건을 만족하지 못하는 행들을 나타나게 하기 위해 Outer Join을 사용한다.
- 구문

```
SELECT  테이블명1.칼럼명1, 테이블명2.칼럼명2, …
FROM    테이블명1, 테이블명2
WHERE   테이블명1.칼럼명1=테이블명2.칼럼명2(+);
```

또는

```
SELECT  테이블명1.칼럼명1, 테이블명2.칼럼명2, …
FROM    테이블명1, 테이블명2
WHERE   테이블명1.칼럼명1(+)=테이블명2.칼럼명2;
```

- (+) 기호는 조인 조건에서 정보가 부족한 테이블의 칼럼명 뒤에 사용한다.

 예제 emp, dept 테이블에서 사원의 이름, 부서 번호, 부서 이름을 구하여라.

```
SQL> SELECT e.ename, d.deptno, d.dname
  2  FROM emp e, dept d
  3  WHERE e.deptno = d.deptno;

ENAME       DEPTNO  DNAME
---------   ------  ----------
SMITH           20  RESEARCH
ALLEN           30  SALES
WARD            30  SALES
JONES           20  RESEARCH
MARTIN          30  SALES
BLAKE           30  SALES
CLARK           10  ACCOUNTING
SCOTT           20  RESEARCH
KING            10  ACCOUNTING
TURNER          30  SALES
ADAMS           20  RESEARCH
JAMES           30  SALES
FORD            20  RESEARCH
MILLER          10  ACCOUNTING

14 개의 행이 선택되었습니다.
```

Note: emp 테이블에 없는 부서 번호 40에 대해서는 조인하지 않으므로 결과에 나타나지 않는다.

```
SQL> SELECT e.ename, d.deptno, d.dname
  2  FROM emp e, dept d
  3  WHERE e.deptno(+) = d.deptno;

ENAME       DEPTNO  DNAME
---------   ------  ----------
CLARK           10  ACCOUNTING
KING            10  ACCOUNTING
MILLER          10  ACCOUNTING
SMITH           20  RESEARCH
ADAMS           20  RESEARCH
FORD            20  RESEARCH
SCOTT           20  RESEARCH
JONES           20  RESEARCH
ALLEN           30  SALES
BLAKE           30  SALES
MARTIN          30  SALES
JAMES           30  SALES
TURNER          30  SALES
WARD            30  SALES
                40  OPERATIONS

15 개의 행이 선택되었습니다.
```

Note: -emp 테이블에 40번 부서가 없으므로 (+)기호는 emp 테이블 쪽에 사용한다.
-부서 번호 40에 대해서도 결과에 나타난다.

5) Self Join

- Self Join은 한 개의 테이블을 별개의 두 개 테이블처럼 사용하여 한 개의 테이블을 자체적으로 조인한다.
- 두 개의 테이블을 사용하는 것처럼 FROM절에서 한 개의 테이블에 대해 두 개의 별칭을 사용한다.

 예제 emp 테이블로부터 'SMITH의 상사는 FORD이다'와 같이 출력하여라.

```
SQL> SEELCT e1.ename || '의 상사는 ' || e2.ename ||'이다.'
  2  FROM emp e1, emp e2
  3  WHERE e1.mgr = e2.empno;

E1.ENAME||'의상사는'||E2.ENAME||'이
-------------------------------
SMITH의 상사는 FORD이다.
ALLEN의 상사는 BLAKE이다.
WARD의 상사는 BLAKE이다.
JONES의 상사는 KING이다.
MARTIN의 상사는 BLAKE이다.
BLAKE의 상사는 KING이다.
CLARK의 상사는 KING이다.
SCOTT의 상사는 JONES이다.
TURNER의 상사는 BLAKE이다.
ADAMS의 상사는 SCOTT이다.
JAMES의 상사는 BLAKE이다.
FORD의 상사는 JONES이다.
MILLER의 상사는 CLARK이다.

13 개의 행이 선택되었습니다.
```

Note: -칼럼 mgr은 주어진 사원의 상사에 대한 사원 번호를 나타내며, 그 상사의 이름을 구하기 위해서는 emp 테이블의 일차 키인 칼럼 empno를 참조해야 한다.
-emp 테이블의 칼럼 mgr과 emp 테이블의 칼럼 empno가 조인된다.

6) ANSI Cross Join

- 이전 조인 구문으로 Cross 조인을 하면 FROM 다음에 콤마(,)와 함께 여러 개의 테이블명을 기술하였는데
- ANSI Cross Join은 테이블 사이에 콤마(,) 없이 원하는 조인의 타입을 명확하게 지정한다.
- 구문

```
SELECT 칼럼명1, 칼럼명2, ...
FROM   테이블명1 CROSS JOIN 테이블명2;
```

예제 emp, dept 테이블에서 사원 번호, 이름, 급여, 부서 이름을 구하여라.

```
SQL> SELECT empno, ename, sal, dname
  2  FROM emp CROSS JOIN dept;

EMPNO ENAME          SAL DNAME
----- ---------- ------- --------------
 7369 SMITH          800 ACCOUNTING
 7499 ALLEN         1600 ACCOUNTING
 7521 WARD          1250 ACCOUNTING
 7566 JONES         2975 ACCOUNTING
 7654 MARTIN        1250 ACCOUNTING
 7698 BLAKE         2850 ACCOUNTING
 7782 CLARK         2450 ACCOUNTING
 7788 SCOTT         3000 ACCOUNTING
 7839 KING          5000 ACCOUNTING
 7844 TURNER        1500 ACCOUNTING
 7876 ADAMS         1100 ACCOUNTING
 7900 JAMES          950 ACCOUNTING
 7902 FORD          3000 ACCOUNTING
 7934 MILLER        1300 ACCOUNTING
 7369 SMITH          800 RESEARCH
 7499 ALLEN         1600 RESEARCH
 7521 WARD          1250 RESEARCH
    .....
 7902 FORD          3000 OPERATIONS
 7934 MILLER        1300 OPERATIONS

56 개의 행이 선택되었습니다.
```

Note: -Cartesian Product 현상이 발생한다.
      -14*4=56 행이 출력된다.

```
SQL> SELECT empno, ename, sal, dname
  2  FROM emp, dept;

EMPNO ENAME          SAL DNAME
----- ---------- ------- --------------
 7369 SMITH          800 ACCOUNTING
 7499 ALLEN         1600 ACCOUNTING
 7521 WARD          1250 ACCOUNTING
 7566 JONES         2975 ACCOUNTING
 7654 MARTIN        1250 ACCOUNTING
 7698 BLAKE         2850 ACCOUNTING
 7782 CLARK         2450 ACCOUNTING
 7788 SCOTT         3000 ACCOUNTING
 7839 KING          5000 ACCOUNTING
 7844 TURNER        1500 ACCOUNTING
 7876 ADAMS         1100 ACCOUNTING
 7900 JAMES          950 ACCOUNTING
 7902 FORD          3000 ACCOUNTING
 7934 MILLER        1300 ACCOUNTING
 7369 SMITH          800 RESEARCH
 7499 ALLEN         1600 RESEARCH
 7521 WARD          1250 RESEARCH
    .....
 7902 FORD          3000 OPERATIONS
 7934 MILLER        1300 OPERATIONS

56 개의 행이 선택되었습니다.
```

Note: -Cartesian Product 현상이 발생한다.
      -14*4=56 행이 출력된다.

7) ANSI Inner Join

- Cartesion Product 현상을 막기 위해, WHERE 절의 조인 조건에 = 연산자를 사용하는 것처럼
- ANSI Inner Join에서는 FROM 다음에 INNER JOIN이라는 단어를 사용하여 조인할 테이블 이름을 명시하고, ON 절을 사용하여 조인조건을 명시한다.
- 구문

```
SELECT 칼럼명, 칼럼명, ...
FROM   테이블명1 INNER JOIN 테이블명2
ON 테이블명1.칼럼명1 = 테이블명2.칼럼명2;
```

예제 emp, dept 테이블에서 사원 이름, 부서 이름을 구하여라.

```
SQL> SELECT ename, dname
  2  FROM emp, dept
  3  WHERE emp.deptno = dept.deptno;

ENAME      DNAME
---------- --------------
CLARK      ACCOUNTING
KING       ACCOUNTING
MILLER     ACCOUNTING
JONES      RESEARCH
FORD       RESEARCH
ADAMS      RESEARCH
SMITH      RESEARCH
SCOTT      RESEARCH
WARD       SALES
TURNER     SALES
ALLEN      SALES
JAMES      SALES
BLAKE      SALES
MARTIN     SALES

14 개의 행이 선택되었습니다.
```

```
SQL> SELECT ename, dname
  2  FROM emp INNER JOIN dept
  3  ON emp.deptno = dept.deptno;

ENAME      DNAME
---------- --------------
CLARK      ACCOUNTING
KING       ACCOUNTING
MILLER     ACCOUNTING
JONES      RESEARCH
FORD       RESEARCH
ADAMS      RESEARCH
SMITH      RESEARCH
SCOTT      RESEARCH
WARD       SALES
TURNER     SALES
ALLEN      SALES
JAMES      SALES
BLAKE      SALES
MARTIN     SALES

14 개의 행이 선택되었습니다.
```

 예제 emp, dept 테이블에서 이름이 SCOTT인 사원의 이름과 부서 이름을 구하여라.

```
SQL> SELECT ename, dname
  2  FROM emp, dept
  3  WHERE emp.deptno = dept.deptno
  4  AND ename = 'SCOTT';

ENAME      DNAME
---------- --------------
SCOTT      RESEARCH
```

```
SQL> SELECT ename, dname
  2  FROM emp INNER JOIN dept
  3  ON emp.deptno = dept.deptno
  4  WHERE ename = 'SCOTT';

ENAME      DNAME
---------- --------------
SCOTT      RESEARCH
```

Note : ANSI INNER 조인에서는 조인 정보를 ON 절에 기술하여 조인조건을 명확하게 지정하고 다른 조건에 대해서는 WHERE 절에서 지정한다.

8) USING을 이용한 ANSI Inner Join

- EQUI Join에서 조인을 정의한 칼럼의 이름이 두 테이블 모두 동일한 경우 USING 절을 이용하여 조인할 칼럼을 지정하면 구문을 좀 더 간단하게 표현할 수 있다.

- 구문

```
SELECT 칼럼명, 칼럼명, ...
FROM   테이블명1 JOIN 테이블명2
USING (공통 칼럼);
```

예제 emp, dept 테이블에서 사원 이름, 부서 이름을 구하여라.

```
SQL> SELECT emp.ename, dept.dname
  2  FROM emp, dept
  3  WHERE emp.deptno = dept.deptno;

ENAME      DNAME
---------- --------------
CLARK      ACCOUNTING
KING       ACCOUNTING
MILLER     ACCOUNTING
JONES      RESEARCH
FORD       RESEARCH
ADAMS      RESEARCH
SMITH      RESEARCH
SCOTT      RESEARCH
WARD       SALES
TURNER     SALES
ALLEN      SALES
JAMES      SALES
BLAKE      SALES
MARTIN     SALES

14 개의 행이 선택되었습니다.
```

```
SQL> SELECT emp.ename, dept.dname
  2  FROM emp INNER JOIN dept
  3  USING (deptno);

ENAME      DNAME
---------- --------------
CLARK      ACCOUNTING
KING       ACCOUNTING
MILLER     ACCOUNTING
JONES      RESEARCH
FORD       RESEARCH
ADAMS      RESEARCH
SMITH      RESEARCH
SCOTT      RESEARCH
WARD       SALES
TURNER     SALES
ALLEN      SALES
JAMES      SALES
BLAKE      SALES
MARTIN     SALES

14 개의 행이 선택되었습니다.
```

• USING 절에서 칼럼명 앞에 테이블명을 명시하면 오류가 발생한다.

 예제 emp, dept 테이블에서 사원 이름, 부서 이름을 구하여라.

```
SQL> SELECT emp.ename, dept.dname
  2  FROM emp INNER JOIN dept
  3  USING (emp.deptno);
USING (emp.deptno)
       *
3행에 오류:
ORA-01748: 열명 그 자체만 사용할 수 있습니다
```

9) ANSI Natural Join

• 두개 이상의 테이블을 조인할 경우, 조인 조건을 생략하고 NATURAL JOIN을 사용하면 자동적으로 모든 칼럼을 대상으로 공통 칼럼을 조사하여 내부적으로 조인문을 생성한다.

• 구문

```
SELECT 칼럼명, 칼럼명, ...
FROM   테이블명1 NATURAL JOIN 테이블명2;
```

예제 emp, dept 테이블에서 사원 이름, 부서 이름을 구하여라.

```
SQL> SELECT emp.ename, dept.dname
  2  FROM emp, dept
  3  WHERE emp.deptno = dept.deptno;

ENAME      DNAME
---------- --------------
CLARK      ACCOUNTING
KING       ACCOUNTING
MILLER     ACCOUNTING
JONES      RESEARCH
FORD       RESEARCH
ADAMS      RESEARCH
SMITH      RESEARCH
SCOTT      RESEARCH
WARD       SALES
TURNER     SALES
ALLEN      SALES
JAMES      SALES
BLAKE      SALES
MARTIN     SALES

14 개의 행이 선택되었습니다.
```

```
SQL> SELECT emp.ename, dept.dname
  2  FROM emp NATURAL JOIN dept;

ENAME      DNAME
---------- --------------
CLARK      ACCOUNTING
KING       ACCOUNTING
MILLER     ACCOUNTING
JONES      RESEARCH
FORD       RESEARCH
ADAMS      RESEARCH
SMITH      RESEARCH
SCOTT      RESEARCH
WARD       SALES
TURNER     SALES
ALLEN      SALES
JAMES      SALES
BLAKE      SALES
MARTIN     SALES

14 개의 행이 선택되었습니다.
```

10) ANSI Outer Join

- 기존 Outer Join 에서는 (+)를 이용하여, 정상적으로 조인 조건을 만족하지 못하는 행들을 나타나게 하였다.
- ANSI Outer Join에서는 기존에 지원하지 않았던 LEFT, RIGHT, FULL 세 가지를 지원한다.
- 오른쪽 테이블에 데이터가 존재하지 않으면 LEFT OUTER JOIN을 사용하고, 왼쪽 테이블에 데이터가 존재하지 않으면 RIGHT OUTER JOIN을 사용한다.
- FULL Outer Join은 LEFT OUTER JOIN 과 RIGHT OUTER JOIN을 합한 형태이다.
- 구문

```
SELECT 테이블명1.칼럼명1, 테이블명2.칼럼명2, ...
FROM   테이블명1 [LEFT|RIGHT|FULL] OUTER JOIN 테이블명2;
```

예제 emp, dept 테이블에서 사원의 이름, 부서 번호, 부서 이름을 구하여라.

```
SQL> SELECT e.ename, d.deptno, d.dname
  2  FROM emp e, dept d
  3  WHERE e.deptno(+) = d.deptno;

ENAME        DEPTNO DNAME
---------- -------- --------------
CLARK            10 ACCOUNTING
KING             10 ACCOUNTING
MILLER           10 ACCOUNTING
JONES            20 RESEARCH
FORD             20 RESEARCH
ADAMS            20 RESEARCH
SMITH            20 RESEARCH
SCOTT            20 RESEARCH
WARD             30 SALES
TURNER           30 SALES
ALLEN            30 SALES
JAMES            30 SALES
BLAKE            30 SALES
MARTIN           30 SALES
                 40 OPERATIONS

15 개의 행이 선택되었습니다.
```

```
SQL> SELECT e.ename, d.deptno, d.dname
  2  FROM emp e RIGHT OUTER JOIN dept d
  3  ON e.deptno = d.deptno;

ENAME        DEPTNO DNAME
---------- -------- --------------
CLARK            10 ACCOUNTING
KING             10 ACCOUNTING
MILLER           10 ACCOUNTING
JONES            20 RESEARCH
FORD             20 RESEARCH
ADAMS            20 RESEARCH
SMITH            20 RESEARCH
SCOTT            20 RESEARCH
WARD             30 SALES
TURNER           30 SALES
ALLEN            30 SALES
JAMES            30 SALES
BLAKE            30 SALES
MARTIN           30 SALES
                 40 OPERATIONS

15 개의 행이 선택되었습니다.
```

- OUTER JOIN도 INNER JOIN처럼 조인조건에 사용하는 칼럼이 두 테이블에서 동일하다면 ON 대신 USING을 사용할 수 있다. 왼쪽 테이블에 데이터가 존재하지 않으면 RIGHT OUTER JOIN을 사용한다.

 예제 emp, dept 테이블에서 사원의 이름, 부서 번호, 부서 이름을 구하여라.

```
SQL> SELECT e.ename, d.deptno, d.dname
  2  FROM emp e RIGHT OUTER JOIN dept d
  3  ON e.deptno = d.deptno;

ENAME        DEPTNO DNAME
---------- -------- --------------
CLARK            10 ACCOUNTING
KING             10 ACCOUNTING
MILLER           10 ACCOUNTING
JONES            20 RESEARCH
FORD             20 RESEARCH
ADAMS            20 RESEARCH
SMITH            20 RESEARCH
SCOTT            20 RESEARCH
WARD             30 SALES
TURNER           30 SALES
ALLEN            30 SALES
JAMES            30 SALES
BLAKE            30 SALES
MARTIN           30 SALES
                 40 OPERATIONS

15 개의 행이 선택되었습니다.
```

```
SQL> SELECT e.ename, deptno, d.dname
  2  FROM emp e RIGHT OUTER JOIN dept d
  3  USING(deptno);

ENAME        DEPTNO DNAME
---------- -------- --------------
CLARK            10 ACCOUNTING
KING             10 ACCOUNTING
MILLER           10 ACCOUNTING
JONES            20 RESEARCH
FORD             20 RESEARCH
ADAMS            20 RESEARCH
SMITH            20 RESEARCH
SCOTT            20 RESEARCH
WARD             30 SALES
TURNER           30 SALES
ALLEN            30 SALES
JAMES            30 SALES
BLAKE            30 SALES
MARTIN           30 SALES
                 40 OPERATIONS

15 개의 행이 선택되었습니다.
```

 연습문제

*** EMP 테이블과 DEPT 테이블 사용 ***

1. 10번 부서에 대해 급여의 평균 값, 최대 값, 최소 값, 인원수를 구하여 출력하여라.

2. 각 부서별 같은 직무를 갖는 사원의 인원수를 구하여 부서 번호, 직무, 인원수를 출력하여라.

3. 사원들의 직무별 평균 급여와 최고 급여, 최저 급여를 평균 급여에 대해 오름차순으로 정렬하여라.

4. EMP와 DEPT 테이블을 조인하여 모든 사원에 대해 부서 번호, 부서 이름, 사원 이름, 급여를 출력하여라.

5. 이름이 'ALLEN'인 사원의 부서 이름을 출력하여라.

6. 'ALLEN'과 직무가 같은 사원의 이름, 부서 이름, 급여, 부서 위치를 출력하여라.

7. 전체 사원의 평균 급여보다 급여가 많은 사원의 사원 번호, 이름, 부서 이름, 입사일, 부서 위치, 급여를 출력하여라.

8. 10번 부서 사원들 중에서 20번 부서의 사원과 같은 직무를 갖는 사원의 사원 번호, 이름, 부서 이름, 입사일, 부서 위치를 출력하여라.

9. 'ALLEN'의 급여보다 많고 'SCOTT'의 급여보다 적은 사원의 사원 번호, 이름, 부서 이름, 부서 위치, 급여를 급여가 많은 순으로 출력하여라.

10. 30번 부서의 최고 급여보다 급여가 많은 사원의 사원 번호, 이름, 급여를 출력하여라.

11. 사원 이름의 두 번째 글자가 'A'인 사원들의 수를 출력하여라.

12. 사원들의 평균 급여, 총 급여, 최고 급여액, 최저 급여액을 구하여라.

13. 평균 급여가 1500이 넘는 직무와 평균 급여를 구하여라.

14. 사원들의 이름, 부서 이름, 급여를 출력하여라.

15. 각 부서별 부서 번호(모든 부서에 대해서), 부서 이름, 부서 위치, 사원의 수를 출력하여라.

16. 모든 사원들의 평균 급여 보다 많이 받는 사원들의 사원 번호와 이름을 출력하여라.

17. 'FORD'와 부서가 같은 사원들의 이름, 부서 이름, 직무, 급여를 출력하여라.

18. 부서 이름이 'SALES'인 사원들의 평균 급여보다 많고, 부서 이름이 'RESEARCH'인 사원들의 평균 급여보다 적은 사원들의 이름, 부서 번호, 급여, 직무를 출력하여라.

19. 부서별 평균 급여가 1000보다 적은 부서 사원들의 부서 번호를 출력하여라.

20. 직무가 'ANALYST'인 사원보다 급여가 적으면서, 직무가 'ANALYST' 가 아닌 사원들의 사원번호, 이름, 직무, 급여를 출력하여라.

제5장 DDL(Data Definition Language)

- DDL은 Data Definition Language의 약자로 "데이터 정의어"라 하며, 데이터베이스 내에 객체(Object)를 생성하고 변경, 삭제하기 위해 사용하는 CREATE, ALTER, DROP 명령어 등을 포함한다.
- 객체의 종류
  - 테이블(TABLE): 가장 기본적인 구조로 데이터를 저장하기 위한 객체
  - 뷰(VIEW): 자주 사용되는 테이블의 데이터에 대해 SELECT 문을 미리 생성해 두었다가 필요할 때마다 실행하여 검색 속도를 향상시키는 객체
  - 인덱스(INDEX): 테이블 내의 데이터를 보다 빠르게 검색하기 위해 사용되는 객체
  - 시퀀스(SEQUENCE): 연속적인 일련번호를 자동으로 생성해주는 객체
  - 시노님(SYNONYM): 긴 테이블 또는 인덱스 명을 간결한 이름으로 요약하여 표현할 때 사용하는 객체

1. 테이블(TABLE)

1) 테이블 생성(CREATE TABLE)

- CREATE 문은 테이블을 구성하고, 속성과 속성에 관한 제약 그리고 기본키 및 외래키를 정의한다.
- 테이블을 생성하기 위해서는 테이블명을 정의하고, 테이블을 구성하는 칼럼의 데이터 타입과 무결성 제약조건 등을 정의해야 한다.
- 또한, 테이블을 생성하기 위해서는 테이블 생성 권한이 있어야하며, 제약조건에서 참조되는 테이블은 동일한 데이터베이스에 있어야 한다.

(1) 구문

```
CREATE TABLE 테이블명
(칼럼명 datatype [DEFAULT 식] [[CONSTRAINT 제약조건명] 제약조건유형
                [CONSTRAINT 제약조건명] 제약조건유형....,]
[칼럼명 datatype,....,]
 [CONSTRAINT 제약조건명 제약조건유형(칼럼명,...)]);
```

(2) 테이블명과 칼럼명, 제약조건명을 정의하기 위한 규칙

- 테이블, 칼럼, 제약조건의 이름은 다음과 같은 원칙을 가지고 사용자 임의대로 생성한다.
  - 반드시 문자로 시작해야 한다.
  - 최대 30자까지 사용 가능하다.
  - 문자(A-Z, a-z), 숫자(0-9), 특수기호(_, $, #) 만을 포함해야 한다.
    (데이터는 대. 소문자를 구분하나, 이름은 구분하지 않는다.)
  - 한글사용이 가능하다.
  - 동일한 사용자가 소유한 다른 객체의 이름과 중복되지 않도록 한다.
  - 예약어의 사용은 불가능하다.
  - 공백이 사용되어서는 안된다.

- 예를 들어, Atb05, T_$3_#5 와 같은 이름은 사용이 가능하지만, Atb05_35, 35ex, from과 같은 이름은 사용이 불가능하다.

(3) 오라클의 데이터 타입(Datatype)

- 테이블을 생성하기 위해서는 테이블을 구성하는 칼럼들을 명시해야 하고, 칼럼을 정의하려면 칼럼명과 해당칼럼에 어떤 형태의 데이터가 저장되어야하는지를 표시하기 위해 데이터 타입을 정의해야 한다.
- 오라클에서 많이 사용하는 기본적인 데이터는 크게 세 가지로 구분된다.
  - 숫자 데이터
  - 문자 데이터
  - 날짜 데이터

① 숫자 데이터

- NUMBER 데이터 타입은 양수, 음수로 구성된 정수나 실수의 숫자 데이터를 처리하고자 할 때 사용한다.
- 형식

> NUMBER(p, s)

  - p: 전체 자리 수
  - s: 소수점 이하 자릿수를 나타내며, 소수점은 자릿수에 포함되지 않는다.
    s를 생략하여 NUMBER(p)와 같이 사용하면 정수를 의미한다.

예제 명시된 데이터에 아래와 같이 NUMBER 형태를 사용했을 경우, 나타나는 결과는 다음과 같다.

정의	실제 데이터	저장 데이터
NUMBER(6,2)	1234.5	1234.5
	12345	error
	12345.1	error
	1234.56	1234.56
	1234.567	1234.57

Note: -NUMBER(6,2)는 전체 자리수가 6자리, 소숫점 이하 두 자리를 의미하므로 가능한 정수는 4자리까지이다. 따라서, 명시된 데이터가 12345이거나 12345.1인 경우에는 자리수가 부족하여 error로 표시된다.
-명시된 데이터가 1234.567인 경우 NUMBER(6,2)를 사용하면 소수점이하 둘째자리까지 나타내야 하므로 반올림하여 1234.57로 표시된다.

② 문자 데이터

- CHAR, VARCHAR2, LONG 데이터 타입은 모두 문자 데이터를 처리하고자 할 때 사용한다.
- 구문

```
CHAR(n)
VARCHAR2(n)
LONG(n)
```

- n: 자리 수

- CHAR 데이터 타입은 2000자까지의 고정 길이 문자열을 저장할 때 사용하며, 문자를 저장하고 남은 공간은 공백으로 채운다.
- VARCHAR2 데이터 타입은 4000자까지 가변 길이 문자열을 저장할 때 사용하며, 저장되는 문자의 길이만큼 기억장소를 차지한다.
- LONG 데이터 타입은 2GB까지의 문자열을 저장할 때 사용하는 가변길이 문자형 데이터 타입이며, 칼럼에 오라클 내장 함수 또는 연산자를 사용할 수 없다.

 예제 문자 데이터 10자를 저장할 수 있는 데이터 타입을 표시하여라.

```
CHAR(10)
VARCHAR2(10)
```

③ 날짜/시간 데이터
- DATE 데이터 타입은 날짜형의 데이터를 처리하고자 할 때 사용한다.
- 형식

> DATE

- 오라클은 날짜를 내부적인 숫자 형식으로 세기, 년, 월, 일, 시간, 분, 초 등 고정된 7바이트를 할당하여 저장하며,
- B.C.4712년 1월 1일에서 A.D. 4712년 12월 31일의 범위를 나타낸다.

(4) 기본적인 테이블 생성

① 구문

> CREATE TABLE 테이블명
> (칼럼명 datatype [, 칼럼명 datatype, ...])

 예제 주어진 테이블 챠트를 기초로 해서 테이블 emp1을 생성하여라.

칼럼명	empno	ename	sal	hiredate
데이터 타입	NUM	V2	NUM	DATE
길이	4	20	8,2	

▶ create table 명령어로 테이블 생성

```
SQL> CREATE TABLE emp1
  2  (empno NUMBER(4),
  3   ename VARCHAR2(20),
  4   sal NUMBER(8,2),
  5   hiredate date);

테이블이 생성되었습니다.
```

▶ 생성한 테이블의 구조 확인

```
SQL> DESC emp1
 이름                                      널?       유형
 ----------------------------------------- -------- ----------------
 EMPNO                                              NUMBER(4)
 ENAME                                              VARCHAR2(20)
 SAL                                                NUMBER(8,2)
 HIREDATE                                           DATE
```

▶ 생성된 테이블 emp1의 데이터 확인

```
SQL> SELECT *
  2  FROM emp1;

선택된 레코드가 없습니다.
```

(5) 제약조건(Constraints)을 포함한 테이블 생성

① 데이터 무결성 제약조건 개념

- 데이터 무결성 제약조건(Data Integrity Constraint Rule)은 테이블에 유효하지 않은 부적절한 데이터가 입력되는 것을 방지하기 위해 테이블을 생성할 때 각 칼럼에 대해 정의하는 규칙이다.
- 이러한 제약조건은 새로운 데이터가 삽입되거나 기존 데이터가 수정, 삭제될 때 적용된다.

② 제약조건 유형

제약조건 유형	약어	설명
NOT NULL	NN	칼럼이 NULL 값을 가질 수 없음을 명시
UNIQUE	UK	칼럼에 입력되는 값이 중복될 수 없음을 명시
PRIMARY KEY	PK	테이블의 각 행을 유일하게 식별할 수 있는 것으로 NULL과 중복된 값을 모두 허용하지 않음을 명시 (NOT NULL과 UNIQUE 조건의 결합)
FOREIGN KEY	FK	특정 칼럼과 참조되는 테이블의 칼럼간의 참조 관계를 설정
CHECK	CK	저장 가능한 데이터 값의 범위나 조건을 명시

a. NOT NULL 제약조건

- NOT NULL 제약조건은 명시된 칼럼에 NULL 값이 입력되는 것을 허용하지 않는다. NOT NULL 제약조건이 설정된 칼럼에 NULL 값이 입력되거나, 기존 데이터를 NULL로 수정하면 오류가 발생한다.

b. UNIQUE 제약조건

- UNIQUE 제약조건은 명시된 칼럼에 입력되는 값이 중복되는 것을 허용하지 않는다. 즉, 명시된 칼럼에 유일한 값만을 허용한다. UNIQUE 제약조건이 설정된 칼럼에 중복되는 값이 입력되면 오류가 발생한다.

c. PRIMARY KEY 제약조건

- PRIMARY KEY 제약조건은 테이블에 기본키를 생성한다.
- PRIMARY KEY는 테이블의 각 행을 유일하게 식별할 수 있는 칼럼이나 칼럼의 조합에 설정되는 제약조건으로, 각 레코드를 구분할 수 있는 유일한 값만을 입력받는다.

- 따라서, PRIMARY KEY 제약조건이 설정된 칼럼은 널 값을 허용하지 않으며 또한 중복되는 값도 허용하지 않는다.
- 즉, PRIMARY KEY는 NOT NULL과 UNIQUE 제약조건을 포함한다.

d. FOREIGN KEY 제약조건
- FOREIGN KEY 제약조건은 테이블에 외래키를 생성한다.
- FOREIGN KEY 제약조건은 명시한 칼럼을 다른 테이블의 PRIMARY KEY 제약조건이 설정되어 있는 칼럼을 참조하게 하여 두 테이블을 연결시킨다.
- 자식 테이블은 다른 테이블의 칼럼 값을 참조하는 테이블이고, 부모 테이블은 다른 테이블에 의해 참조되는 테이블이다.
- 외래키는 부모 테이블의 칼럼 값을 참조하는 자식 테이블의 칼럼이다(4).
- 연결된 두 테이블은 각각의 칼럼에 설정된 제약조건 때문에 데이터의 삭제나 변경 시에 제한을 받게 된다.

e. CHECK 제약조건
- CHECK 제약조건은 특정 칼럼에 허용 가능한 데이터의 범위나 조건을 정의하며, 입력되는 값을 체크하여 설정된 값 이외의 값이 입력되면 오류 메시지와 함께 명령이 수행되지 못하게 한다.
- 예를 들어,
    - deptno 칼럼에 (10, 20, 30) 세 개의 값만을 입력하게 함
        CHECK(deptno IN (10,20,30))
    - empno 칼럼에 1부터 99 사이의 값을 입력하게 함
        CHECK(empno between 1 and 99)
    - sal 칼럼에 100 이상의 값만을 입력하게 함
        CHECK(sal >= 100)
    - ename 칼럼에 (KIM, PARK, LEE) 세 개의 값만을 입력하게 함
        CHECK(ename IN ('KIM', 'PARK', 'LEE'))

③ 구문

```
CREATE TABLE 테이블명
(칼럼명 datatype [DEFAULT 식] [[CONSTRAINT 제약조건명] 제약조건유형
                            [CONSTRAINT 제약조건명] 제약조건유형....,]
[칼럼명 datatype,....,]
 [CONSTRAINT 제약조건명 제약조건유형(칼럼명,...)]);
```

④ 제약조건 생성
- 테이블 생성에 있어서 제약조건은 칼럼 레벨 방법과 테이블 레벨 방법 두 가지로 설정할 수 있다.

a. 칼럼 레벨 방법
- 각 칼럼을 정의할 때 제약조건도 같이 설정한다.
- 모든 제약조건 유형의 정의가 가능하다.
- PRIMARY KEY, NOT NULL, UNIQUE 제약조건 생성 구문

```
칼럼명 데이터타입 CONSTRAINT 제약조건명 제약조건유형,
....
```

- 모든 제약조건은 데이터 사전에 저장된다.
- 제약조건명은 규칙을 따라 사용자 임의대로 지정할 수 있으나, 일반적으로 제약조건명은 '테이블명_칼럼명_제약조건유형'의 형태로 명시하여 구분이 쉽게 한다. 여기에서, 제약조건유형은 약어 형태로 사용한다.
- 제약조건명은 생략 가능하며, 생략하는 경우 오라클 서버가 SYS_Cn 형식으로 된 이름을 자동으로 생성한다. 이때, n은 오라클 서버가 지정하는 임의의 정수 값이다.
- 2개 이상의 칼럼으로 기본키를 구성하는 복합키인 경우에는 PRIMARY KEY 제약조건을 칼럼레벨 방법으로는 불가능하기 때문에 반드시 테이블레벨 방법을 사용한다.

 예제 emp 테이블의 empno칼럼에 primary key 제약조건을 설정하여라.

```
CREATE TABLE emp(
....
,empno NUMBER(4) CONSTRAINT emp_empno_pk primary key,
...);
```

- CHECK 제약조건 생성 구문

```
CONSTRAINT 제약조건명 CHECK(칼럼명 IN(값, 값, . . .))
```

 예제 emp 테이블의 comm 칼럼에 10, 20, 30의 값만 입력될 수 있게 제약조건을 설정하여라.

```
CREATE TABLE emp(
...
, comm NUMBER(7,2) CONSTRAINT emp_comm_ck CHECK(comm IN(10, 20, 30)),
...);
```

- **FOREIGN KEY 제약조건 생성 구문**

> CONTRAINT 제약조건명 REFERENCES 테이블명(칼럼명)

- 테이블명(칼럼명) : FOREIGN KEY가 참조하는 테이블과 칼럼 이름
- Foreign Key가 존재하는 테이블을 생성하기 이전에 반드시 Foreign Key가 참조하는 테이블이 먼저 생성되어야 한다.

 예제 emp 테이블의 empno 칼럼이 dept 테이블의 deptno 칼럼을 참조하는 FOREIGN KEY 제약조건을 설정하여라.

```
CREATE TABLE emp(
...
, empno NUMBER(4) CONTRAINT emp_deptno_fk REFERENCES dept(deptno),
...);
```

 예제 주어진 테이블 챠트를 기초로 해서 테이블 dept1을 생성하여라.

칼럼명	deptno	dname
키유형	PK	
NN/UK	NN, UK	NN, UK
FK 테이블		
FK 칼럼		
데이터 타입	NUM	V2
길이	2	20

Note: 테이블 챠트에서 deptno는 PK, NN, UK 제약조건이 설정되어 있으나, PK는 NN과 UK를 포함하므로 PK 제약조건만 설정한다.

▶ create table 명령어로 테이블 생성

```
SQL> CREATE TABLE dept1
  2  (deptno NUMBER(2) CONSTRAINT dept1_deptno_pk PRIMARY KEY,
  3   dname VARCHAR2(20) CONSTRAINT dept1_dname_uk UNIQUE
  4                      CONSTRAINT dept1_dname_nn NOT NULL);
테이블이 생성되었습니다.
```

▶ 생성한 테이블의 구조 확인

```
SQL> DESC dept1
 이름                                    널?       유형
 -------------------------------------- -------- ----------------
 DEPTNO                                 NOT NULL NUMBER(2)
 DNAME                                  NOT NULL VARCHAR2(20)
```

▶ 생성된 테이블 dapt1의 데이터 확인

```
SQL> SELECT *
  2  FROM dept1;

선택된 레코드가 없습니다.
```

 예제 주어진 테이블 챠트를 기초로 해서 테이블 EMP2를 생성하여라.

칼럼명	empno	ename	sal	deptno
키유형	PK CK(1000,2000,3000,4000)			
NN/UK	NN, UK	UK		
FK 테이블				dept1
FK 칼럼				deptno
데이터 타입	NUM	V2	NUM	NUM
길이	4	20	8,2	2

▶ create table 명령어로 테이블 생성

```
SQL> CREATE TABLE emp2
  2  (empno NUMBER(4) CONSTRAINT emp2_empno_pk PRIMARY KEY
  3                   CONSTRAINT emp2_empno_ck CHECK(empno IN (1000, 2000, 3000, 4000)),
  4  ename VARCHAR2(20) CONSTRAINT emp2_ename_uk UNIQUE,
  5  sal NUMBER(8,2),
  6  deptno NUMBER(2) CONSTRAINT emp2_deptno_fk REFERENCES dept(deptno));

테이블이 생성되었습니다.
```

▶ 생성한 테이블의 구조 확인

```
SQL> DESC emp2
 이름                                      널?       유형
 ----------------------------------------- -------- ----------------------------
 EMPNO                                     NOT NULL NUMBER(4)
 ENAME                                              VARCHAR2(20)
 SAL                                                NUMBER(8,2)
 DEPTNO                                             NUMBER(2)
```

▶ 생성된 테이블 emp2의 데이터 확인

```
SQL> SELECT *
  2  FROM emp2;

선택된 레코드가 없습니다.
```

b. 테이블 레벨 방법

- 각 칼럼을 정의할 때 칼럼에 대한 정의와는 별개로 제약조건을 설정한다.
- 테이블 레벨에서는 두 개 이상의 칼럼에 대해 동시에 제약조건의 설정이 가능하다.
- NOT NULL을 제외한 어떤 제약조건 유형의 정의도 가능하다.
- 2개 이상의 칼럼으로 기본키를 구성하는 복합키인 경우에는 반드시 테이블레벨 방법을 사용한다.
- PRIMARY KEY, UNIQUE 제약조건 생성 구문

```
칼럼명 데이터타입,
칼럼명 데이터타입,
......,
CONSTRAINT 제약조건명 제약조건유형(칼럼명, ......),
```

 예제 emp 테이블의 empno칼럼에 PRIMARY KEY 제약조건을 설정하여라.

```
CREATE TABLE emp(
empno NUMBER(4),
....
, CONSTRAINT emp_empno_pk primary key(empno),
....);
```

 예제 emp 테이블의 empno, ename칼럼에 PRIMARY KEY 제약조건을 설정하여라.

```
CREATE TABLE emp(
empno NUMBER(4),
ename VARCHAR2(10),
....
, CONSTRAINT emp_empno_ename_pk primary key(empno, ename),
....);
```

- Check 제약조건 생성 구문

```
CONSTRAINT 제약조건명 CHECK(칼럼명 IN(값, 값, . . .))
```

- 칼럼 레벨과 테이블 레벨에서 동일한 형식으로 사용된다.

예제 emp 테이블의 comm 칼럼에 10, 20, 30의 값만 입력될 수 있게 제약조건을 설정하여라.

```
CREATE TABLE emp(
.....
, CONSTRAINT emp_comm_ck CHECK(comm IN(10, 20, 30))
...);
```

Note: 칼럼 레벨과 테이블 레벨 모두 동일하다.

• FOREIGN KEY 제약조건 생성 구문

```
CONSTRAINT 제약조건명 FOREIGN KEY(칼럼명1)
          REFERENCES 테이블명(칼럼명2)
```

- 칼럼명1: FOREIGN KEY로 사용할 칼럼의 이름
- 칼럼명2: FOREIGN KEY가 참조하는 테이블의 칼럼 이름

 예제 emp 테이블의 deptno 칼럼이 dept 테이블의 deptno 칼럼을 참조하는 FOREIGN KEY 제약조건을 설정하여라.

```
CREATE TABLE emp(
......
, CONSTRAINT emp_deptno_fk FOREIGN KEY(deptno) REFERENCES dept(deptno),
...);
```

⑤ 테이블 생성
• 일반적으로 테이블 챠트를 먼저 작성한 후, 테이블 챠트를 기초로 해서 테이블을 생성한다.
• 테이블은 일반적으로 칼럼 레벨과 테이블 레벨을 혼합하여 생성한다.
• NOT NULL은 반드시 칼럼 레벨로 한다.
• 한 개의 칼럼에만 적용되는 제약조건은 칼럼 레벨로 하고,
• 여러 개의 칼럼에 적용되는 제약조건은 테이블 레벨로 한다.

예제 주어진 테이블 챠트를 기초로 해서 칼럼 레벨 테이블 test1과 테이블 레벨 test2를 생성하여라.

칼럼명	empno	fname	lname
키유형	PK		
NN/UK	NN,UK	UK	UK
FK테이블			
FK 칼럼			
데이터 타입	NUM	V2	V2
길이	5	10	10

칼럼 레벨 :

```
SQL> CREATE TABLE test1
  2   (empno NUMBER(5) CONSTRAINT test1_empno_pk PRIMARY KEY,
  3    fname VARCHAR2(10) CONSTRAINT test1_fname_uk UNIQUE,
  4    lname VARCHAR2(10) CONSTRAINT test1_lname_uk UNIQUE);

테이블이 생성되었습니다.
```

테이블 레벨 :

```
SQL> CREATE TABLE test2
  2   (empno NUMBER(5),
  3    fname VARCHAR2(10),
  4    lname VARCHAR2(10),
  5    CONSTRAINT test2_empno_pk PRIMARY KEY(empno),
  6*   CONSTRAINT test2_fname_lname_uk UNIQUE(fname, lname));

테이블이 생성되었습니다.
```

 예제 위에 주어진 테이블 챠트를 기초로 해서 테이블 test3을 PRIMARY KEY는 칼럼 레벨로, UNIQUE는 테이블 레벨로 생성하여라.

```
SQL> CREATE TABLE test3
  2   (empno NUMBER(5) CONSTRAINT test3_empno_pk PRIMARY KEY,
  3    fname VARCHAR2(10),
  4    lname VARCHAR2(10),
  5    CONSTRAINT test3_fname_lname_uk UNIQUE(fname,lname));

테이블이 생성되었습니다.
```

예제 주어진 테이블 챠트를 기초로 해서 테이블 sdept를 생성하여라.

칼럼명	id	name	regionid
키유형	PK		
NN/UK	NN,UK	NN,UK	UK
FK테이블			
FK 칼럼			
데이터 타입	NUM	V2	NUM
길이	7	25	7

```
SQL> CREATE TABLE sdept
  2    (id       NUMBER(7) CONSTRAINT sdept_id_pk    PRIMARY KEY,
  3     name VARCHAR2(25) CONSTRAINT  sdept_name_nn  NOT NULL,
  4     regionid   NUMBER(7),
  5     CONSTRAINT   sdept_name_regionid_uk  UNIQUE(name, regionid));
```

테이블이 생성되었습니다.

 예제 주어진 테이블 챠트를 기초로 해서 테이블 semp를 칼럼 레벨로 생성하여라.

칼럼명	id	lname	fname	userid	startdate	commisionpct	deptid
키유형	PK					CK(10,12.5,15,17.5,20)	FK
NN/UK	NN,UK	NN		NN,UK			UK
FK테이블							sdept
FK칼럼							id
데이터 타입	NUM	V2	V2	V2	DATE (Default : sysdate)	NUM	NUM
길이	7	25	25	8		4,2	7

```
SQL> CREATE TABLE semp
  2    (id NUMBER(7) CONSTRAINT semp_id_pk PRIMARY KEY,
  3     lname VARCHAR2(25) CONSTRAINT semp_lname_nn NOT NULL,
  4     fname VARCHAR2(25),
  5     userid  VARCHAR2(8) CONSTRAINT semp_useid_nn NOT NULL
  6                         CONSTRAINT semp_useid_uk UNIQUE,
  7     startdate DATE DEFAULT SYSDATE,
  8     commisionpct NUMBER(4,2)
  9          CONSTRAINT semp_commisionpct_ck CHECK(commisionpct IN(10, 12.5, 15, 17.5, 20)),
 10     deptid NUMBER(7) CONSTRAINT semp_deptid_uk    UNIQUE
 11                      CONSTRAINT semp_deptid_fk  REFERENCES sdept(id));
```

테이블이 생성되었습니다.

Note: Foreign Key가 존재하는 테이블을 생성하기 이전에 반드시 Foreign Key가 참조하는 테이블을 먼저 생성해야 한다.

예제 위에 주어진 테이블 챠트를 근거로 해서 semp 테이블을 테이블 레벨로 생성하여라.

```
SQL> CREATE TABLE semp
  2    (id  NUMBER(7),
  3     lname VARCHAR2(25) CONSTRAINT semp_lname_nn NOT NULL,
  4     fname VARCHAR2(25),
  5     useid VARCHAT2(8) CONSTRAINT semp_useid_nn NOT NULL,
  6     startdate DATE DEFAULT SYSDATE,
  7     commisionpct NUMBER(4,2),
  8     deptid NUMBER(7),
  9     CONSTRAINT semp_id_pk  PRIMARY KEY(id),
 10     CONSTRAINT semp_commisionpct_ck CHECK(commisionpct IN(10, 12.5, 15, 17.5, 20)),
 11     CONSTRAINT semp_deptid_fk FOREIGN KEY(deptid) REFERENCES sdept(id),
 12     CONSTRAINT semp_userid_deptid UNIQUE(userid, deptid));

테이블이 생성되었습니다.
```

 예제 위에서 생성한 sdept 테이블과 semp 테이블의 구조를 나타내어라.

```
SQL> DESC sdept
 이름                                        널?       유형
 ----------------------------------------- -------- ----------------
 ID                                        NOT NULL NUMBER(7)
 NAME                                      NOT NULL VARCHAR2(25)
 REGIONID                                           NUMBER(7)

SQL> DESC semp
 이름                                        널?       유형
 ----------------------------------------- -------- ----------------
 ID                                        NOT NULL NUMBER(7)
 LNAME                                     NOT NULL VARCHAR2(25)
 FNAME                                              VARCHAR2(25)
 USERID                                    NOT NULL VARCHAR2(8)
 STARTDATE                                          DATE
 COMMISIONPCT                                       NUMBER(4,2)
 DEPTID                                             NUMBER(7)
```

(6) 서브쿼리를 이용한 테이블 생성

① 동일한 구조와 데이터를 갖는 테이블 복제
- 서브쿼리를 이용하여 이미 존재하는 테이블과 동일한 구조와 데이터를 갖는 테이블을 생성할 수 있다. 단 제약조건은 가져오지 않는다.

제5장 DDL(Data Definition Language)

• 구문

```
CREATE  TABLE 테이블명
AS
SELECT  *
FROM 테이블명;
```

• 서브쿼리를 이용하여 테이블을 생성하면 테이블이 생성됨과 동시에 데이터도 생성된다. 물론 데이터 타입과 칼럼명은 서브쿼리에서 질의한 칼럼과 일치한다.

 예제 emp 테이블과 동일한 구조와 데이터를 갖는 테이블 emp3을 생성하여라.

▸ emp 테이블의 구조 확인

```
SQL> DESC emp
 이름                                             널?       유형
 -----------------------------------------   --------  ---------------
 EMPNO                                       NOT NULL  NUMBER(4)
 ENAME                                                 VARCHAR2(10)
 JOB                                                   VARCHAR2(9)
 MGR                                                   NUMBER(4)
 HIREDATE                                              DATE
 SAL                                                   NUMBER(7,2)
 COMM                                                  NUMBER(7,2)
 DEPTNO                                                NUMBER(2)
```

▸ emp 테이블의 데이터 확인

```
SQL> SELECT *
  2  FROM emp;

    EMPNO ENAME      JOB           MGR HIREDATE        SAL      COMM     DEPTNO
    ----- ---------- --------- ------- --------- --------- --------- ----------
     7369 SMITH      CLERK        7902 80/12/17       800                    20
     7499 ALLEN      SALESMAN     7698 81/02/20      1600       300          30
     7521 WARD       SALESMAN     7698 81/02/22      1250       500          30
     7566 JONES      MANAGER      7839 81/04/02      2975                    20
     7654 MARTIN     SALESMAN     7698 81/09/28      1250      1400          30
     7698 BLAKE      MANAGER      7839 81/05/01      2850                    30
     7782 CLARK      MANAGER      7839 81/06/09      2450                    10
     7788 SCOTT      ANALYST      7566 87/04/19      3000                    20
     7839 KING       PRESIDENT         81/11/17      5000                    10
     7844 TURNER     SALESMAN     7698 81/09/08      1500         0          30
     7876 ADAMS      CLERK        7788 87/05/23      1100                    20
     7900 JAMES      CLERK        7698 81/12/03       950                    30
     7902 FORD       ANALYST      7566 81/12/03      3000                    20
     7934 MILLER     CLERK        7782 82/01/23      1300                    10

14 개의 행이 선택되었습니다.
```

▶ emp3 테이블 생성

```
SQL> CREATE TABLE emp3
  2  AS
  3  SELECT *
  4  FROM emp;

테이블이 생성되었습니다.
```

▶ 생성한 테이블 emp3의 구조 확인

```
SQL> DESC emp3
 이름                                      널?       유형
 ----------------------------------------- -------- ----------------
 EMPNO                                              NUMBER(4)
 ENAME                                              VARCHAR2(10)
 JOB                                                VARCHAR2(9)
 MGR                                                NUMBER(4)
 HIREDATE                                           DATE
 SAL                                                NUMBER(7,2)
 COMM                                               NUMBER(7,2)
 DEPTNO                                             NUMBER(2)
```

Note: Foreign Key가 존재하는 테이블을 생성하기 이전에 반드시 Foreign Key가 참조하는 테이블을 먼저 생성해야 한다.

▶ 생성한 테이블 emp3의 데이터 확인

```
SQL> SELECT *
  2  FROM emp3;

     EMPNO ENAME      JOB         MGR HIREDATE        SAL       COMM     DEPTNO
---------- ---------- --------- ----- -------- ---------- ---------- ----------
      7369 SMITH      CLERK      7902 80/12/17        800                    20
      7499 ALLEN      SALESMAN   7698 81/02/20       1600        300         30
      7521 WARD       SALESMAN   7698 81/02/22       1250        500         30
      7566 JONES      MANAGER    7839 81/04/02       2975                    20
      7654 MARTIN     SALESMAN   7698 81/09/28       1250       1400         30
      7698 BLAKE      MANAGER    7839 81/05/01       2850                    30
      7782 CLARK      MANAGER    7839 81/06/09       2450                    10
      7788 SCOTT      ANALYST    7566 87/04/19       3000                    20
      7839 KING       PRESIDENT       81/11/17       5000                    10
      7844 TURNER     SALESMAN   7698 81/09/08       1500          0         30
      7876 ADAMS      CLERK      7788 87/05/23       1100                    20
      7900 JAMES      CLERK      7698 81/12/03        950                    30
      7902 FORD       ANALYST    7566 81/12/03       3000                    20
      7934 MILLER     CLERK      7782 82/01/23       1300                    10

14 개의 행이 선택되었습니다.
```

Note: emp3 테이블과 emp 테이블이 같은 데이터로 구성되어 있는 것을 확인할 수 있다.

예제 dept 테이블과 같은 구조를 갖는 테이블 dept3을 생성하여라.

▸ dept 테이블의 구조 확인

```
SQL> DESC dept
 이름                                            널?       유형
 ---------------------------------------------- -------- ----------------
 DEPTNO                                         NOT NULL NUMBER(2)
 DNAME                                                   VARCHAR2(14)
 LOC                                                     VARCHAR2(13)
```

▸ dept 테이블의 데이터 확인

```
SQL> SELECT *
  2  FROM dept;

    DEPTNO DNAME          LOC
---------- -------------- -------------
        10 ACCOUNTING     NEW YORK
        20 RESEARCH       DALLAS
        30 SALES          CHICAGO
        40 OPERATIONS     BOSTON
```

▸ dept3 테이블 생성

```
SQL> CREATE TABLE dept3
  2  AS
  3  SELECT *
  4  FROM dept;

테이블이 생성되었습니다.
```

▸ 생성한 테이블 dept3의 구조 확인

```
SQL> DESC dept3
 이름                                            널?       유형
 ---------------------------------------------- -------- ----------------
 DEPTNO                                                  NUMBER(2)
 DNAME                                                   VARCHAR2(14)
 LOC                                                     VARCHAR2(13)
```

▸ 생성한 테이블 dept3의 데이터 확인

```
SQL> SELECT *
  2  FROM dept3;

    DEPTNO DNAME          LOC
---------- -------------- -------------
        10 ACCOUNTING     NEW YORK
        20 RESEARCH       DALLAS
        30 SALES          CHICAGO
        40 OPERATION      BOSTON
```

Note: dept3 테이블과 dept 테이블이 같은 데이터로 구성되어 있는 것을 확인할 수 있다.

② 원하는 칼럼과 데이터를 갖는 테이블 복제
- 서브쿼리를 이용하여 이미 존재하는 테이블의 일정 칼럼과 데이터를 갖는 테이블을 생성할 수 있다.
- 구문

```
CREATE TABLE 테이블명[(칼럼명1, 칼럼명2, . . .)]
AS
SELECT (칼럼명1, 칼럼명2, . . .)
FROM 테이블명;
```

 예제 emp 테이블의 empno, ename, job, sal 칼럼과 데이터를 갖는 테이블 emp4를 생성하여라.

▶ emp 테이블의 구조 확인

```
SQL> DESC emp
 이름                                      널?       유형
 ---------------------------------------- -------- ------------
 EMPNO                                    NOT NULL NUMBER(4)
 ENAME                                             VARCHAR2(10)
 JOB                                               VARCHAR2(9)
 MGR                                               NUMBER(4)
 HIREDATE                                          DATE
 SAL                                               NUMBER(7,2)
 COMM                                              NUMBER(7,2)
 DEPTNO                                            NUMBER(2)
```

▶ emp 테이블의 데이터 확인

```
SQL> SELECT *
  2  FROM emp;

     EMPNO ENAME      JOB            MGR HIREDATE        SAL       COMM     DEPTNO
---------- ---------- --------- ---------- -------- ---------- ---------- ----------
      7369 SMITH      CLERK         7902 80/12/17        800                    20
      7499 ALLEN      SALESMAN      7698 81/02/20       1600        300         30
      7521 WARD       SALESMAN      7698 81/02/22       1250        500         30
      7566 JONES      MANAGER       7839 81/04/02       2975                    20
      7654 MARTIN     SALESMAN      7698 81/09/28       1250       1400         30
      7698 BLAKE      MANAGER       7839 81/05/01       2850                    30
      7782 CLARK      MANAGER       7839 81/06/09       2450                    10
      7788 SCOTT      ANALYST       7566 87/04/19       3000                    20
      7839 KING       PRESIDENT          81/11/17       5000                    10
      7844 TURNER     SALESMAN      7698 81/09/08       1500          0         30
      7876 ADAMS      CLERK         7788 87/05/23       1100                    20
      7900 JAMES      CLERK         7698 81/12/03        950                    30
      7902 FORD       ANALYST       7566 81/12/03       3000                    20
      7934 MILLER     CLERK         7782 82/01/23       1300                    10

14 개의 행이 선택되었습니다.
```

▶ emp4 테이블 생성

```
SQL> CREATE TABLE emp4
  2  AS
  3  SELECT empno, ename, job, sal
  4  FROM emp;

테이블이 생성되었습니다.
```

▶ 생성된 테이블 emp4의 구조 확인

```
SQL> DESC emp4
 이름                                               널?       유형
 ------------------------------------------------- -------- ----------------
 EMPNO                                                      NUMBER(4)
 ENAME                                                      VARCHAR2(10)
 JOB                                                        VARCHAR2(9)
 SAL                                                        NUMBER(7,2)
```

Note: emp 테이블의 empno, ename, job, sal 칼럼의 구조와 동일함을 확인할 수 있다.

▶ 생성된 테이블 emp4의 데이터 확인

```
SQL> SELECT *
  2  FROM emp4;

     EMPNO ENAME      JOB              SAL
---------- ---------- --------- ----------
      7369 SMITH      CLERK            800
      7499 ALLEN      SALESMAN        1600
      7521 WARD       SALESMAN        1250
      7566 JONES      MANAGER         2975
      7654 MARTIN     SALESMAN        1250
      7698 BLAKE      MANAGER         2850
      7782 CLARK      MANAGER         2450
      7788 SCOTT      ANALYST         3000
      7839 KING       PRESIDENT       5000
      7844 TURNER     SALESMAN        1500
      7876 ADAMS      CLERK           1100
      7900 JAMES      CLERK            950
      7902 FORD       ANALYST         3000
      7934 MILLER     CLERK           1300

14 개의 행이 선택되었습니다.
```

 예제 emp 테이블의 empno, ename, job, sal 칼럼과 데이터를 갖는 테이블 emp5를 칼럼명 empno5, ename5, job5, sal5 로 생성하여라.

▶ emp 테이블의 구조 확인

```
SQL> DESC emp
 이름                                               널?       유형
 ------------------------------------------------- -------- ----------------
 EMPNO                                             NOT NULL NUMBER(4)
 ENAME                                                      VARCHAR2(10)
 JOB                                                        VARCHAR2(9)
 MGR                                                        NUMBER(4)
 HIREDATE                                                   DATE
 SAL                                                        NUMBER(7,2)
 COMM                                                       NUMBER(7,2)
 DEPTNO                                                     NUMBER(2)
```

▸ emp 테이블의 데이터 확인

```
SQL> SELECT *
  2  FROM emp;

   EMPNO ENAME      JOB          MGR HIREDATE        SAL      COMM    DEPTNO
---------- ---------- --------- ---------- ---------- ---------- ---------- ----------
    7369 SMITH      CLERK       7902 80/12/17       800                   20
    7499 ALLEN      SALESMAN    7698 81/02/20      1600       300         30
    7521 WARD       SALESMAN    7698 81/02/22      1250       500         30
    7566 JONES      MANAGER     7839 81/04/02      2975                   20
    7654 MARTIN     SALESMAN    7698 81/09/28      1250      1400         30
    7698 BLAKE      MANAGER     7839 81/05/01      2850                   30
    7782 CLARK      MANAGER     7839 81/06/09      2450                   10
    7788 SCOTT      ANALYST     7566 87/04/19      3000                   20
    7839 KING       PRESIDENT        81/11/17      5000                   10
    7844 TURNER     SALESMAN    7698 81/09/08      1500         0         30
    7876 ADAMS      CLERK       7788 87/05/23      1100                   20
    7900 JAMES      CLERK       7698 81/12/03       950                   30
    7902 FORD       ANALYST     7566 81/12/03      3000                   20
    7934 MILLER     CLERK       7782 82/01/23      1300                   10

14 개의 행이 선택되었습니다.
```

▸ emp5 테이블 생성

```
SQL> CREATE TABLE emp5(empno5, ename5, job5, sal5)
  2  AS
  3  SELECT empno, ename, job, sal
  4  FROM emp;

테이블이 생성되었습니다.
```

▸ 생성된 테이블 emp5의 구조 확인

```
SQL> DESC emp5
 이름                                            널?       유형
 ----------------------------------------- -------- ----------------------------
 EMPNO5                                             NUMBER(4)
 ENAME5                                             VARCHAR2(10)
 JOB5                                               VARCHAR2(9)
 SAL5                                               NUMBER(7,2)
```

Note: emp 테이블의 empno, ename, job, sal 칼럼의 칼럼명이 변경된 것을 확인할 수 있다.

▸ 생성된 테이블 emp5의 데이터 확인

```
SQL> SELECT *
  2  FROM emp5;

   EMPNO5 ENAME5     JOB5          SAL5
---------- ---------- --------- ----------
    7369 SMITH      CLERK          800
    7499 ALLEN      SALESMAN      1600
    7521 WARD       SALESMAN      1250
    7566 JONES      MANAGER       2975
    7654 MARTIN     SALESMAN      1250
```

```
          7698 BLAKE      MANAGER         2850
          7782 CLARK      MANAGER         2450
          7788 SCOTT      ANALYST         3000
          7839 KING       PRESIDENT       5000
          7844 TURNER     SALESMAN        1500
          7876 ADAMS      CLERK           1100
          7900 JAMES      CLERK            950
          7902 FORD       ANALYST         3000
          7934 MILLER     CLERK           1300

14 개의 행이 선택되었습니다.
```

③ 원하는 행으로 구성된 테이블 복제

- 서브쿼리를 이용하여 이미 존재하는 테이블의 일정 데이터만 복제하는 테이블을 생성할 수 있다.
- 구문

```
CREATE  TABLE 테이블명[(칼럼명1, 칼럼명2, . . .)]
AS
SELECT (칼럼명1, 칼럼명2, . . .)
FROM 테이블명
WHERE 조건;
```

 예제 emp 테이블의 부서번호가 10인 데이터를 갖는 테이블 emp6을 생성하여라.

▶ emp 테이블의 구조 확인

```
SQL> DESC emp
 이름                                      널?       유형
 -------------------------------------- -------- ----------------
 EMPNO                                  NOT NULL NUMBER(4)
 ENAME                                           VARCHAR2(10)
 JOB                                             VARCHAR2(9)
 MGR                                             NUMBER(4)
 HIREDATE                                        DATE
 SAL                                             NUMBER(7,2)
 COMM                                            NUMBER(7,2)
 DEPTNO                                          NUMBER(2)
```

▶ emp 테이블의 데이터 확인

```
SQL> SELECT *
  2  FROM emp;

     EMPNO ENAME      JOB            MGR HIREDATE        SAL       COMM     DEPTNO
---------- ---------- --------- ---------- -------- ---------- ---------- ----------
      7369 SMITH      CLERK          7902 80/12/17       800                      20
      7499 ALLEN      SALESMAN       7698 81/02/20      1600        300           30
      7521 WARD       SALESMAN       7698 81/02/22      1250        500           30
      7566 JONES      MANAGER        7839 81/04/02      2975                      20
      7654 MARTIN     SALESMAN       7698 81/09/28      1250       1400           30
```

```
       7698 BLAKE      MANAGER       7839 81/05/01     2850              30
       7782 CLARK      MANAGER       7839 81/06/09     2450              10
       7788 SCOTT      ANALYST       7566 87/04/19     3000              20
       7839 KING       PRESIDENT          81/11/17     5000              10
       7844 TURNER     SALESMAN      7698 81/09/08     1500       0      30
       7876 ADAMS      CLERK         7788 87/05/23     1100              20
       7900 JAMES      CLERK         7698 81/12/03      950              30
       7902 FORD       ANALYST       7566 81/12/03     3000              20
       7934 MILLER     CLERK         7782 82/01/23     1300              10

14 개의 행이 선택되었습니다.
```

▸ emp6 테이블 생성

```
SQL> CREATE TABLE emp6
  2  AS
  3  SELECT *
  4  FROM emp
  5  WHERE deptno = 10;

테이블이 생성되었습니다.
```

▸ 생성된 테이블 emp6의 구조 확인

```
SQL> DESC emp6
 이름                                      널?       유형
 ---------------------------------------- -------- ----------------
 EMPNO                                              NUMBER(4)
 ENAME                                              VARCHAR2(10)
 JOB                                                VARCHAR2(9)
 MGR                                                NUMBER(4)
 HIREDATE                                           DATE
 SAL                                                NUMBER(7,2)
 COMM                                               NUMBER(7,2)
 DEPTNO                                             NUMBER(2)
```

▸ 생성된 테이블 emp6의 데이터 확인

```
SQL> SELECT *
  2  FROM emp6;

     EMPNO ENAME      JOB            MGR HIREDATE       SAL       COMM     DEPTNO
     ----- ---------- --------- -------- --------- --------- ---------- ----------
      7782 CLARK      MANAGER       7839 81/06/09      2450                     10
      7839 KING       PRESIDENT          81/11/17      5000                     10
      7934 MILLER     CLERK         7782 82/01/23      1300                     10
```

④ 테이블 구조만 복제

• 서브쿼리를 이용하여 데이터를 제외한 테이블의 구조만 복제하여 테이블을 생성할 수 있다.

• 구문

```
CREATE  TABLE 테이블명[(칼럼명1, 칼럼명2, . . .)]
AS
SELECT (칼럼명1, 칼럼명2, . . .)
FROM 테이블명
WHERE 1=0;
```

- WHERE 절의 조건 1=0은 항상 거짓이다. 따라서, 조건을 만족하는 데이터가 없기 때문에 빈 테이블이 생성된다.

 예제 EMP 테이블과 구조가 동일한 빈 테이블 emp7을 생성하여라.

▸ emp 테이블의 구조 확인

```
SQL> DESC emp
 이름                                              널?       유형
 ------------------------------------------------- -------- ----------------
 EMPNO                                             NOT NULL NUMBER(4)
 ENAME                                                      VARCHAR2(10)
 JOB                                                        VARCHAR2(9)
 MGR                                                        NUMBER(4)
 HIREDATE                                                   DATE
 SAL                                                        NUMBER(7,2)
 COMM                                                       NUMBER(7,2)
 DEPTNO                                                     NUMBER(2)
```

▸ emp 테이블의 데이터 확인

```
SQL> SELECT *
  2  FROM emp;

     EMPNO ENAME      JOB             MGR HIREDATE        SAL       COMM     DEPTNO
     ----- ---------- --------- --------- --------- ---------- ---------- ----------
      7369 SMITH      CLERK          7902 80/12/17        800                     20
      7499 ALLEN      SALESMAN       7698 81/02/20       1600        300          30
      7521 WARD       SALESMAN       7698 81/02/22       1250        500          30
      7566 JONES      MANAGER        7839 81/04/02       2975                     20
      7654 MARTIN     SALESMAN       7698 81/09/28       1250       1400          30
      7698 BLAKE      MANAGER        7839 81/05/01       2850                     30
      7782 CLARK      MANAGER        7839 81/06/09       2450                     10
      7788 SCOTT      ANALYST        7566 87/04/19       3000                     20
      7839 KING       PRESIDENT           81/11/17       5000                     10
      7844 TURNER     SALESMAN       7698 81/09/08       1500          0          30
      7876 ADAMS      CLERK          7788 87/05/23       1100                     20
      7900 JAMES      CLERK          7698 81/12/03        950                     30
      7902 FORD       ANALYST        7566 81/12/03       3000                     20
      7934 MILLER     CLERK          7782 82/01/23       1300                     10

14 개의 행이 선택되었습니다.
```

▸ emp7 테이블 생성

```
SQL> CREATE TABLE emp7
  2  AS
  3  SELECT *
  4  FROM emp
  5  WHERE 1 = 0;

테이블이 생성되었습니다.
```

▶ 생성된 테이블 emp7의 구조 확인

```
SQL> DESC emp7
 이름                                       널?       유형
 ----------------------------------------- -------- ----------------
 EMPNO                                              NUMBER(4)
 ENAME                                              VARCHAR2(10)
 JOB                                                VARCHAR2(9)
 MGR                                                NUMBER(4)
 HIREDATE                                           DATE
 SAL                                                NUMBER(7,2)
 COMM                                               NUMBER(7,2)
 DEPTNO                                             NUMBER(2)
```

Note: emp 테이블과 동일한 구조를 갖는 테이블이 생성된 것을 확인할 수 있다.

▶ 생성된 테이블 emp7의 데이터 확인

```
SQL> SELECT *
  2  FROM emp7;

선택된 레코드가 없습니다.
```

 연습문제

1. 다음 테이블을 생성하여라.

    테이블 이름: EMP학번c(칼럼 레벨), EMP학번t(테이블 레벨)

칼럼명	ID	LNAME	FNAME	DEPTID
키유형	PK			FK
NN/UK	NN, UK	NN		NN
FK 테이블				DEPT학번
FK 칼럼				NO
DataType	NUM	V2	V2	NUM
길이	7	25	25	7

    테이블 이름: DEPT학번c(칼럼 레벨), DEPT학번t(테이블 레벨)

칼럼명	NO	NAME
키유형	PK	
NN/UK	NN,UK	
FK 테이블		
FK 칼럼		
DataType	NUM	V2
길이	7	25

    1) 칼럼 레벨과 테이블 레벨로 테이블을 각각 생성하여라.

    2) 위에서 생성한 테이블들의 구조를 확인하여라.

    3) 위에서 생성한 테이블의 데이터를 확인하여라.

    4) 데이터 사전을 이용해서 위에서 생성한 EMP학번c, EMP학번t, DEPT학번c, DEPT학번t 테이블에 대해 칼럼명, 제약조건명, 제약조건유형, 참조테이블, 참조칼럼을 검색하여라(4개의 테이블에 대해서만 표시하여라.).

2. 1) EMP학번c 테이블의 구조만 복사하는 빈 테이블을 EMP학번 EMPTY 이름으로 생성하여라.

   2) 위에서 생성한 테이블의 구조를 확인하여라.

   3) 위에서 생성한 테이블의 데이터를 확인하여라.

3. 1) EMP학번c 테이블의 구조와 내용을 복사하여 EMP학번COPY 테이블을 생성하여라.

   2) 위에서 생성한 테이블의 구조를 확인하여라.

   3) 위에서 생성한 테이블의 데이터를 확인하여라.

2) 테이블 변경(ALTER TABLE)

- 테이블 생성 후 ALTER TABLE 명령을 사용해서 테이블의 구조를 변경할 수 있다.
- ALTER TABLE 명령으로 칼럼 추가, 칼럼의 길이 변경, 제약조건의 추가와 삭제 등을 할 수 있다.

(1) 새로운 칼럼 추가

- ALTER TABLE ... ADD 명령을 사용하여 새로운 칼럼을 추가하며, 추가되는 칼럼에 기본값을 지정할 수 있다.
- 구문

```
ALTER TABLE 테이블명
  ADD (칼럼명 Datatype [DEFAULT 식] [CONSTRAINT 제약조건명 제약조건유형]
       [, 칼럼명 Datatype, ....]);
```

- 칼럼명: 새로 추가할 칼럼의 이름
- Datatype: 새로운 칼럼의 데이터 타입과 길이
- DEFAULT 식: 새로운 칼럼에 대한 default 값
- NOT NULL: 새로운 칼럼에 NOT NULL 제약조건을 추가(데이터가 없는 경우에만 가능)

- 칼럼을 추가할 경우 칼럼의 위치는 지정할 수 없다. 새로운 칼럼은 테이블의 마지막 칼럼이 된다.
- 새로운 칼럼 추가 시 제약조건도 같이 생성할 수 있다.

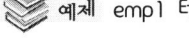 예제 emp1 테이블에 문자 20자리의 데이터 타입을 갖는 칼럼 job을 추가하여라.

▶ emp1 테이블의 구조 확인

```
SQL> DESC emp1
 이름                                              널?       유형
 ------------------------------------------------- -------- --------------------
 EMPNO                                                      NUMBER(4)
 ENAME                                                      VARCHAR2(20)
 SAL                                                        NUMBER(8,2)
 HIREDATE                                                   DATE
```

▶ emp1 테이블의 데이터 확인

```
SQL> SELECT *
  2  FROM emp1;
선택된 레코드가 없습니다.
```

▶ emp1 테이블에 칼럼 추가

```
SQL> ALTER TABLE emp1
  2  ADD job VARCHAR2(20);

테이블이 변경되었습니다.
```

▶ emp1 테이블에 칼럼 추가 확인

```
SQL> DESC emp1
 이름                                      널?       유형
 ----------------------------------------- -------- ----------------------------
 EMPNO                                              NUMBER(4)
 ENAME                                              VARCHAR2(20)
 SAL                                                NUMBER(8,2)
 HIREDATE                                           DATE
 JOB                                                VARCHAR2(20)
```

Note: 추가한 칼럼 job은 테이블의 마지막 칼럼이 된다.

 예제 emp1 테이블에 숫자 2자리의 데이터 타입과 NOT NULL 제약조건을 갖는 칼럼 deptno를 추가하여라.

▶ emp1 테이블의 구조 확인

```
SQL> DESC emp1
 이름                                      널?       유형
 ----------------------------------------- -------- ----------------------------
 EMPNO                                              NUMBER(4)
 ENAME                                              VARCHAR2(20)
 SAL                                                NUMBER(8,2)
 HIREDATE                                           DATE
 JOB                                                VARCHAR2(20)
```

▶ emp1 테이블에 칼럼과 제약조건 추가

```
SQL> ALTER TABLE emp1
  2  ADD deptno NUMBER(2) CONSTRAINT emp1_deptno_nn NOT NULL;

테이블이 변경되었습니다.
```

▶ emp1 테이블에 칼럼과 제약조건 추가 확인

```
SQL> DESC emp1
 이름                                      널?       유형
 ----------------------------------------- -------- ----------------------------
 EMPNO                                              NUMBER(4)
 ENAME                                              VARCHAR2(20)
 SAL                                                NUMBER(8,2)
 HIREDATE                                           DATE
 JOB                                                VARCHAR2(20)
 DEPTNO                                    NOT NULL NUMBER(2)
```

(2) 기존 칼럼 변경

- ALTER TABLE ... MODIFY를 이용하여 테이블에 이미 존재하는 칼럼의 길이와 칼럼의 데이터 타입을 변경한다.
- 구문

```
ALTER TABLE 테이블명
MODIFY (칼럼명 Datatype [DEFAULT 식] [CONSTRAINT 제약조건명 NOT NULL]
     [, 칼럼명 Datatype, ...]);
```

- 해당 칼럼에 데이터가 입력되어 있지 않은 경우에는
  - 칼럼의 데이터타입 변경 가능
  - 칼럼의 길이(확장, 축소) 가능
  - NOT NULL 제약조건 추가가 가능하다.

- 해당 칼럼에 데이터가 입력되어 있는 경우에는
  - 칼럼의 길이 확장 가능
  - 칼럼의 데이터타입 변경 불가능
  - 칼럼의 길이 축소 불가능
  - NOT NULL 제약조건 추가가 불가능하다.

- 칼럼의 Default 값 변경이 가능하며,
- 칼럼의 Default 값 변경은 다음 INSERT부터 적용된다.

예제 emp1 테이블의 job 칼럼의 크기를 10자리로 축소하면서, NOT NULL 제약조건을 추가하여라.

▶ emp1 테이블의 구조 확인

```
SQL> DESC emp1
이름                                               널?        유형
-----------------------------------------  --------  -----------
EMPNO                                                NUMBER(4)
ENAME                                                VARCHAR2(20)
SAL                                                  NUMBER(8,2)
HIREDATE                                             DATE
JOB                                                  VARCHAR2(20)
DEPTNO                                     NOT NULL  NUMBER(2)
```

▶ emp1 테이블의 데이터 확인

```
SQL> SELECT *
  2  FROM emp1;
선택된 레코드가 없습니다.
```

▶ emp1 테이블에 칼럼 변경

```
SQL> ALTER TABLE emp1
  2  MODIFY job VARCHAR2(10) CONSTRAINT emp1_job_nn NOT NULL;
테이블이 변경되었습니다.
```

▶ emp1 테이블의 칼럼 변경 확인

```
SQL> DESC emp1
 이름                                      널?       유형
 ---------------------------------------- -------- ----------------
 EMPNO                                              NUMBER(4)
 ENAME                                              VARCHAR2(20)
 SAL                                                NUMBER(8,2)
 HIREDATE                                           DATE
 JOB                                       NOT NULL VARCHAR2(10)
 DEPTNO                                    NOT NULL NUMBER(2)
```

 예제 EMP1 테이블의 empno 칼럼의 데이터타입을 CHAR(10)으로 변경하여라.

▶ emp1 테이블의 구조 확인

```
SQL> DESC emp1
 이름                                      널?       유형
 ---------------------------------------- -------- ----------------
 EMPNO                                              NUMBER(4)
 ENAME                                              VARCHAR2(20)
 SAL                                                NUMBER(8,2)
 HIREDATE                                           DATE
 JOB                                       NOT NULL VARCHAR2(10)
 DEPTNO                                    NOT NULL NUMBER(2)
```

▶ emp1 테이블의 데이터 확인

```
SQL> SELECT *
  2  FROM emp1;
선택된 레코드가 없습니다.
```

▶ emp1 테이블에 칼럼 변경

```
SQL> ALTER TABLE emp1
  2  MODIFY empno CHAR(10);
테이블이 변경되었습니다.
```

▸ emp1 테이블의 칼럼 변경 확인

```
SQL> DESC emp1
 이름                                          널?       유형
 --------------------------------------------- -------- ---------------
 EMPNO                                                  CHAR(10)
 ENAME                                                  VARCHAR2(20)
 SAL                                                    NUMBER(8,2)
 HIREDATE                                               DATE
 JOB                                           NOT NULL VARCHAR2(10)
 DEPTNO                                        NOT NULL NUMBER(2)
```

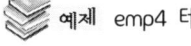 예제 emp4 테이블에서 job 칼럼의 크기를 5자리로 축소하면서, NOT NULL 제약조건을 추가하여라.

▸ emp4 테이블의 구조 확인

```
SQL> DESC emp4
 이름                                          널?       유형
 --------------------------------------------- -------- ---------------
 EMPNO                                                  NUMBER(4)
 ENAME                                                  VARCHAR2(10)
 JOB                                                    VARCHAR2(9)
 SAL                                                    NUMBER(7,2)
```

▸ emp4 테이블의 데이터 확인

```
SQL> SELECT *
  2  FROM emp4;

     EMPNO ENAME      JOB            SAL
---------- ---------- --------- --------
      7369 SMITH      CLERK          800
      7499 ALLEN      SALESMAN      1600
      7521 WARD       SALESMAN      1250
      7566 JONES      MANAGER       2975
      7654 MARTIN     SALESMAN      1250
      7698 BLAKE      MANAGER       2850
      7782 CLARK      MANAGER       2450
      7788 SCOTT      ANALYST       3000
      7839 KING       PRESIDENT     5000
      7844 TURNER     SALESMAN      1500
      7876 ADAMS      CLERK         1100
      7900 JAMES      CLERK          950
      7902 FORD       ANALYST       3000
      7934 MILLER     CLERK         1300

14 개의 행이 선택되었습니다.
```

▸ emp4 테이블에서 칼럼 변경

```
SQL> ALTER TABLE emp4
  2  MODIFY job VARCHAR2(5) CONSTRAINT emp4_job_nn NOT NULL;
MODIFY job VARCHAR2(5) CONSTRAINT emp4_job_nn NOT NULL
       *
2행에 오류:
ORA-01441: 일부 값이 너무 커서 열 길이를 줄일 수 없음
```

예제 emp4 테이블에서 job 칼럼의 크기를 30자리로 확장하여라.

▶ emp4 테이블의 구조 확인

```
SQL> DESC emp4
 이름                                             널?       유형
 -------------------------------------------- -------- ----------------
 EMPNO                                                  NUMBER(4)
 ENAME                                                  VARCHAR2(10)
 JOB                                                    VARCHAR2(9)
 SAL                                                    NUMBER(7,2)
```

▶ emp4 테이블의 데이터 확인

```
SQL> SELECT *
  2  FROM emp4;

     EMPNO ENAME      JOB              SAL
---------- ---------- --------- ----------
      7369 SMITH      CLERK            800
      7499 ALLEN      SALESMAN        1600
      7521 WARD       SALESMAN        1250
      7566 JONES      MANAGER         2975
      7654 MARTIN     SALESMAN        1250
      7698 BLAKE      MANAGER         2850
      7782 CLARK      MANAGER         2450
      7788 SCOTT      ANALYST         3000
      7839 KING       PRESIDENT       5000
      7844 TURNER     SALESMAN        1500
      7876 ADAMS      CLERK           1100
      7900 JAMES      CLERK            950
      7902 FORD       ANALYST         3000
      7934 MILLER     CLERK           1300

14 개의 행이 선택되었습니다.
```

▶ emp4 테이블에 칼럼 변경

```
SQL> ALTER TABLE emp4
  2  MODIFY job VARCHAR2(30);

테이블이 변경되었습니다.
```

▶ emp4 테이블 칼럼 변경 확인

```
SQL> DESC emp4
 이름                                             널?       유형
 -------------------------------------------- -------- ----------------
 EMPNO                                                  NUMBER(4)
 ENAME                                                  VARCHAR2(10)
 JOB                                                    VARCHAR2(30)
 SAL                                                    NUMBER(7,2)
```

제5장 DDL(Data Definition Language)

 예제 emp4 테이블의 job 칼럼의 크기를 40자리로 확장하면서, NOT NULL 제약조건을 추가하여라.

▸ emp4 테이블의 구조 확인

```
SQL> DESC emp4
 이름                                              널?       유형
 ------------------------------------------------ -------- ----------------
 EMPNO                                                      NUMBER(4)
 ENAME                                                      VARCHAR2(10)
 JOB                                                        VARCHAR2(30)
 SAL                                                        NUMBER(7,2)
```

▸ emp4 테이블의 데이터 확인

```
SQL> SELECT *
  2  FROM emp4;

     EMPNO ENAME      JOB              SAL
---------- ---------- ---------- ----------
      7369 SMITH      CLERK             800
      7499 ALLEN      SALESMAN         1600
      7521 WARD       SALESMAN         1250
      7566 JONES      MANAGER          2975
      7654 MARTIN     SALESMAN         1250
      7698 BLAKE      MANAGER          2850
      7782 CLARK      MANAGER          2450
      7788 SCOTT      ANALYST          3000
      7839 KING       PRESIDENT        5000
      7844 TURNER     SALESMAN         1500
      7876 ADAMS      CLERK            1100
      7900 JAMES      CLERK             950
      7902 FORD       ANALYST          3000
      7934 MILLER     CLERK            1300

14 개의 행이 선택되었습니다.
```

▸ emp4 테이블에서 칼럼 변경

```
SQL> ALTER TABLE emp4
  2  MODIFY job VARCHAR2(40) CONSTRAINT emp4_job_nn NOT NULL;

테이블이 변경되었습니다.
```

▸ emp4 테이블 칼럼 변경 확인

```
SQL> DESC emp4
 이름                                              널?       유형
 ------------------------------------------------ -------- ----------------
 EMPNO                                                      NUMBER(4)
 ENAME                                                      VARCHAR2(10)
 JOB                                              NOT NULL  VARCHAR2(40)
 SAL                                                        NUMBER(7,2)
```

Note: job 칼럼의 길이가 40문자로 늘어난 것을 알 수 있다.

(3) 기존 칼럼 삭제

- ALTER TABLE ... DROP COLUMN 명령으로 칼럼을 삭제한다.
- 구문

```
ALTER TABLE 테이블명
DROP COLUMN 칼럼명;
```

 예제 emp4 테이블의 sal 칼럼을 삭제하여라.

▶ emp4 테이블의 구조 확인

```
SQL> DESC emp4
 이름                                      널?       유형
 ---------------------------------------- -------- ----------------
 EMPNO                                              NUMBER(4)
 ENAME                                              VARCHAR2(10)
 JOB                                                VARCHAR2(30)
 SAL                                                NUMBER(7,2)
```

▶ emp4 테이블의 데이터 확인

```
SQL> SELECT *
  2  FROM emp4;

     EMPNO ENAME      JOB              SAL
---------- ---------- --------- ----------
      7369 SMITH      CLERK            800
      7499 ALLEN      SALESMAN        1600
      7521 WARD       SALESMAN        1250
      7566 JONES      MANAGER         2975
      7654 MARTIN     SALESMAN        1250
      7698 BLAKE      MANAGER         2850
      7782 CLARK      MANAGER         2450
      7788 SCOTT      ANALYST         3000
      7839 KING       PRESIDENT       5000
      7844 TURNER     SALESMAN        1500
      7876 ADAMS      CLERK           1100
      7900 JAMES      CLERK            950
      7902 FORD       ANALYST         3000
      7934 MILLER     CLERK           1300

14 개의 행이 선택되었습니다.
```

▶ emp4 테이블에서 칼럼 삭제

```
SQL> ALTER TABLE emp4
  2  DROP COLUMN sal;

테이블이 변경되었습니다.
```

▶ emp4 테이블에서 칼럼 삭제 확인

```
SQL> DESC emp4
이름                                                          널?        유형
--------------------------------------------------------- -------- -------------------
EMPNO                                                                NUMBER(4)
ENAME                                                                VARCHAR2(10)
JOB                                                         NOT NULL VARCHAR2(40)
```

(4) SET UNUSED 사용

- ALTER TABLE ... SET UNUSED를 사용하면 칼럼을 삭제하지는 않지만, 칼럼의 사용을 논리적으로 제한할 수 있다.
- 구문

```
ALTER TABLE 테이블명
SET UNUSED(칼럼명);
```

```
ALTER TABLE 테이블명
DROP UNUSED COLUMNS;
```

- 실제 테이블에서 해당 칼럼이 제거되지는 않으나, UNUSED로 표시된 칼럼은 데이터가 존재하는 경우에도 삭제된 것으로 처리된다.
- SELECT 절로 액세스가 불가능하며, DESC 명령어로도 구조에 표시되지 않는다.
- 테이블에 저장된 데이터가 몇 백만 개 정도로 아주 많을 경우, 해당 테이블에서 해당 칼럼을 삭제하려면 오랜 시간이 필요하다. 칼럼을 삭제하는 동안에 다른 사용자가 해당 칼럼을 사용하려고 하면 이용할 수 없게 되고, 락(lock)이 발생하게 된다. 이런 경우에 SET UNUSED로 칼럼을 사용하지 못하게 하고 사용자가 많지 않은 시간을 이용하여 해당 칼럼을 삭제한다.

 예제 emp4 테이블에서 job 칼럼의 사용을 논리적으로 제한한 후, 가능한 시간에 삭제 작업을 하여라.

▶ emp4 테이블의 구조 확인

```
SQL> DESC emp4
이름                                                          널?        유형
--------------------------------------------------------- -------- -------------------
EMPNO                                                                NUMBER(4)
ENAME                                                                VARCHAR2(10)
JOB                                                         NOT NULL VARCHAR2(40)
```

▶ emp4 테이블의 데이터 확인

```
SQL> SELECT *
  2  FROM emp4;

    EMPNO ENAME      JOB
---------- ---------- ------------------------------------------
     7369 SMITH      CLERK
     7499 ALLEN      SALESMAN
     7521 WARD       SALESMAN
     7566 JONES      MANAGER
     7654 MARTIN     SALESMAN
     7698 BLAKE      MANAGER
     7782 CLARK      MANAGER
     7788 SCOTT      ANALYST
     7839 KING       PRESIDENT
     7844 TURNER     SALESMAN
     7876 ADAMS      CLERK
     7900 JAMES      CLERK
     7902 FORD       ANALYST
     7934 MILLER     CLERK

14 개의 행이 선택되었습니다.
```

▶ emp4 테이블에서 job 칼럼 사용 제한

```
SQL> ALTER TABLE emp4
  2  SET UNUSED(job);

테이블이 변경되었습니다.
```

▶ emp4 테이블의 구조로 칼럼 제한 확인

```
SQL> DESC emp4
 이름                                        널?       유형
 ----------------------------------------- -------- ----------------------
 EMPNO                                              NUMBER(4)
 ENAME                                              VARCHAR2(10)
```

▶ emp4 테이블의 데이터로 칼럼 제한 확인

```
SQL> SELECT *
  2  FROM emp4;

    EMPNO ENAME
---------- ----------
     7369 SMITH
     7499 ALLEN
     7521 WARD
     7566 JONES
     7654 MARTIN
     7698 BLAKE
     7782 CLARK
     7788 SCOTT
     7839 KING
```

```
      7839 KING
      7844 TURNER
      7876 ADAMS
      7900 JAMES
      7902 FORD
      7934 MILLER

14 개의 행이 선택되었습니다.
```

▶ 가능한 시간에 삭제 작업 진행

```
SQL> ALTER TABLE emp4
  2   DROP UNUSED COLUMNS;

테이블이 변경되었습니다.
```

(5) 기존 테이블에 새로운 제약조건 추가

• 구문

```
ALTER TABLE 테이블명
ADD CONSTRAINT 제약조건명 제약조건유형(칼럼명);
```

• 테이블 레벨 방식에 의한 테이블 생성 때와 마찬가지 방법으로 제약조건을 추가한다.

 예제 emp1 테이블의 ename 칼럼에 UNIQUE 제약조건을 추가하여라.

▶ emp1 테이블의 구조 확인

```
SQL> DESC emp1
 이름                                       널?       유형
 ----------------------------------------- -------- ----------------
 EMPNO                                               CHAR(10)
 ENAME                                               VARCHAR2(20)
 SAL                                                 NUMBER(8,2)
 HIREDATE                                            DATE
 JOB                                        NOT NULL VARCHAR2(10)
 DEPTNO                                     NOT NULL NUMBER(2)
```

▶ emp1 테이블의 ename 칼럼에 UNIQUE 제약조건 추가

```
SQL> ALTER TABLE emp1
  2   ADD CONSTRAINT emp1_ename_uk UNIQUE(ename);

테이블이 변경되었습니다.
```

- 그러나, NOT NULL 제약조건의 추가는 제약조건 추가 구문인 "ALTER TABLE … ADD CONSTRAINT …"를 사용하지 않고, 칼럼 수정의 구문인 "ALTER TABLE … MODIFY …"를 사용한다.

 예제 emp1 테이블의 hiredate 칼럼에 NOT NULL 제약조건을 추가하여라.

▶ emp1 테이블의 구조 확인

```
SQL> DESC emp1
 이름                                         널?       유형
 -----------------------------------------   --------  --------------
 EMPNO                                                  CHAR(10)
 ENAME                                                  VARCHAR2(20)
 SAL                                                    NUMBER(8,2)
 HIREDATE                                               DATE
 JOB                                          NOT NULL  VARCHAR2(10)
 DEPTNO                                       NOT NULL  NUMBER(2)
```

▶ ADD CONSTRAINT로 NOT NULL 제약조건 추가

```
SQL> ALTER TABLE emp1
  2   ADD CONSTRAINT emp1_hiredate_nn NOT NULL(hiredate);
ADD CONSTRAINT emp1_hiredate_nn NOT NULL(hiredate)
               *
2행에 오류:
ORA-00904: : 부적합한 식별자
```

Note: ADD CONSTRAINT로 NOT NULL 제약조건을 추가할 수 없다.

▶ MODIFY로 NOT NULL 제약조건 추가

```
SQL> ALTER TABLE emp1
  2   MODIFY hiredate date CONSTRAINT emp1_hiredate_nn NOT NULL;
테이블이 변경되었습니다.
```

▶ 제약조건 추가 확인

```
SQL> DESC emp1
 이름                                         널?       유형
 -----------------------------------------   --------  --------------
 EMPNO                                                  CHAR(10)
 ENAME                                                  VARCHAR2(20)
 SAL                                                    NUMBER(8,2)
 HIREDATE                                     NOT NULL  DATE
 JOB                                          NOT NULL  VARCHAR2(10)
 DEPTNO                                       NOT NULL  NUMBER(2)
```

(6) 기존 제약조건 삭제

- 기존의 제약조건이 필요하지 않을 경우 ALTER TABLE … DROP CONSTRAINT 구문으로 제약조건을 삭제한다.

• 구문

```
ALTER TABLE 테이블명
DROP CONSTRAINT 제약조건명;
```

 예제 emp1 테이블의 ename 칼럼에 UNIQUE 제약조건을 삭제하여라.

▸ emp1 테이블의 구조 확인

```
SQL> DESC emp1
 이름                                      널?       유형
 ---------------------------------------- -------- ----------------
 EMPNO                                              CHAR(10)
 ENAME                                              VARCHAR2(20)
 SAL                                                NUMBER(8,2)
 HIREDATE                                  NOT NULL DATE
 JOB                                       NOT NULL VARCHAR2(10)
 DEPTNO                                    NOT NULL NUMBER(2)
```

▸ UNIQUE 제약조건(emp1_ename_uk) 삭제

```
SQL> ALTER TABLE emp1
  2  DROP CONSTRAINT emp1_ename_uk;

테이블이 변경되었습니다.
```

 예제 emp1 테이블의 hiredate 칼럼에 NOT NULL 제약조건을 삭제하여라.

▸ emp1 테이블의 구조 확인

```
SQL> DESC emp1
 이름                                      널?       유형
 ---------------------------------------- -------- ----------------
 EMPNO                                              CHAR(10)
 ENAME                                              VARCHAR2(20)
 SAL                                                NUMBER(8,2)
 HIREDATE                                  NOT NULL DATE
 JOB                                       NOT NULL VARCHAR2(10)
 DEPTNO                                    NOT NULL NUMBER(2)
```

▸ NOT NULL 제약조건(emp1_hiredate_nn) 삭제

```
SQL> ALTER TABLE emp1
  2  DROP CONSTRAINT emp1_hiredate_nn;

테이블이 변경되었습니다.
```

▶ NOT NULL 제약조건(emp1_hiredate_nn) 삭제 확인

```
SQL> DESC emp1
 이름                                          널?       유형
 --------------------------------------------- -------- -----------
 EMPNO                                                  CHAR(10)
 ENAME                                                  VARCHAR2(20)
 SAL                                                    NUMBER(8,2)
 HIREDATE                                               DATE
 JOB                                           NOT NULL VARCHAR2(10)
 DEPTNO                                        NOT NULL NUMBER(2)
```

Note: hiredate 칼럼의 NOT NULL 제약조건이 삭제된 것을 확인할 수 있다.

(7) 기존 제약조건 변경
- 기존 제약조건의 변경은 직접적으로는 불가능하며, 제약조건의 삭제와 추가를 통해서 가능하다.

(8) 제약조건의 활성화와 비활성화
- 데이터를 처리하는 과정에서 무결성 제약조건으로 인해 처리가 어려운 경우 기존의 무결성 제약조건을 비활성화(DISABLE CONSTRAINT)한 후에 데이터를 처리하고, 처리가 완료된 후 비활성화된 무결성 제약조건을 다시 활성화(ENABLE CONSTRAINT) 한다.

- 구문

> ALTER TABLE 테이블명
> DISABLE|ENABLE CONSTRAINT 제약조건명 [CASCADE];

- 제약조건을 활성화 시키면 테이블의 모든 데이터에 적용되며,
- UNIQUE나 PRIMARY KEY 제약조간을 활성화시키면 UNIQUE나 PRIMARY KEY 인덱스가 자동으로 생성된다.

 예제 emp 테이블과 구조가 같은 empcopy 테이블, dept 테이블과 구조가 같은 deptcopy 테이블을 생성하고, empcopy 테이블에 부서번호 50을 추가시켜라.

▶ dept 테이블의 구조 확인

```
SQL> DESC dept
 이름                                          널?       유형
 --------------------------------------------- -------- -----------
 DEPTNO                                        NOT NULL NUMBER(2)
 DNAME                                                  VARCHAR2(14)
 LOC                                                    VARCHAR2(13)
```

제5장 DDL(Data Definition Language)

▶ emp 테이블의 구조 확인

```
SQL> DESC emp
 이름                                          널?       유형
 -------------------------------------------- -------- --------------
 EMPNO                                        NOT NULL NUMBER(4)
 ENAME                                                 VARCHAR2(10)
 JOB                                                   VARCHAR2(9)
 MGR                                                   NUMBER(4)
 HIREDATE                                              DATE
 SAL                                                   NUMBER(7,2)
 COMM                                                  NUMBER(7,2)
 DEPTNO                                                NUMBER(2)
```

▶ emp 테이블과 dept 테이블의 제약조건 확인

```
SQL> SELECT table_name, constraint_name, status
  2  FROM user_constraints
  3  WHERE table_name IN ('EMP', 'DEPT');

TABLE_NAME                     CONSTRAINT_NAME                STATUS
------------------------------ ------------------------------ --------
DEPT                           PK_DEPT                        ENABLED
EMP                            PK_EMP                         ENABLED
EMP                            FK_DEPTNO                      ENABLED
```

▶ emp 테이블과 dept 테이블로부터 empcopy 테이블과 deptcopy 테이블 생성

```
SQL> CREATE TABLE empcopy
  2  AS
  3  SELECT *
  4  FROM emp;

테이블이 생성되었습니다.
```

```
SQL> CREATE TABLE deptcopy
  2  AS
  3  SELECT *
  4  FROM dept;

테이블이 생성되었습니다.
```

▶ empcopy 테이블과 deptcopy 테이블의 구조 확인

```
SQL> DESC deptcopy
 이름                                          널?       유형
 -------------------------------------------- -------- --------------
 DEPTNO                                                NUMBER(2)
 DNAME                                                 VARCHAR2(14)
 LOC                                                   VARCHAR2(13)
```

169

```
SQL> DESC empcopy
이름                                              널?      유형
------------------------------------------------- -------- ------------
EMPNO                                                      NUMBER(4)
ENAME                                                      VARCHAR2(10)
JOB                                                        VARCHAR2(9)
MGR                                                        NUMBER(4)
HIREDATE                                                   DATE
SAL                                                        NUMBER(7,2)
COMM                                                       NUMBER(7,2)
DEPTNO                                                     NUMBER(2)
```

▶ empcopy 테이블과 deptcopy 테이블의 제약조건 확인

```
SQL> SELECT table_name, constraint_name, status
  2  FROM user_constraints
  3  WHERE table_name IN ('EMPCOPY', 'DEPTCOPY');

선택된 레코드가 없습니다.
```

▶ deptcopy 테이블의 deptno 칼럼에 PRIMARY KEY 제약조건 추가

```
SQL> ALTER TABLE deptcopy
  2  ADD CONSTRAINT deptcopy_deptno_pk PRIMARY KEY(deptno);

테이블이 변경되었습니다.
```

▶ empcopy 테이블의 empno 칼럼에 PRIMARY KEY 제약조건 추가

```
SQL> ALTER TABLE empcopy
  2  ADD CONSTRAINT empcopy_empno_pk PRIMARY KEY(empno);

테이블이 변경되었습니다.
```

▶ empcopy 테이블의 deptno 칼럼에 FOREIGN KEY 제약조건 추가

```
SQL> ALTER TABLE empcopy
  2  ADD CONSTRAINT empcopy_deptno_fk FOREIGN KEY(deptno) REFERENCES deptcopy(deptno);

테이블이 변경되었습니다.
```

▶ empcopy 테이블과 deptcopy 테이블의 제약조건 확인

```
SQL> SELECT table_name, constraint_name, status
  2  FROM user_constraints
  3  WHERE table_name IN ('EMPCOPY', 'DEPTCOPY');

TABLE_NAME                     CONSTRAINT_NAME                STATUS
------------------------------ ------------------------------ --------
DEPTCOPY                       DEPTCOPY_DEPTNO_PK             ENABLED
EMPCOPY                        EMPCOPY_EMPNO_PK               ENABLED
EMPCOPY                        EMPCOPY_DEPTNO_FK              ENABLED
```

▶ empcopy 테이블에 empno=5000, ename='KIM', deptno=50인 데이터 삽입

```
SQL> INSERT INTO empcopy(empno, ename, deptno)
  2  VALUES(5000, 'KIM', 50);
INSERT INTO empcopy(empno, ename, deptno)
*
1행에 오류:
ORA-02291: 무결성 제약조건(SCOTT.EMPCOPY_DEPTNO_FK)이 위배되었습니다- 부모 키가 없습니다
```

Note: 부모 테이블인 deptcopy 테이블의 deptno 칼럼에 데이터 50이 없기 때문에 FOREIGN KEY 제약조건에 위배된다.

▶ empcopy 테이블에서 deptno 칼럼의 FOREIGN KEY 제약조건 비활성화

```
SQL> ALTER TABLE empcopy
  2  DISABLE CONSTRAINT empcopy_deptno_fk;

테이블이 변경되었습니다.
```

▶ empcopy 테이블의 제약조건 비활성화 확인

```
SQL> SELECT table_name, constraint_name, status
  2  FROM user_constraints
  3  WHERE table_name IN ('EMPCOPY', 'DEPTCOPY');

TABLE_NAME                     CONSTRAINT_NAME                STATUS
------------------------------ ------------------------------ --------
DEPTCOPY                       DEPTCOPY_DEPTNO_PK             ENABLED
EMPCOPY                        EMPCOPY_EMPNO_PK               ENABLED
EMPCOPY                        EMPCOPY_DEPTNO_FK              DISABLED
```

▶ empcopy 테이블에 empno=5000, ename='KIM', deptno=50인 데이터 다시 삽입

```
SQL> INSERT INTO empcopy(empno, ename, deptno)
  2  VALUES(5000, 'KIM', 50);

1 개의 행이 만들어졌습니다.
```

▶ empcopy 테이블에 데이터 삽입 확인

```
SQL> SELECT *
  2  FROM empcopy;

     EMPNO ENAME      JOB            MGR HIREDATE        SAL       COMM     DEPTNO
---------- ---------- --------- -------- -------- ---------- ---------- ----------
      7369 SMITH      CLERK         7902 80/12/17        800                    20
      7499 ALLEN      SALESMAN      7698 81/02/20       1000        300         30
      7521 WARD       SALESMAN      7698 81/02/22       1250        500         30
      7566 JONES      MANAGER       7839 81/04/02       2975                    20
      7654 MARTIN     SALESMAN      7698 81/09/28       1250       1400         30
      7698 BLAKE      MANAGER       7839 81/05/01       2850                    30
      7782 CLARK      MANAGER       7839 81/06/09       2450                    10
      7788 SCOTT      ANALYST       7566 87/04/19       3000                    20
      7839 KING       PRESIDENT          81/11/17       5000                    10
      7844 TURNER     SALESMAN      7698 81/09/08       1500          0         30
      7876 ADAMS      CLERK         7788 87/05/23       1100                    20
      7900 JAMES      CLERK         7698 81/12/03        950                    30
      7902 FORD       ANALYST       7566 81/12/03       3000                    20
      7934 MILLER     CLERK         7782 82/01/23       1300                    10
      5000 KIM                                                                  50

15 개의 행이 선택되었습니다.
```

▸ empcopy 테이블의 deptno 칼럼의 FOREIGN KEY 제약조건 활성화

```
SQL> ALTER TABLE empcopy
  2  ENABLE CONSTRAINT empcopy_deptno_fk;
ENABLE CONSTRAINT empcopy_deptno_fk
                  *
2행에 오류:
ORA-02298: 제약 (SCOTT.EMPCOPY_DEPTNO_FK)을 사용 가능하게 할 수 없음 - 부모 키가 없습니다
```

Note: 부모 테이블인 deptcopy 테이블의 deptno 칼럼에 데이터 50이 없기 때문에 FOREIGN KEY 제약조건에 위배된다.

▸ empcopy 테이블로부터 empno=5000 삭제

```
SQL> DELETE FROM empcopy
  2  WHERE empno = 5000;

1 행이 삭제되었습니다.
```

▸ empcopy 테이블의 deptno 칼럼의 FOREIGN KEY 제약조건 활성화

```
SQL> ALTER TABLE empcopy
  2  ENABLE CONSTRAINT empcopy_deptno_fk;

테이블이 변경되었습니다.
```

▸ empcopy 테이블의 제약조건 활성화 확인

```
SQL> SELECT table_name, constraint_name, status
  2  FROM user_constraints
  3  WHERE table_name IN ('EMPCOPY', 'DEPTCOPY');

TABLE_NAME                     CONSTRAINT_NAME                STATUS
------------------------------ ------------------------------ --------
DEPTCOPY                       DEPTCOPY_DEPTNO_PK             ENABLED
EMPCOPY                        EMPCOPY_EMPNO_PK               ENABLED
EMPCOPY                        EMPCOPY_DEPTNO_FK              ENABLED
```

- CASCADE 옵션은 부모 테이블과 자식 테이블 간에 참조 설정이 되어 있을 때 부모 테이블의 제약조건을 비활성화 시키면서 이를 참조하고 있는 자식 테이블의 제약조건까지 비활성화 시키기 위해 사용한다.

예제 empcopy 테이블과 deptcopy 테이블을 기준으로 deptcopy 테이블의 부서번호 칼럼을 비활성화 시켜라.

▶ empcopy 테이블과 deptcopy 테이블의 구조 확인

```
SQL> DESC empcopy
 이름                                           널?       유형
 --------------------------------------------  --------  --------------
 EMPNO                                         NOT NULL  NUMBER(4)
 ENAME                                                   VARCHAR2(10)
 JOB                                                     VARCHAR2(9)
 MGR                                                     NUMBER(4)
 HIREDATE                                                DATE
 SAL                                                     NUMBER(7,2)
 COMM                                                    NUMBER(7,2)
 DEPTNO                                                  NUMBER(2)

SQL> DESC deptcopy
 이름                                           널?       유형
 --------------------------------------------  --------  --------------
 DEPTNO                                        NOT NULL  NUMBER(2)
 DNAME                                                   VARCHAR2(14)
 LOC                                                     VARCHAR2(13)
```

▶ empcopy 테이블과 deptcopy 테이블의 제약조건 확인

```
SQL> SELECT table_name, constraint_name, status
  2  FROM user_constraints
  3  WHERE table_name IN ('EMPCOPY', 'DEPTCOPY');

TABLE_NAME                     CONSTRAINT_NAME                STATUS
------------------------------ ------------------------------ --------
DEPTCOPY                       DEPTCOPY_DEPTNO_PK             ENABLED
EMPCOPY                        EMPCOPY_EMPNO_PK               ENABLED
EMPCOPY                        EMPCOPY_DEPTNO_FK              ENABLED
```

▶ deptcopy 테이블의 deptno 칼럼 비활성화

```
SQL> ALTER TABLE deptcopy
  2  DISABLE PRIMARY KEY;
ALTER TABLE deptcopy
*
1행에 오류:
ORA-02297: 제약 조건(SCOTT.DEPTCOPY_DEPTNO_PK)을 사용 안함으로 설정 불가 - 종속성이 존재합니다.
```

Note: FOREIGN KEY인 empcopy 테이블의 deptno가 deptcopy 테이블의 deptno 칼럼을 참조하기 때문에 에러가 발생한다.

에러를 해결하는 두 가지 방법

i) empcopy 테이블에서 deptno 칼럼의 FOREIGN KEY 제약조건을 비활성화 한 후에 deptcopy 테이블의 deptno 칼럼 비활성화

```
SQL> ALTER TABLE empcopy
  2  DISABLE CONSTRAINT empcopy_deptno_fk;

테이블이 변경되었습니다.

SQL> ALTER TABLE deptcopy
  2  DISABLE CONSTRAINT deptcopy_deptno_pk;

테이블이 변경되었습니다.
```

- empcopy 테이블과 deptcopy 테이블의 제약조건 비활성화 확인

```
SQL> SELECT table_name, constraint_name, status
  2  FROM user_constraints
  3  WHERE table_name IN ('EMPCOPY', 'DEPTCOPY');

TABLE_NAME                     CONSTRAINT_NAME                STATUS
------------------------------ ------------------------------ --------
DEPTCOPY                       DEPTCOPY_DEPTNO_PK             DISABLED
EMPCOPY                        EMPCOPY_EMPNO_PK               ENABLED
EMPCOPY                        EMPCOPY_DEPTNO_FK              DISABLED
```

ii) deptcopy 테이블의 deptno 칼럼 비활성화(CASECADE 옵션 사용)

```
SQL> ALTER TABLE deptcopy
  2  DISABLE PRIMARY KEY CASCADE;

테이블이 변경되었습니다.
```

- empcopy 테이블과 deptcopy 테이블의 제약조건 비활성화 확인

```
SQL> SELECT table_name, constraint_name, status
  2  FROM user_constraints
  3  WHERE table_name IN ('EMPCOPY', 'DEPTCOPY');

TABLE_NAME                     CONSTRAINT_NAME                STATUS
------------------------------ ------------------------------ --------
DEPTCOPY                       DEPTCOPY_DEPTNO_PK             DISABLED
EMPCOPY                        EMPCOPY_EMPNO_PK               ENABLED
EMPCOPY                        EMPCOPY_DEPTNO_FK              DISABLED
```

3) 테이블 구조 삭제(DROP TABLE)

- 기존 테이블의 구조와 입력된 데이터를 모두 삭제하려면 DROP TABLE 명령을 사용한다.
- 구문

> DROP TABLE 테이블명 [CASCADE CONSTRAINT];

- DROP TABLE 명령은 테이블의 정의를 삭제하므로 테이블의 모든 데이터 및 관련된 모든 인덱스가 없어진다.
- CASCADE CONSTRAINT 옵션은 종속적인 참조 무결성 제약조건까지도 삭제한다.
- DROP TABLE 명령은 한 번 실행하면 되돌릴 수 없다.

 예제 DROP 명령을 사용해서 테이블 TEST를 삭제하여라.

```
SQL> DESC test
 이름                                         널?       유형
 --------------------------------------    --------  ----------------
 EMPNO                                     NOT NULL  NUMBER(5)
 F_NAME                                              VARCHAR2(10)
 LNAME                                               VARCHAR2(10)

SQL> SELECT *
  2  FROM test;
     EMPNO F_NAME      LNAME
 ---------- ---------- ----------
       111 HONG        KILDONG
       222 KIM         SANG

SQL> DROP TABLE test;

테이블이 삭제되었습니다.

SQL> DESC test
ERROR:
ORA-04043: 객체 test가 존재하지 않습니다.

SQL> SELECT *
  2  FROM test;
FROM test
     *
2행에 오류:
ORA-00942: 테이블 또는 뷰가 존재하지 않습니다.
```

Note: DROP TABLE 명령어는 데이터 삭제뿐만 아니라, 사용했던 테이블의 구조 및 공간도 삭제된다.

4) 테이블의 모든 데이터 제거(TRUNCATE TABLE)

- TRUNCATE TABLE 명령은 테이블의 모든 데이터는 삭제하나 테이블이 사용한 저장 공간은 사용 가능하도록 하는 명령이다. 따라서, 테이블을 삭제하고 난 후에도 테이블의 구조는 남아있다.
- 구문

```
TRUNCATE TABLE 테이블명;
```

 예제 TRUNCATE 명령을 사용해서 테이블 TEST의 데이터를 모두 삭제하여라.

```
SQL> DESC test
 이름                                   널?       유형
 -----------------------------------   --------  ----------------
 EMPNO                                 NOT NULL  NUMBER(5)
 F_NAME                                          VARCHAR2(10)
 LNAME                                           VARCHAR2(10)

SQL> SELECT *
  2  FROM test;

     EMPNO F_NAME      LNAME
  --------- ---------- ----------
       111 HONG        KILDONG
       222 KIM         SANG

SQL> TRUNCATE TABLE test;

테이블이 잘렸습니다.

SQL> DESC test
 이름                                   널?       유형
 -----------------------------------   --------  ----------------
 EMPNO                                 NOT NULL  NUMBER(5)
 F_NAME                                          VARCHAR2(10)
 LNAME                                           VARCHAR2(10)

SQL> SELECT *
  2  FROM test;

선택된 레코드가 없습니다.
```

Note: TRUNCATE TABLE 명령어는 데이터만 삭제되며, 사용했던 테이블의 구조 및 공간은 남아있다.

5) 테이블명 변경(RENAME TABLE)

• RENAME 명령으로 기존에 사용하던 테이블의 이름을 변경한다.

 예제 테이블 TEST의 이름을 TEST1으로 변경하여라.

```
SQL> DESC test
이름                                       널?        유형
-------------------------------------     --------   --------------
EMPNO                                     NOT NULL   NUMBER(5)
F_NAME                                               VARCHAR2(10)
LNAME                                                VARCHAR2(10)

SQL> RENAME test To test1;

SQL> DESC test
ERROR:
ORA-04043: 객체 test가 존재하지 않습니다.

SQL> DESC test1
이름                                       널?        유형
-------------------------------------     --------   --------------
EMPNO                                     NOT NULL   NUMBER(5)
F_NAME                                               VARCHAR2(10)
LNAME                                                VARCHAR2(10)
```

연습문제

1. DEPT학번 c 테이블을 다음과 같이 변경하여라.

   1) DEPT학번 c 테이블의 구조를 확인하여라.

   2) 테이블 이름을 D학번으로 변경하여라.

   3) D학번 테이블의 구조를 확인하여라.

   4) NAME 칼럼에 NOT NULL 제약조건을 추가하고 테이블의 구조를 확인하여라.

   5) regionid 칼럼을 NUM(5)로 추가하고 테이블의 구조를 확인하여라.

   6) D학번 테이블의 제약조건을 확인하여라.

2. EMP학번 c 테이블을 다음과 같이 변경하여라.

   1) DEPT학번 c 테이블의 구조를 확인하여라.

   2) 테이블 이름을 E학번으로 변경하여라.

   3) E학번 테이블의 구조를 확인하여라.

   4) managerid 칼럼을 NUM(7) NOT NULL 제약조건으로 추가하고 테이블의 구조를 확인하여라.

   5) ID 칼럼의 길이를 NUM(10)으로 하고 테이블의 구조를 확인하여라.

   6) LNAME 칼럼의 NOT NULL 제약조건을 삭제하고 테이블의 구조를 확인하여라.

   7) E학번 테이블의 managerid 칼럼에 D학번 테이블의 no 칼럼을 참조하는 FOREIGN KEY 제약조건을 추가하여라.

   8) E학번 테이블의 제약조건을 확인하여라.

2. 뷰(VIEW)

- 뷰란 테이블이나 다른 뷰를 기초로 하여 생성되는 논리적인 가상 테이블이다.
- 뷰를 정의하기 위해서 사용된 테이블을 '기본 테이블(Base Table)'이라고 한다.
- 뷰는 실제 데이터가 저장되지 않는다. 즉 별도의 기억공간이 존재하지 않는다.
- 뷰에 대한 수정 결과는 뷰를 정의한 기본 테이블에 적용된다.
- 뷰를 정의한 무결성 제약조건 역시 상속된다.
- 뷰의 장점
  - 뷰는 데이터베이스의 선택적인 내용을 보여줄 수 있기 때문에 데이터베이스에 대한 액세스를 제한함으로써 보안에 유리하다 .
  - 복잡한 질의어를 통해 얻을 수 있는 결과를 간단한 질의어를 써서 구할 수 있게 한다.
  - 한 개의 뷰로 여러 테이블에 대한 데이터를 검색할 수 있다.

1) 뷰 생성 (CREATE VIEW)

(1) 뷰의 종류
- 단순 뷰 : 하나의 기본 테이블로부터 뷰를 생성
- 복합 뷰 : 두 개 이상의 테이블을 기본 테이블로 하여 뷰 생성

(2) 단순 뷰(Simple View)
- 하나의 기본 테이블로부터 뷰를 생성한다.
- 뷰는 CREATE VIEW로 생성하되 AS 다음은 SELECT 문을 서브쿼리 문 형태로 사용한다.

① 기본 테이블과 칼럼명이 같은 뷰 생성
- 구문

```
CREATE [OR REPLACE] VIEW 뷰명
AS 서브쿼리;
```

- 뷰를 정의하는 질의어는 조인, 그룹, 서브쿼리를 포함하는 복잡한 SELECT 문장으로 구성될 수 있다.
- 뷰를 정의하는 질의어에는 ORDER BY 절을 쓸 수 없다.

- 뷰 생성시 사용하는 칼럼명은 서브쿼리를 통해 선택된 값에 대한 칼럼명이 된다.

 예제 empcopy 테이블을 기본 테이블로 해서 부서 번호가 30인 사원의 사원 번호와 이름, 직무를 가지는 뷰를 생성하여라.

```
SQL> CREATE VIEW empview30
  2  AS
  3  SELECT  empno, ename, job
  4  FROM empcopy
  5  WHERE  deptno = 30;

뷰가 생성되었습니다.
```

- DESCRIBE 명령을 사용해서 뷰의 구조를 확인할 수 있다.

 예제 뷰 empview30의 구조를 나타내어라.

```
SQL> DESC empview30
 이름                                      널?        유형
 ---------------------------------------- -------- ----------------------------
 EMPNO                                    NOT NULL NUMBER(4)
 ENAME                                             VARCHAR2(10)
 JOB                                               VARCHAR2(9)
```

- SELECT 문을 사용하여 뷰의 데이터를 확인할 수 있다.

 예제 뷰 empview30의 내용을 출력하여라.

```
SQL> SELECT *
  2  FROM empview30;

     EMPNO ENAME      JOB
 ---------- ---------- ---------
      7499 ALLEN      SALESMAN
      7521 WARD       SALESMAN
      7654 MARTIN     SALESMAN
      7698 BLAKE      MANAGER
      7844 TURNER     SALESMAN
      7900 JAMES      CLERK

6 개의 행이 선택되었습니다.
```

② 기본 테이블과 칼럼명이 다른 뷰 생성

• 구문

```
CREATE [OR REPLACE] VIEW 뷰명[(칼럼명, ....)]
AS 서브쿼리
```

• CREATE 절에 칼럼명을 사용하거나 SELECT 절에 있는 칼럼에 별칭을 사용해서 뷰의 칼럼 이름을 변경할 수 있다.

 예제 empcopy 테이블을 기본 테이블로 해서 부서 번호가 30인 사원의 사원 번호, 이름, 직무를 가지는 뷰를 id_number, employee, title의 칼럼 이름으로 생성하여라.

▶ 뷰 생성

```
SQL> CREATE VIEW  empview30
  2  AS
  3  SELECT empno id_number, ename employee, job title
  4  FROM   empcopy
  5  WHERE  deptno = 30;

뷰가 생성되었습니다.
```

또는

```
SQL> CREATE OR REPLACE VIEW empview30(id_number, employee, title)
  2  AS
  3  SELECT  empno, ename, job
  4  FROM    empcopy
  5  WHERE   deptno = 30;

뷰가 생성되었습니다.
```

Note: 두 가지 방법 모두 뷰의 칼럼 이름을 id_number, employee, title로 생성한다.

▶ 생성된 뷰의 데이터 확인

```
SQL> SELECT *
  2  FROM empview30;

ID_NUMBER EMPLOYEE   TITLE
--------- ---------- --------
     7499 ALLEN      SALESMAN
     7521 WARD       SALESMAN
     7654 MARTIN     SALESMAN
```

```
7698 BLAKE      MANAGER
7844 TURNER     SALESMAN
7900 JAMES      CLERK
```

6 개의 행이 선택되었습니다.

(3) 복합 뷰(Complex View)

• 두 개 이상의 테이블을 기본 테이블로 하여 뷰를 생성한다.

 예제 empcopy 테이블과 deptcopy 테이블로부터 부서명별로 부서의 이름과 최소 급여, 최대 급여, 평균 급여에 대한 뷰 dept_sum_view를 만들어라.

```
SQL> CREATE VIEW dept_sum_view(name, minsal, maxsal, avgsal)
  2  AS
  3  SELECT d.dname, MIN(e.sal), MAX(e.sal), AVG(e.sal)
  4  FROM empcopy e, deptcopy d
  5  WHERE e.deptno = d.deptno
  6  GROUP BY d.dname;

뷰가 생성되었습니다.
```

 예제 뷰 dept_sum_view의 구조를 나타내어라.

```
SQL> DESC dept_sum_view
 이름                                      널?       유형
 ---------------------------------------- -------- ------------
 NAME                                               VARCHAR2(14)
 MINSAL                                             NUMBER
 MAXSAL                                             NUMBER
 AVGSAL                                             NUMBER
```

 예제 뷰 dept_sum_view의 내용을 출력하여라.

```
SQL> SELECT *
  2  FROM dept_sum_view;

NAME            MINSAL     MAXSAL     AVGSAL
-----------    --------   --------   ----------
ACCOUNTING       1300       5000     2916.66667
RESEARCH          800       3000          2175
SALES             950       2850     1566.66667
```

(4) VIEW를 통한 DML 연산

- 단순 뷰를 통해 SELECT 문으로 검색은 물론이고 DML(INSERT, UPDATE, DELETE) 명령어를 수행할 수 있으며, 뷰를 통한 데이터 변경은 실제로 기본 테이블의 내용을 변경시킨다.
- 또한, 뷰를 통한 DML 연산은 단순 뷰 에서만 가능하다.

특징	단순 뷰	복합 뷰
테이블의 수	하나	둘 이상
뷰를 통한 DML	가능	불가능

 예제 뷰 empview30 에 데이터 (111, 'KANG', 'CLERK')을 추가하여라.

▶ 뷰 empview30의 내용 확인

```
SQL> SELECT *
  2  FROM empview30;

    EMPNO ENAME      JOB
---------- ---------- ---------
     7499 ALLEN      SALESMAN
     7521 WARD       SALESMAN
     7654 MARTIN     SALESMAN
     7698 BLAKE      MANAGER
     7844 TURNER     SALESMAN
     7900 JAMES      CLERK

6 개의 행이 선택되었습니다.
```

▶ 뷰 empview30에 데이터 추가

```
SQL> INSERT INTO empview30
        VALUES(111, 'KANG', 'CLERK');

뷰가 생성되었습니다.
```

예제 뷰 empview30의 내용을 출력하여 추가된 데이터를 확인하여라.

```
SQL> SELECT *
  2  FROM empview30;

    EMPNO ENAME      JOB
    ----- ---------- ---------
     7499 ALLEN      SALESMAN
     7521 WARD       SALESMAN
     7654 MARTIN     SALESMAN
     7698 BLAKE      MANAGER
     7844 TURNER     SALESMAN
     7900 JAMES      CLERK
      111 KANG       CLERK

7 개의 행이 선택되었습니다.
```

예제 기본 테이블 empcopy의 내용을 출력하여 추가된 데이터를 확인하여라.

```
SQL> SELECT *
  2  FROM empcopy;

    EMPNO ENAME      JOB
    ----- ---------- ---------
     7499 ALLEN      SALESMAN
     7521 WARD       SALESMAN
     7654 MARTIN     SALESMAN
     7698 BLAKE      MANAGER
     7844 TURNER     SALESMAN
     7900 JAMES      CLERK
      111 KANG       CLERK
7 개의 행이 선택되었습니다.
```

(5) WITH CHECK OPTION을 사용한 뷰

- WITH CHECK OPTION은 뷰를 생성할 때 사용한 조건의 칼럼 값을 변경 못하도록 하는 기능을 제공한다. 즉, 뷰에 대한 DML 연산이 뷰의 조건이 만족 될 때만 수행 가능하도록 하는 기능이다.
- 구문

```
CREATE [OR REPLACE] VIEW 뷰명[(칼럼명, ....)]
AS 서브쿼리
WITH CHECK OPTION;
```

예제 empcopy 테이블로부터 부서 번호가 30인 부서의 모든 내용에 대한 뷰를 만들어라(단, 부서번호는 변경될 수 없게 하여라.).

```
SQL> CREATE OR REPLACE VIEW empview30
  2  AS
  3  SELECT *
  4  FROM  empcopy
  5  WHERE deptno=30
  6  WITH CHECK OPTION;

뷰가 생성되었습니다.
```

 예제 뷰 empview30으로부터 부서 번호가 30인 부서의 부서 번호를 20으로 변경하여라.

```
SQL> UPDATE empview30
  2  SET deptno =20
  3  WHERE deptno = 30;
UPDATE empview30
       *
1행에 오류:
ORA-01402: 뷰의 WITH CHECK OPTION의 조건에 위배 됩니다.
```

Note: 뷰의 조건인 30번 부서 번호를 변경하려면 CHECK OPTION 제약 조건을 위반하기 때문에 에러가 발생한다.

(6) WITH READ ONLY를 사용한 뷰

- WITH READ ONLY 옵션은 기본 테이블의 어떤 칼럼에 대해서도 뷰를 통한 내용 수정을 불가능하게 만드는 기능으로 DML 연산을 뷰에서 수행할 수 없게 된다.
- WITH READ ONLY를 사용하면 SELECT만 가능하며, INSERT/UPDATE /DELETE는 불가능하다.
- 구문

```
CREATE [OR REPLACE] VIEW 뷰명[(칼럼명, ....)]
AS 서브쿼리
[WITH READ ONLY];
```

예제 empcopy 테이블로부터 부서 번호가 20인 부서의 사원 이름, 급여, 직무에 대한 뷰를 만들어라(단, 데이터 변경을 불가능하게 하여라.).

```
SQL> CREATE OR REPLACE VIEW empview20
  2  AS
  3  SELECT ename, sal, job
  4  FROM empcopy
  5  WHERE deptno=20
  6  WITH READ ONLY;

뷰가 생성되었습니다.
```

 예제 empview20 뷰에서 직무가 CLERK인 데이터를 삭제하여라.

```
SQL> DELETE FROM empview20
  2  WHERE job = 'CLERK';
DELETE FROM empview20
            *
1행에 오류:
ORA-01752: 뷰로부터 정확하게 하나의 키-보전된 테이블 없이 삭제할 수 없습니다.
```

Note: WITH READ ONLY 옵션을 사용해서 뷰를 생성했기 때문에 DML을 수행할 수 없다.

2) 뷰 변경(CREATE OR REPLACE VIEW)

- 이미 존재하는 뷰에 대해서 그 내용을 새롭게 변경하기 위해서는 CREATE OR REPLACE 옵션을 사용하여 뷰를 재생성한다.
- 따라서, 뷰를 생성할 때 CREATE OR REPLACE를 사용하면 존재하지 않는 뷰일 경우 새로운 뷰를 생성하고 기존에 존재하는 뷰가 있을 경우에는 그 내용을 변경하여 뷰를 재생성한다.
- 이미 존재하는 뷰에 대해서 CREATE VIEW 명령어를 사용하여 내용을 수정하면 오류메세지가 출력된다.
- 뷰를 삭제하거나 재생성하지 않고 뷰의 정의를 변경하려면 OR REPLACE 옵션을 사용한다.

제5장 DDL(Data Definition Language)

 예제 이미 존재하고 있는 뷰 empview20을 부서 번호가 30인 부서의 사원 이름, 급여, 직무에 대한 뷰로 수정하여라.

▶ 뷰 empview20의 구조 확인

```
SQL> DESC empview20
 이름                                                   널?      유형
 -------------------------------------------------     --------  ------------
 ENAME                                                           VARCHAR2(10)
 SAL                                                             NUMBER(7,2)
 JOB                                                             VARCHAR2(9)
```

▶ CREATE VIEW로 새로운 내용의 뷰 empview20 생성

```
SQL> CREATE VIEW empview20
  2  AS
  3  SELECT ename, sal, job
  4  FROM empcopy
  5  WHERE deptno = 30;
CREATE VIEW empview20
            *
1행에 오류:
ORA-00955: 기존의 객체가 이름을 사용하고 있습니다.
```

▶ CREATE OR REPLACE VIEW로 새로운 내용의 뷰 empview20 생성

```
SQL> CREATE OR REPLACE VIEW empview20
  2  AS
  3  SELECT ename, sal, job
  4  FROM empcopy
  5  WHERE deptno = 30;

뷰가 생성되었습니다.
```

3) 뷰 삭제(DROP VIEW)

- 뷰가 더 이상 필요 없을 때는 DROP VIEW 문을 이용하여 제거한다.
- 뷰는 실체가 없는 가상 테이블이기 때문에 뷰를 삭제해도 뷰를 정의한 기본 테이블의 구조나 데이터에는 전혀 영향을 주지 않는다.
- 구문

> DROP VIEW 뷰명;

 예제 EMPVIEW20 뷰를 삭제하여라.

```
SQL> DROP VIEW empview20;

뷰가 삭제되었습니다.
```

4) 뷰 관련 데이터 사전

- 데이터 사전 USER_VIEWS를 이용해서 해당 뷰를 생성한 질의 문장과 뷰의 이름을 확인할 수 있다.

 예제 데이터 사전 USER_VIEWS의 구조를 확인하여라.

```
SQL> DESC user_views
 이름                              널?        유형
 -------------------------------- --------- ------------------
 VIEW_NAME                        NOT NULL  VARCHAR2(30)
 TEXT_LENGTH                                NUMBER
 TEXT                                       LONG
 TYPE_TEXT_LENGTH                           NUMBER
 TYPE_TEXT                                  VARCHAR2(4000)
 OID_TEXT_LENGTH                            NUMBER
 OID_TEXT                                   VARCHAR2(4000)
 VIEW_TYPE_OWNER                            VARCHAR2(30)
 VIEW_TYPE                                  VARCHAR2(30)
 SUPERVIEW_NAME                             VARCHAR2(30)
```

 예제 데이터 사전 USER_VIEWS에서 생성된 뷰의 이름과 뷰의 생성 구문을 확인하여라.

```
SQL> SELECT view_name, text
  2  FROM user_views;

VIEW_NAME          TEXT
------------------ ----------------------------------------------------------
DEPT_SUM_VU        SELECT d.dname, MIN(e.sal), MAX(e.sal), AVG(e.sal)
                   FROM emp e, dept d
                   WHERE e.de

EMPVU20            SELECT ename, sal, job
                   FROM emp
                   WHERE deptno=20
                   WITH READ ONLY

EMPVU30            SELECT  empno, ename, job
                   FROM  emp
                   WHERE deptno = 30
```

연습문제

1. EMP 테이블과 같은 구조, 같은 데이터를 갖는 테이블 REEMP 테이블을 생성하고, 테이블의 구조와 데이터를 확인하여라.

2. DEPT 테이블과 같은 구조, 같은 데이터를 갖는 테이블 REDEPT 테이블을 생성하고, 테이블의 구조와 데이터를 확인하여라.

3. REEMP 테이블을 토대로 EMPNO, ENAME, DEPTNO를 포함하는 뷰 REEMP_ VIEW를 작성하여라.

   1) 뷰 REEMP_VIEW의 구조를 확인하여라.

   2) 뷰 REEMP_VIEW의 데이터를 확인하여라.

   3) 뷰 REEMP_VIEW의 EMPNO의 데이터를 EMPNO+100으로 변경하여라.

   4) EMPNO의 값이 변경되었는지를 REEMP_VIEW에서 확인하여라.

   5) EMPNO의 값이 변경되었는지를 REEMP 테이블에서 확인하여라.

   6) 데이터 사전을 이용해서 생성된 뷰 REEMP_VIEW의 이름과 생성 구문을 확인하여라.

4. REEMP 테이블로부터 DEPTNO=30인 사원들로만 된 REEMP_VIEW30을 만들어라. 단 DEPTNO의 값은 변경될 수 없도록 하여라.

   1) 뷰 REEMP_VIEW30의 구조를 확인하여라.

   2) 뷰 REEMP_VIEW30의 데이터를 확인하여라.

   3) 뷰 REEMP_VIEW30 에서 DEPTNO가 30인 것을 10으로 바꾸어라. 바꿀 수 없다면 그 이유에 대해 설명하여라.

   4) 데이터 사전을 이용해서 생성된 뷰 REEMP_VIEW30의 이름과 생성 구문을 확인하여라.

5. REEMP 테이블과 REDEPT 테이블로부터 EMPNO, ENAME, DEPTNO, DNAME을 포함하는 뷰 E_D_VIEW를 작성하여라.

   1) 뷰 E_D_VIEW의 구조를 확인하여라.

   2) 뷰 E_D_VIEW의 모든 데이터를 확인하여라.

   3) 뷰 E_D_VIEW 에 하나의 데이터 (9000, 'KIM', 30, 'MARKETING')를 추가하여라. 만약 추가할 수 없다면 그 이유에 대해 설명하여라.

   4) 데이터 사전을 이용해서 생성된 뷰 E_D_VIEW의 이름과 생성 구문을 확인하여라.

3. 시퀀스(SEQUENCE)

- 시퀀스란 순차적인 숫자 값을 자동적으로 생성하기 위해 사용하는 오라클 객체이다.
- 시퀀스는 주로 일차 값을 생성할 때나 아주 많은 데이터를 규칙성 있게 삽입할 때 사용된다.

1) 시퀀스 생성(CREATE SEQUENCE)

- 구문

```
CREATE SEQUENCE 시퀀스명
[INCREMENT BY n]
[START WITH n]
[MAXVALUE n|NOMAXVALUE]
[MINVALUE n|NOMINVALUE]
[CYCLE|NOCYCLE]
[CACHE n|NOCACHE];
```

- INCREMENT BY n: 시퀀스를 생성할 때마다 규칙적으로 증가시킬 값을 명시하며, INCREMENT 절을 생략하면 1씩 증가한다.
- START WITH n: 시퀀스가 시작될 값을 명시하며, START 절을 생략하면 1부터 시작한다.
- MAXVALUE n|NOMAXVALUE: 시퀀스의 최대값을 명시하며, MAXVALUE 절을 생략하면 NOMAXVALUE와 같은 의미로 적용되고 이때는 자동적으로 10^{27}까지 증가한다.
- MINVALUE n|NOMINVALUE: 시퀀스의 최소값을 명시하며, MINVALUE 절을 생략하면 NOMINVALUE와 같은 의미로 적용되고 이때는 자동적으로 -10^{26}까지 감소한다.
- CYCLE|NOCYCLE: CYCLE은 시퀀스를 생성할 때 최대값에 도달하면 START 값부터 다시 시작하게 되며, CYCLE 절을 생략하면 NOCYCLE과 같은 의미로 적용되고 이때는 최대값에 도달하더라도 다시 START 값부터 반복되지 않는다.
- CACHE n|NOCACHE: 명시된 수의 시퀀스를 미리 메모리에 할당하여 시퀀스의 접근 속도를 높이며, n의 기본값은 20이다. CACHE 절을 생략하면 NOCACHE와 같은 의미로 적용되고 이때는 메모리 상에서 시퀀스를 관리하지 않는다.

예제 2000부터 3000까지 10씩 증가하면서 반복하지 않는 시퀀스를 생성하여라.

```
SQL> CREATE SEQUENCE empcopy_empno_seq
  2   INCREMENT BY 10
  3   START WITH 2000
  4   MAXVALUE 3000
  5   NOCYCLE;

주문번호가 생성되었습니다.
```

Note: NOCYCLE 절은 기본 값이므로 생략이 가능하다.

- CREATE SEQUENCE 절을 제외한 나머지는 모두 옵션이므로 생략 가능하고, 이때는 모두 기본 값을 가지고 생성된다.

예제 모두 기본값을 갖는 시퀀스를 생성하여라.

```
SQL> CREATE SEQUENCE empcopy_empno_seq2;

주문번호가 생성되었습니다.
```

Note: -empcopy_empno_seq2의 이름으로 시퀀스가 생성된다.
　　　-숫자는 1부터 시작하며, 1씩 증가해서 10^{27}까지 생성된다.
　　　-10^{27}에 도달했을 때 다시 시작 값인 1부터 반복하지 않는다.

- CYCLE 옵션은 입력되는 값이 중복되므로 일차 키 값으로 사용하고자 하는 칼럼에는 CYCLE 옵션을 사용하면 안 된다.

2) 시퀀스의 사용

- 시퀀스는 주로 NEXTVAL이라는 가상 칼럼을 이용하여 데이터를 입력하며,
- NEXTVAL은 현재 시퀀스의 사용 가능한 다음 값을 반환한다.
- 또한, CURRVAL은 시퀀스의 현재 값을 반환한다.
- CURRVAL에 새로운 값이 할당되기 위해서는 NEXTVAL로 새로운 값을 생성해야 한다.
  즉, NEXTVAL로 새로운 값을 생성한 다음에 이 값을 CURRVAL에 대체하게 된다.
- 새로 만든 시퀀스에 NEXTVAL을 사용하지 않고 바로 CURRVAL을 사용하면 오류가 발생한다.
- NEXTVAL, CURRVAL을 사용할 수 있는 경우는 다음과 같다.
  - 서브쿼리가 아닌 SELECT 문
  - INSERT 문의 VALUE 절

제5장 DDL(Data Definition Language)

- UPDATE 문의 SET 절

• NEXTVAL, CURRVAL을 사용할 수 없는 경우는 다음과 같다.
- VIEW 문의 SELECT 절
- DISTINCT 키워드가 있는 SELECT 문
- GROUP BY, HAVING, ORDER BY 절이 있는 SELECT 문
- SELECT, DELETE, UPDATE의 서브쿼리
- CREATE TABLE, ALTER TABLE 명령의 DEFAULT 값

 예제 empcopy 테이블에 데이터 1개를 생성하여라. 이때, 사원 번호는 위에서 생성된 시퀀스 empcopy_empno_seq를 이용하고, 사원 이름은 '시퀀스'로 부서 번호는 30으로 하여라.

```
SQL> INSERT INTO empcopy(empno, ename, deptno)
  2  VALUES(empcopy_empno_seq.NEXTVAL, '시퀀스', 30);

1 개의 행이 만들어졌습니다.

SQL> SELECT empno, ename, deptno
  2  FROM empcopy;
     EMPNO ENAME        DEPTNO
---------- ---------- --------
      7369 SMITH          20
      7499 ALLEN          30
      7521 WARD           30
      7566 JONES          20
      7654 MARTIN         30
      7698 BLAKE          30
      7782 CLARK          10
      7788 SCOTT          20
      7839 KING           10
      7844 TURNER         30
      7876 ADAMS          20
      7900 JAMES          30
      7902 FORD           20
      7934 MILLER         10
      2000 시퀀스          30

15 개의 행이 만들어졌습니다.
```

예제 위에서 생성된 시퀀스 empcopy_empno_seq의 마지막 사용된 시퀀스 값과 다음에 사용될 시퀀스 값을 확인하여라.

```
SQL> SELECT empcopy_empno_seq.CURRVAL
  2  FROM DUAL;

   CURRVAL
----------
      2000

SQL> SELECT empcopy_empno_seq.NEXTVAL
  2  FROM DUAL;

   NEXTVAL
----------
      2010
```

Note: 마지막 사용된 시퀀스 값은 2000이고, 다음에 사용될 시퀀스 값은 2010이다.

```
SQL> SELECT empcopy_empno_seq.NEXTVAL
  2  FROM DUAL;

   NEXTVAL
----------
      2020

SQL> SELECT empcopy_empno_seq.NEXTVAL
  2  FROM DUAL;

   NEXTVAL
----------
      2030

SQL> SELECT empcopy_empno_seq.CURRVAL
  2  FROM DUAL;

   CURRVAL
----------
      2030
```

Note: empcopy_empno_seq.NEXTVAL을 조회할 때마다 시퀀스의 값이 계속 증가한다.

3) 시퀀스 변경(ALTER SEQUENCE)

- 생성된 시퀀스는 ALTER SEQUENCE 문을 사용하여 변경이 가능하다.
- 구문

```
ALTER SEQUENCE 시퀀스명
[INCREMENT BY n]
[MAXVALUE n|NOMAXVALUE]
[MINVALUE n|NOMINVALUE]
[CYCLE|NOCYCLE]
[CACHE n|NOCACHE];
```

- 생성된 시퀀스는 시작 값(START WITH)을 제외한 모든 값에 대해 변경이 가능하며, 변경된 값은 변경 전에 사용되었던 시퀀스 값에는 영향을 주지 않는다.
- 시퀀스의 시작 값을 변경하기 위해서는 시퀀스를 다시 생성해야 한다.

 예제 위에서 생성된 시퀀스 empcopy_empno_seq의 증가 값을 50으로 변경하여라.

```
SQL> ALTER SEQUENCE empcopy_empno_seq
  2  INCREMENT BY 50;

주문번호가 변경되었습니다.
```

 예제 empcopy 테이블에 데이터 1개를 생성하여라. 이때, 사원 번호는 위에서 변경된 시퀀스 empcopy_empno_seq를 이용하고, 사원 이름은 '시퀀스2'로 부서 번호는 10으로 하여라.

```
SQL> INSERT INTO empcopy(empno, ename, deptno)
  2  VALUES(emp_empno_seq.NEXTVAL, '시퀀스2', 10);

1 개의 행이 만들어졌습니다.

SQL> SELECT empno, ename, deptno
  2  FROM emp;

     EMPNO ENAME           DEPTNO
---------- ---------- ----------
      7369 SMITH              20
      7499 ALLEN              30
      7521 WARD               30
      7566 JONES              20
      7654 MARTIN             30
```

```
         7698 BLAKE              30
         7782 CLARK              10
         7788 SCOTT              20
         7839 KING               10
         7844 TURNER             30
         7876 ADAMS              20
         7900 JAMES              30
         7902 FORD               20
         7934 MILLER             10
         2000 시퀀스              30
         2050 시퀀스2             10

16 개의 행이 만들어졌습니다.
```

Note: -변경된 시퀀스를 적용하여 새로운 데이터가 입력되었기 때문에 사원 번호가 50 증가되어 2050 이 되었다.
-시퀀스가 변경되기 이전 데이터인 사원 번호 2000은 영향을 받지 않는다.

4) 시퀀스 삭제(DROP SEQUENCE)

• 생성된 시퀀스는 DROP을 이용하여 삭제가 가능하다.

• 구문

```
DROP SEQUENCE 시퀀스명;
```

5) 시퀀스 관련 데이터 사전

• 데이터 사전 USER_SEQUENCES를 이용해서 시퀀스에 관한 내용을 확인할 수 있다.

 예제 데이터 사전 USER_SEQUENCES의 구조를 확인하여라.

```
SQL> DESC user_sequences
Name                    Null?      Type
------------------------------------------------
SEQUENCE_NAME           NOT NULL   VARCHAR2(30)
MIN_VALUE                          NUMBER
MAX_VALUE                          NUMBER
INCREMENT_BY            NOT NULL   NUMBER
CYCLE_FLAG                         VARCHAR2(1)
ORDER_FLAG                         VARCHAR2(1)
CACHE_SIZE              NOT NULL   NUMBER
LAST_NUMBER             NOT NULL   NUMBER
```

예제 데이터 사전 USER_SEQUENCES에서 생성된 시퀀스의 이름과 최소값, 최대값, 사용된 마지막 값 등을 확인하여라.

```
SQL> SELECT sequence_name, min_value, max_value, last_number
  2  FROM user_sequences;

SEQUENCE_NAME                    MIN_VALUE   MAX_VALUE LAST_NUMBER
-------------------------------- ---------- ---------- -----------
EMPCOPY_EMPNO_SEQ                         1       3000        2000
EMPCOPY_EMPNO_SEQ2                        1 1.0000E+27           1
```

Note: 생성된 두 개의 시퀀스 모두 한번도 사용하지 않았으므로 LAST_NUMBER가 시작 값으로 나타난다.

연습문제

1. REEMP 테이블의 EMPNO 칼럼에 사용할 시퀀스(reemp_empno_seq)를 만들어라(단, 시작번호=8700, 최대값=9000, 증가값=10으로 하여라.).

    1) REEMP 테이블의 사원 번호, 사원 이름, 부서 번호에 데이터 (8700, 'MARK', 20)를 추가하여라(단, 사원 번호는 시퀀스를 이용하여라.).

    2) 추가된 데이터를 확인하여라.

    3) 변형된 데이터가 영구적으로 반영되도록 하여라.

    4) 데이터 사전을 이용해서 생성된 시퀀스의 이름과 최소값, 최대값, 사용된 마지막 값 등을 확인하여라.

2. REDEPT 테이블의 DEPTNO 칼럼에 사용할 시퀀스(redept_deptno_seq)를 만들어라(단, 시작번호=50, 최대값=100, 증가값=10으로 하여라.).

    1) REDEPT 테이블에 데이터 (50, 'MANAGEMENT', 'SEOUL')를 추가하여라(단, 부서 번호는 시퀀스를 이용하여라.).

    2) 추가된 데이터를 확인하여라.

    3) 시퀀스 redept_deptno_seq의 currval을 확인하여라.

    4) 시퀀스 redept_deptno_seq의 nextval을 확인하여라.

    5) 변경된 데이터가 영구적으로 반영되도록 하여라.

    6) 데이터 사전을 이용해서 생성된 시퀀스의 이름과 최소값, 최대값, 사용된 마지막 값 등을 확인하여라.

4. 인덱스(INDEX)

- 인덱스는 데이터를 빠르게 검색하기 위해서 사용하는 객체로,
- 테이블의 칼럼 또는 칼럼들의 조합에 생성한다.
- 인덱스는 일반적으로 검색속도를 빠르게 하여 시스템의 전체 성능을 빠르게 하지만, 인덱스를 위한 추가공간이 필요하고 데이터의 변경작업(INSERT/ UPDATE/DELETE)이 자주 일어날 때는 인덱스의 내용도 함께 수정되어야 하므로 성능이 저하된다.
- 칼럼에 PRIMARY KEY, UNIQUE 제약조건이 설정되면 오라클 서버가 자동으로 인덱스를 생성한다.
- PRIMARY KEY, UNIQUE 제약조건이 설정되어있지 않은 칼럼에 사용자가 임의로 인덱스를 생성하기 위해서는 수동으로 생성해야 한다.

1) 인덱스 생성(CREATE INDEX)

(1) 비고유 인덱스

- 중복된 데이터를 갖는 칼럼에 대해 생성하는 인덱스이다.
- 구문

```
CREATE INDEX 인덱스명
ON 테이블명(칼럼명);
```

 예제 empcopy 테이블의 ename 칼럼에 INDEX를 생성하고 조회 시간을 비교하여라.

▶ empcopy 테이블의 ename 칼럼 조회 시간 확인

```
TURNER
ADAMS
JAMES
FORD
MILLER

14 개의 행이 선택되었습니다.

경   과: 00:00:00.01
```

▶ empcopy 테이블의 ename 칼럼에 인덱스 설정

```
SQL> CREATE INDEX empcopy_ename_index
  2  ON empcopy(ename);

인덱스가 생성되었습니다.
```

▶ empcopy 테이블의 ename 칼럼 조회 시간 다시 확인

```
SQL> SELECT ename
  2  FROM empcopy;

ENAME
----------
SMITH
ALLEN
WARD
JONES
MARTIN
BLAKE
CLARK
SCOTT
KING
TURNER
ADAMS
JAMES
FORD
MILLER

14 개의 행이 선택되었습니다.

경   과: 00:00:00.00
```

(2) 고유 인덱스

- 유일 인덱스라고도 하며, 기본키나 유일키처럼 유일한 값을 갖는 칼럼에 대해 생성하는 인덱스이다.
- 고유 인덱스로 지정된 칼럼에 중복된 데이터가 입력되면 에러가 발생한다.
- 구문

```
CREATE UNIQUE INDEX 인덱스명
ON 테이블명(칼럼명);
```

예제 고유 인덱스와 비고유 인덱스를 비교 생성하여라.

▸ empcopy 테이블의 구조 확인

```
SQL> DESC empcopy
 이름                                      널?       유형
 ----------------------------------------- -------- ----------------
 EMPNO                                     NOT NULL NUMBER(4)
 ENAME                                              VARCHAR2(10)
 JOB                                                VARCHAR2(9)
 MGR                                                NUMBER(4)
 HIREDATE                                           DATE
 SAL                                                NUMBER(7,2)
 COMM                                               NUMBER(7,2)
 DEPTNO                                             NUMBER(2)
```

▸ empcopy 테이블의 데이터 확인

```
SQL> SELECT *
  2  FROM empcopy;

     EMPNO ENAME      JOB            MGR HIREDATE        SAL       COMM     DEPTNO
     ----- ---------- --------- -------- --------   --------   --------   --------
      7369 SMITH      CLERK         7902 80/12/17        800                    20
      7499 ALLEN      SALESMAN      7698 81/02/20       1600        300         30
      7521 WARD       SALESMAN      7698 81/02/22       1250        500         30
      7566 JONES      MANAGER       7839 81/04/02       2975                    20
      7654 MARTIN     SALESMAN      7698 81/09/28       1250       1400         30
      7698 BLAKE      MANAGER       7839 81/05/01       2850                    30
      7782 CLARK      MANAGER       7839 81/06/09       2450                    10
      7788 SCOTT      ANALYST       7566 87/04/19       3000                    20
      7839 KING       PRESIDENT          81/11/17       5000                    10
      7844 TURNER     SALESMAN      7698 81/09/08       1500          0         30
      7876 ADAMS      CLERK         7788 87/05/23       1100                    20
      7900 JAMES      CLERK         7698 81/12/03        950                    30
      7902 FORD       ANALYST       7566 81/12/03       3000                    20
      7934 MILLER     CLERK         7782 82/01/23       1300                    10

14 개의 행이 선택되었습니다.
```

▸ job 칼럼에 고유 인덱스 설정

```
SQL> CREATE UNIQUE INDEX empcopy_job_index
  2  ON empcopy(job);
ON empcopy(job)
 *
2행에 오류:
ORA-01452: 중복 키가 있습니다. 유일한 인덱스를 작성할 수 없습니다
```

Note: 중복된 데이터를 갖는 칼럼에 고유 인덱스를 지정하면 에러가 발생한다

▸ job 칼럼에 비고유 인덱스 설정

```
SQL> CREATE INDEX empcopy_job_index
  2  ON empcopy(job);

인덱스가 생성되었습니다.
```

▸ ename 칼럼에 고유 인덱스 설정

```
SQL> CREATE UNIQUE INDEX empcopy_ename_index
  2  ON empcopy(ename);

인덱스가 생성되었습니다.
```

(3) 결합 인덱스

- 두 개 이상의 칼럼으로 인덱스를 구성하면 결합 인덱스가 된다.
- 구문

```
CREATE INDEX 인덱스명
   ON 테이블명(칼럼명, 칼럼명[, 칼럼명,   ]);
```

 예제 deptcopy 테이블의 deptno, dname 결합 칼럼에 인덱스를 설정하여라.

```
SQL> CREATE INDEX deptcopy_deptno_dname_index
  2  ON deptcopy(deptno, dname);

인덱스가 생성되었습니다.
```

(4) 함수 기반 인덱스

- 함수기반 인덱스는 수식이나 함수를 적용하여 만드는 인덱스이다.
- 검색조건으로 검색하는 경우가 많다면 수식이나 함수를 이용해서 함수 기반 인덱스를 만들어 검색 속도를 빠르게 할 수 있다.

 예제 empcopy 테이블의 sal*12 칼럼에 인덱스를 설정하여라.

▶ sal*12 = 3600인 데이터 검색 속도를 측정하여라.

```
SQL> set timing on
SQL> SELECT *
  2  FROM empcopy
  3  WHERE sal*12 = 3600;

선택된 레코드가 없습니다.

경    과: 00:00:00.01
```

▶ empcopy 테이블의 sal 칼럼에 인덱스를 설정하여라.

```
SQL> CREATE INDEX empcopy_sal_index
  2  ON empcopy(sal);

인덱스가 생성되었습니다.
```

▸ sal*12 = 3600인 데이터 검색 속도를 다시 측정하여라.

```
SQL> set timing on
SQL> SELECT *
  2  FROM empcopy
  3  WHERE sal*12 = 3600;

선택된 레코드가 없습니다.

경    과: 00:00:00.01
```

Note: empcopy 테이블의 sal 칼럼에 인덱스를 설정하는 경우, WHERE sal*12를 검색했을 때 검색 속도가 빨라지지 않는다.

▸ empcopy 테이블의 sal*12에 인덱스를 설정하여라.

```
SQL> CREATE INDEX empcopy_sal12_index
  2  ON empcopy(sal*12);

인덱스가 생성되었습니다.
```

▸ sal*12 = 3600인 데이터 검색 속도를 다시 측정하여라.

```
SQL> SELECT *
  2  FROM empcopy
  3  WHERE sal*12 = 3600;

선택된 레코드가 없습니다.

경    과: 00:00:00.00
```

2) 인덱스 삭제(DROP INDEX)

- 사용하던 인덱스를 삭제한다.
- 구문

```
DROP INDEX 인덱스명;
```

3) 인덱스 관련 데이터 사전

- 생성된 인덱스에 대한 정보는 데이터 사전 USER_INDEXES와 USER_IND_ COLUMNS에서 확인할 수 있다.

예제 데이터 사전 USER_INDEXES의 구조를 확인하여라.

```
SQL> DESC user_indexes
 이름                                      널?       유형
 ---------------------------------------- -------- ----------------------------
 INDEX_NAME                               NOT NULL VARCHAR2(30)
 INDEX_TYPE                                        VARCHAR2(27)
 TABLE_OWNER                              NOT NULL VARCHAR2(30)
 TABLE_NAME                               NOT NULL VARCHAR2(30)
 TABLE_TYPE                                        VARCHAR2(11)
 UNIQUENESS                                        VARCHAR2(9)
 COMPRESSION                                       VARCHAR2(8)
 PREFIX_LENGTH                                     NUMBER
 TABLESPACE_NAME                                   VARCHAR2(30)
 INI_TRANS                                         NUMBER
 MAX_TRANS                                         NUMBER
 INITIAL_EXTENT                                    NUMBER
 NEXT_EXTENT                                       NUMBER
 MIN_EXTENTS                                       NUMBER
 MAX_EXTENTS                                       NUMBER
 PCT_INCREASE                                      NUMBER
 PCT_THRESHOLD                                     NUMBER
 INCLUDE_COLUMN                                    NUMBER
 FREELISTS                                         NUMBER
 FREELIST_GROUPS                                   NUMBER
 PCT_FREE                                          NUMBER
 LOGGING                                           VARCHAR2(3)
 BLEVEL                                            NUMBER
 LEAF_BLOCKS                                       NUMBER
 DISTINCT_KEYS                                     NUMBER
 AVG_LEAF_BLOCKS_PER_KEY                           NUMBER
 AVG_DATA_BLOCKS_PER_KEY                           NUMBER
 CLUSTERING_FACTOR                                 NUMBER
 STATUS                                            VARCHAR2(8)
 NUM_ROWS                                          NUMBER
 SAMPLE_SIZE                                       NUMBER
 LAST_ANALYZED                                     DATE
 DEGREE                                            VARCHAR2(40)
 INSTANCES                                         VARCHAR2(40)
 PARTITIONED                                       VARCHAR2(3)
 TEMPORARY                                         VARCHAR2(1)
 GENERATED                                         VARCHAR2(1)
 SECONDARY                                         VARCHAR2(1)
 BUFFER_POOL                                       VARCHAR2(7)
 FLASH_CACHE                                       VARCHAR2(7)
 CELL_FLASH_CACHE                                  VARCHAR2(7)
 USER_STATS                                        VARCHAR2(3)
 DURATION                                          VARCHAR2(15)
 PCT_DIRECT_ACCESS                                 NUMBER
 ITYP_OWNER                                        VARCHAR2(30)
 ITYP_NAME                                         VARCHAR2(30)
 PARAMETERS                                        VARCHAR2(1000)
 GLOBAL_STATS                                      VARCHAR2(3)
```

예제 데이터 사전 USER_IND_COLUMNS의 구조를 확인하여라.

```
SQL> DESC user_ind_columns
 이름                                      널?       유형
 ---------------------------------------- -------- ----------------------------
 INDEX_NAME                                        VARCHAR2(30)
 TABLE_NAME                                        VARCHAR2(30)
 COLUMN_NAME                                       VARCHAR2(4000)
 COLUMN_POSITION                                   NUMBER
 COLUMN_LENGTH                                     NUMBER
 CHAR_LENGTH                                       NUMBER
 DESCEND                                           VARCHAR2(4)
```

예제 데이터 사전 USER_IND_COLUMNS에서 index_name과 table_name의 데이터를 확인하여라.

5. 동의어(SYNONYM)

- 동의어는 객체 사용을 편리하게 하기 위해 오라클 객체의 이름을 대체하는 이름을 말하며,
- 주로 객체명이 아주 복잡하고 길 때 사용하면 편리하다.

1) 동의어 생성(CREATE SYNONYM)

- 구문

> CREATE [PUBLIC] SYNONYM 동의어명
> FOR 사용자명.객체명;

- PUBLIC: 모든 계정의 사용자로부터 접근을 허용
- 사용자명: 객체를 소유한 오라클 사용자
- 객체명: 동의어를 만들려는 데이터베이스 객체명
- 특정 사용자가 자신이 권한을 가지고 있는 객체에 동의어를 생성하는 경우에는 사용자명을 생략한다.

예제 dept 테이블 소유자가 dept 테이블에 동의어 d를 생성하여라.

```
SQL> CREATE SYNONYM d
  2  FOR dept;

동의어가 생성되었습니다.
```

 예제 dept 테이블 소유자(scott)로부터 권한 부여를 받은 사용자가 dept 테이블에 동의어 d를 생성하는 경우

```
SQL> CREATE SYNONYM d
  2  FOR scott.dept;

동의어가 생성되었습니다.
```

 예제 dept 테이블 소유자(scott)로부터 권한 부여를 받은 사용자가 dept 테이블을 조회하는 경우

```
SQL> SELECT *
  2  FROM d;

    DEPTNO DNAME          LOC
---------- -------------- -------------
        10 ACCOUNTING     NEW YORK
        20 RESEARCH       DALLAS
        30 SALES          CHICAGO
        40 OPERATIONS     BOSTON
```

2) 동의어 삭제(DROP SYNONYM)

• 구문

```
DROP SYNONYM 동의어명;
```

3) 동의어 관련 데이터 사전

• 동의어에 관한 정보는 데이터 사전 USER_SYNONYMS를 통해 확인할 수 있다.

 예제 데이터 사전 USER_SYNONYMS의 구조를 확인하여라.

```
SQL> DESC user_synonyms
 이름                                      널?       유형
 ---------------------------------------- -------- ----------------
 SYNONYM_NAME                             NOT NULL VARCHAR2(30)
 TABLE_OWNER                                       VARCHAR2(30)
 TABLE_NAME                               NOT NULL VARCHAR2(30)
 DB_LINK                                           VARCHAR2(128)
```

예제 데이터 사전 USER_SYNONYMS에서 table_name, synonym_name의 데이터를 확인하여라.

```
SQL> SELECT table_name, synonym_name
  2  FROM user_synonyms;

TABLE_NAME                      SYNONYM_NAME
------------------------------  ------------------------------
DEPT                            D
```

 연습문제

1. REEMP 테이블의 ENAME 칼럼과 DEPTNO 칼럼에 사용할 인덱스를 각각 만들어라.

2. REDEPT 테이블의 DEPTNO와 DNAME 칼럼에 사용할 결합 인덱스를 만들어라.

3. 데이터 사전을 이용해서 REEMP 테이블과 REDEPT 테이블에 생성된 인덱스를 확인하여라.

제6장 DML(Data Manipulation Language)

- DML은 Data Manipulation Language의 약자로 "데이터 조작어"라 하며, 데이터베이스 내에 생성된 테이블에 데이터를 추가, 변경, 삭제를 하기 위해 사용하는 INSERT, UPDATE, DELETE 명령어 등을 포함한다.
- DML 명령어는 실행 결과가 곧바로 데이터베이스에 반영되지 않는다.

1. 데이터 추가(INSERT)

- 테이블에 새로운 데이터를 추가한다.

1) 기본적인 데이터 추가

- 구문

```
INSERT INTO 테이블명(칼럼명 , 칼럼명, ...)
VALUES(값, 값, ...);
```

- INSERT 문은 한 번에 한 행만 추가된다.
- 문자와 날짜 값은 단일 인용부호(' ')와 함께 사용한다.

 예제 DEPTCOPY 테이블의 구조를 확인하여라.

```
SQL> DESC deptcopy
 이름                                              널?       유형
 ------------------------------------------------  --------  ------------
 DEPTNO                                                      NUMBER(2)
 DNAME                                                       VARCHAR2(14)
 LOC                                                         VARCHAR2(13)
```

209

예제 DEPTCOPY 테이블의 데이터를 확인하여라.

```
SQL> SELECT *
  2  FROM deptcopy;

    DEPTNO DNAME          LOC
---------- -------------- -------------
        10 ACCOUNTING     NEW YORK
        20 RESEARCH       DALLAS
        30 SALES          CHICAGO
        40 OPERATIONS     BOSTON
```

 예제 DEPTCOPY 테이블에 데이터(11, Finance, 2)를 추가하여라.

```
SQL> INSERT INTO deptcopy(deptno,dname, loc)
  2  VALUES(11, 'Finance', 2);

1 개의 행이 만들어졌습니다.
```

또는

```
SQL> INSERT INTO deptcopy(dname, loc, deptno)
  2  VALUES('Finance', 2, 11);

1 개의 행이 만들어졌습니다.
```

Note: deptcopy 테이블에는 세 개의 칼럼이 있고, 생성될 때의 칼럼 순서와 다르게 데이터를 입력할 경우, 명시된 칼럼의 순서와 같이 데이터를 입력한다.

 예제 DEPTCOPY 테이블에 추가된 데이터를 확인하여라.

```
SQL> SELECT *
  2  FROM deptcopy;

    DEPTNO DNAME          LOC
---------- -------------- -------------
        10 ACCOUNTING     NEW YORK
        20 RESEARCH       DALLAS
        30 SALES          CHICAGO
        40 OPERATIONS     BOSTON
        11 Finance        2
```

2) 칼럼명을 생략한 데이터 추가

• 구문

```
INSERT INTO 테이블명
VALUES(값 [, 값, ...]);
```

- 모든 행에 대해 값을 갖는 새로운 행을 추가할 경우에는 칼럼명 생략이 가능하다.
- 칼럼명을 생략할 경우에는 반드시 테이블을 정의할 때와 같은 순서로 값을 명시해야 한다.
- 명확성을 위해 INSERT절에 칼럼명을 사용하는 것이 좋다.
- INSERT 절의 칼럼명은 필요한 칼럼만 선택적으로 사용할 수 있다.

예제 DEPTCOPY 테이블에 데이터(11, Finance, 2)를 추가하여라.

```
SQL> DESC deptcopy
 이름                                                       널?      유형
 -----------------------------------------------------------------------
 DEPTNO                                                              NUMBER(2)
 DNAME                                                               VARCHAR2(14)
 LOC                                                                 VARCHAR2(13)

SQL> INSERT INTO deptcopy
  2  VALUES(11, 'Finance', 2);

1 개의 행이 만들어졌습니다.
```

Note: deptcopy 테이블에는 세 개의 칼럼이 있고, 세 개의 칼럼에 대해 모두 값을 입력하므로 칼럼명의 생략이 가능하다.

3) NULL 값을 포함한 데이터 추가

- 테이블에 NULL 값을 포함한 데이터를 추가할 수 있다.
- NULL 값의 추가 방법은 두 가지가 있다.
  - NULL 값을 갖는 칼럼명을 생략한다.
  - VALUES 목록에 NULL 키워드를 입력한다.

예제 DEPTCOPY 테이블에 데이터(12, MIS, NULL)를 추가하여라.

```
SQL> INSERT INTO deptcopy(deptno, dname)
  2  VALUES(12, 'MIS');

1 개의 행이 만들어졌습니다.

SQL> SELECT *
  2  FROM deptcopy;

    DEPTNO DNAME          LOC
    ---------- -------------- -------------
        10 ACCOUNTING     NEW YORK
        20 RESEARCH       DALLAS
        30 SALES          CHICAGO
        40 OPERATIONS     BOSTON
        11 Finance        2
```

```
            12 MS

6 개의 행이 선택되었습니다.
```
Note: INSERT 절에 칼럼명 loc를 명시하지 않았기 때문에 NULL값이 loc에 자동적으로 입력된다.

 예제 DEPTCOPY 테이블에 데이터(13, Administration, NULL)를 추가하여라.

```
SQL> INSERT INTO deptcopy
  2  VALUES(13, 'Administration', NULL);

1 개의 행이 만들어졌습니다.

SQL> SELECT *
  2  FROM deptcopy;

    DEPTNO DNAME           LOC
---------- --------------- --------------
        10 ACCOUNTING      NEW YORK
        20 RESEARCH        DALLAS
        30 SALES           CHICAGO
        40 OPERATIONS      BOSTON
        11 Finance         2
        12 MS
        13 Administration

7 개의 행이 선택되었습니다.
```

4) 서브쿼리를 사용한 데이터 추가

- INSERT INTO 문에 VALUES 절 대신 서브쿼리를 사용하면 기존 테이블에 있던 여러 행을 복사해서 다른 테이블에 데이터를 추가할 수 있으며,
- INSERT 명령문의 칼럼 개수, 데이터 타입이 서브쿼리의 칼럼 개수, 데이터타입과 일치해야 한다.

 예제 서브쿼리로 여러 행을 추가하여라.

▶ dept 테이블로부터 데이터를 제외한 구조만 복사

```
SQL> CREATE TABLE deptcopy2
  2  AS
  3  SELECT *
  4  FROM dept
  5  WHERE 1 = 0;

테이블이 생성되었습니다.
```

▶ deptcopy2 테이블의 구조와 데이터 검색

```
SQL> DESC deptcopy2
 이름                                              널?      유형
 -------                                           -----   -----
 DEPTNO                                                    NUMBER(2)
 DNAME                                                     VARCHAR2(14)
 LOC                                                       VARCHAR2(13)
```

```
SQL> SELECT *
  2  FROM deptcopy2;
선택된 레코드가 없습니다.
```

▶ dept 테이블로부터 deptcopy2 테이블로 다수의 행 추가

```
SQL> INSERT INTO deptcopy2
  2  SELECT *
  3  FROM dept;
4 개의 행이 만들어졌습니다.
```

▶ deptcopy2 테이블의 데이터 검색

```
SQL> SELECT *
  2  FROM deptcopy2;

    DEPTNO DNAME          LOC
---------- -------------- -------------
        10 ACCOUNTING     NEW YORK
        20 RESEARCH       DALLAS
        30 SALES          CHICAGO
        40 OPERATIONS     BOSTON
```

5) 함수를 이용한 데이터 추가

• SQL 함수를 이용하여 특정한 값을 갖는 데이터의 추가가 가능하다.

예제 empcopy 테이블에 데이터(8000, USER, SALESMAN, 7698, TO_DATE('01-02-96', 'DD-MM-YY'), 1200, NULL, 30)를 추가하여라.

```
SQL> INSERT INTO empcopy
```

```
  2  VALUES(8000, USER, 'SALESMAN', 7698, TO_DATE('01-02-96', 'DD-MM-YY'),1200, NULL, 30);
1 개의 행이 만들어졌습니다.
```

Note: -USER는 현재 사용자의 이름을 나타내는 함수이다.
　　　-TO-DATE는 문자형식의 데이터를 날짜형식으로 변환시켜 주는 변환함수이다.

- SELECT 문을 사용해서 테이블에 추가한 내용을 확인할 수 있다.

 예제 EMPCOPY 테이블의 내용을 확인하여라.

```
SQL> SELECT *
  2  FROM empcopy;

     EMPNO ENAME      JOB            MGR HIREDATE        SAL       COMM     DEPTNO
---------- ---------- --------- ---------- -------- ---------- ---------- ----------
      7369 SMITH      CLERK          7902 80/12/17        800                    20
      7499 ALLEN      SALESMAN       7698 81/02/20       1600        300         30
      7521 WARD       SALESMAN       7698 81/02/22       1250        500         30
      7566 JONES      MANAGER        7839 81/04/02       2975                    20
      7654 MARTIN     SALESMAN       7698 81/09/28       1250       1400         30
      7698 BLAKE      MANAGER        7839 81/05/01       2850                    30
      7782 CLARK      MANAGER        7839 81/06/09       2450                    10
      7788 SCOTT      ANALYST        7566 87/04/19       3000                    20
      7839 KING       PRESIDENT           81/11/17       5000                    10
      7844 TURNER     SALESMAN       7698 81/09/08       1500          0         30
      7876 ADAMS      CLERK          7788 87/05/23       1100                    20
      7900 JAMES      CLERK          7698 81/12/03        950                    30
      7902 FORD       ANALYST        7566 81/12/03       3000                    20
      7934 MILLER     CLERK          7782 82/01/23       1300                    10
      8000 SCOTT      SALESMAN       7698 96/02/01       1200                    30

15 개의 행이 선택되었습니다.
```

6) 치환변수를 이용한 데이터 추가

- 치환 변수를 사용하여 대화식으로 행을 입력할 수 있다.

 예제 deptcopy2 테이블에 치환변수를 사용해서 한 개의 데이터를 추가하여라.

```
SQL> INSERT INTO deptcopy2(deptno, dname, loc)
  2  VALUES(&deptno, '&dname', '&loc');
deptno의 값을 입력하십시오: 50
dname의 값을 입력하십시오: EDUCATION
loc의 값을 입력하십시오: SEOUL
구   2: VALUES(&deptno, '&dname', '&loc')
신   2: VALUES(50, 'EDUCATION', 'SEOUL')

1 개의 행이 만들어졌습니다.
```

 예제 deptcopy2 테이블의 데이터를 확인하여라.

```
SQL> SELECT *
  2  FROM deptcopy2;

    DEPTNO DNAME          LOC
---------- -------------- -------------
        10 ACCOUNTING     NEW YORK
        20 RESEARCH       DALLAS
        30 SALES          CHICAGO
        40 OPERATIONS     BOSTON
        50 EDUCATION      SEOUL
```

2. 데이터 변경(UPDATE)

- UPDATE를 사용하여 테이블에 입력된 데이터를 변경할 수 있다.

1) 테이블의 모든 행 변경

- 테이블에 있는 모든 행이 변경된다.
- 구문

```
UPDATE  테이블명
SET     칼럼명=값[, 칼럼명=값];
```

 예제 empcopy 테이블의 deptno 칼럼의 값을 모두 40으로 변경하여라.

```
SQL> UPDATE empcopy
  2  SET   deptno = 40;

14 행이 갱신되었습니다.
```

 예제 empcopy 테이블에서 commision 칼럼의 내용을 모두 10으로 하여라.

```
SQL> UPDATE empcopy
  2  SET commisiont=10;

14 행이 갱신되었습니다.
```
Note: commision 칼럼에 있는 모든 데이터가 수정된다.

2) 테이블의 특정 데이터 변경

- 구문

```
UPDATE  테이블명
SET     칼럼명=값
WHERE   조건;
```

예제 empcopy 테이블의 사원 번호가 7900인 직원의 부서를 10번 부서로 변경하여라.

```
SQL> UPDATE empcopy
  2  SET    deptno=10
  3  WHERE  empno=7900;

1 행이 갱신되었습니다.
```

3) 테이블에서 2개 이상의 칼럼 값 변경

- 테이블에서 하나의 칼럼이 아닌 여러 개의 칼럼명을 변경하려면 기존 SET 절에 콤마와 칼럼=값을 추가한다.
- 구문

```
UPDATE  테이블명
SET     칼럼명=값[, 칼럼명=값]
WHERE   조건;
```

 예제 empcopy 테이블의 사원 번호가 7369인 사원의 부서를 30번 부서로 변경하고, job을 SALESMAN으로 변경하여라.

```
SQL> UPDATE empcopy
  2  SET    deptno=30, job='SALESMAN'
  3  WHERE  empno=7369;

1 행이 갱신되었습니다.
```

4) 서브쿼리를 이용한 변경

- UPDATE 문의 SET 절에 서브쿼리를 사용하면 다른 테이블에 저장된 데이터를 이용하여 해당 칼럼값을 변경할 수 있다.
- 구문

```
UPDATE  테이블명
SET     (칼럼명, 칼럼명, ...) = 서브쿼리
[WHERE  조건];
```

혹은

```
UPDATE  테이블명
SET     칼럼명1 = 서브쿼리1, 칼럼명2 = 서브쿼리2, ...
[WHERE  조건];
```

 예제 deptcopy2 테이블에서 20번 부서의 부서위치를 40번 부서의 부서 위치로 변경하여라.

▸ deptcopy2 테이블의 데이터 확인

```
SQL> SELECT *
  2  FROM deptcopy2;

    DEPTNO DNAME          LOC
---------- -------------- -------------
        10 ACCOUNTING     NEW YORK
        20 RESEARCH       DALLAS
        30 SALES          CHICAGO
        40 OPERATIONS     BOSTON
        50 EDUCATION      SEOUL
```

▸ deptcopy2 테이블의 데이터 변경

```
SQL> UPDATE deptcopy2
  2  SET loc = (SELECT loc
  3             FROM deptcopy2
  4             WHERE deptno = 40)
  5  WHERE deptno = 20;

1 행이 갱신되었습니다.
```

▸ deptcopy2 테이블의 데이터 확인

```
SQL> SELECT *
  2  FROM deptcopy2;

    DEPTNO DNAME          LOC
---------- -------------- -------------
        10 ACCOUNTING     NEW YORK
        20 RESEARCH       BOSTON
        30 SALES          CHICAGO
        40 OPERATIONS     BOSTON
        50 EDUCATION      SEOUL
```

5) 무결성 제약조건 에러

- 무결성 제약조건에 맞지 않는 값으로 갱신하려고 하면 오류가 발생한다(무결성 제약조건 에러).

 예제 empcopy 테이블에서 ename 이 SMITH인 데이터의 deptno 값을 50으로 변경하여라.

```
SQL> UPDATE empcopy
  2  SET deptno = 50
  3  WHERE ename = 'SMITH';
UPDATE empcopy
       *
1행에 오류:
ORA-02291: 무결성 제약조건(SCOTT.EMPCOPY_DEPTNO_FK)이 위배되었습니다- 부모 키가 없습니
다
```

Note: EMPCOPY 테이블의 deptno 칼럼은 DEPTCOPY 테이블의 deptno 칼럼을 참조하는 외래키로 제약 조건이 지정되어 있으나, DEPTCOPY 테이블의 deptno 칼럼에 50의 데이터가 없으므로 에러가 발생한다.

3. 데이터 삭제(DELETE)

- 테이블에 입력되어 있는 데이터를 삭제한다.

1) 테이블의 모든 데이터 삭제

- 구문

```
DELETE FROM 테이블명
```

 예제 TEST 테이블의 모든 데이터를 확인하여라.

```
SQL> SELECT *
     FROM test;
```

예제 TEST 테이블의 모든 데이터를 삭제하여라.

```
SQL> DELETE FROM test;

5 행이 삭제되었습니다.
```

Note: WHERE 절을 사용하지 않았으므로 TEST 테이블에 있는 모든 데이터가 삭제된다.

 예제 TEST 테이블의 삭제된 내용을 확인하여라.

```
SQL> SELECT *
  2  FROM test;

선택된 레코드가 없습니다.
```

Note: 데이터가 모두 삭제되었으므로, TEST 테이블에는 데이터가 남아 있지 않다.

2) 특정 데이터 삭제

- 특정한 행을 삭제하기 위해서는 WHERE 절을 사용한다.
- 구문

```
DELETE FROM 테이블명
WHERE 조건;
```

 예제 empcopy 테이블로부터 부서번호가 10인 사원에 대한 모든 정보를 삭제하여라.

```
SQL> DELETE FROM empcopy
  2  WHERE deptno = 10;

3 행이 삭제되었습니다.
```

3) 서브쿼리를 이용한 데이터 삭제

- 서브쿼리를 이용해서 알아낸 값을 조건으로 데이터를 삭제할 수 있다.
- 구문

```
DELETE FROM 테이블명
WHERE 서브쿼리;
```

예제 empcopy 테이블에서 부서명이 ACCOUNTING인 사원을 모두 삭제하여라.

▶ empcopy 테이블의 데이터 확인

```
SQL> SELECT *
  2  FROM empcopy;

    EMPNO ENAME      JOB         MGR HIREDATE      SAL      COMM    DEPTNO
    ----- ---------- ---------   --- --------   ------   -------   -------
     7369 SMITH      CLERK      7902 80/12/17      800                  20
     7499 ALLEN      SALESMAN   7698 81/02/20     1600       300        30
     7521 WARD       SALESMAN   7698 81/02/22     1250       500        30
     7566 JONES      MANAGER    7839 81/04/02     2975                  20
     7654 MARTIN     SALESMAN   7698 81/09/28     1250      1400        30
     7698 BLAKE      MANAGER    7839 81/05/01     2850                  30
     7782 CLARK      MANAGER    7839 81/06/09     2450                  10
     7788 SCOTT      ANALYST    7566 87/04/19     3000                  20
     7839 KING       PRESIDENT       81/11/17     5000                  10
     7844 TURNER     SALESMAN   7698 81/09/08     1500         0        30
     7876 ADAMS      CLERK      7788 87/05/23     1100                  20
     7900 JAMES      CLERK      7698 81/12/03      950                  30
     7902 FORD       ANALYST    7566 81/12/03     3000                  20
     7934 MILLER     CLERK      7782 82/01/23     1300                  10

14 개의 행이 선택되었습니다.
```

▶ empcopy 테이블에서 부서명이 ACCOUNTING인 사원 삭제

```
SQL> DELETE FROM empcopy
  2  WHERE deptno = (SELECT deptno
  3                  FROM deptcopy
  4                  WHERE dname = 'ACCOUNTING');

3 행이 삭제되었습니다.
```

▶ empcopy 테이블의 데이터 확인

```
SQL> SELECT *
  2  FROM empcopy;

    EMPNO ENAME      JOB         MGR HIREDATE      SAL      COMM    DEPTNO
    ----- ---------- ---------   --- --------   ------   -------   -------
     7369 SMITH      CLERK      7902 80/12/17      800                  20
     7499 ALLEN      SALESMAN   7698 81/02/20     1600       300        30
     7521 WARD       SALESMAN   7698 81/02/22     1250       500        30
     7566 JONES      MANAGER    7839 81/04/02     2975                  20
     7654 MARTIN     SALESMAN   7698 81/09/28     1250      1400        30
     7698 BLAKE      MANAGER    7839 81/05/01     2850                  30
     7788 SCOTT      ANALYST    7566 87/04/19     3000                  20
     7844 TURNER     SALESMAN   7698 81/09/08     1500         0        30
     7876 ADAMS      CLERK      7788 87/05/23     1100                  20
     7900 JAMES      CLERK      7698 81/12/03      950                  30
     7902 FORD       ANALYST    7566 81/12/03     3000                  20

11 개의 행이 선택되었습니다.
```

4) 무결성 제약조건 에러

- 다른 테이블에서 참조되어지는 기본 키를 포함하고 있는 데이터를 삭제하려고 하면 무결성 제약 조건 에러가 발생한다.

 예제 deptcopy 테이블에서 deptno 칼럼이 30인 데이터를 삭제하여라.

```
SQL> DELETE FROM deptcopy
  2  WHERE deptno= 30;
DELETE FROM deptcopy
*
1행에 오류:
ORA-02292: 무결성 제약조건(SCOTT.EMPCOPY_DEPTNO_FK)이 위배되었습니다- 자식 레코드가 발견되었습니다
```

Note: deptcopy 테이블의 deptno 칼럼은 empcopy 테이블의 deptno 칼럼이 참조하고 있으므로 제거가 불가능하다.

4. 트랜잭션(TRANSACTION) 관리

- 트랜잭션이란 데이터 처리의 논리적 단위를 말하며,
- DDL과 DCL은 하나의 명령어가 하나의 트랜잭션으로 구성되고, DML은 하나 이상의 명령어가 하나의 트랜잭션으로 구성된다.
- 트랜잭션을 제어하기 위해 COMMIT, ROLLBACK, SAAVEPOINT 등을 사용한다.

1) COMMIT과 ROLLBACK

- COMMIT은
  - 트랜잭션이 시작된 이후의 데이터베이스에 대한 변경 사항을 확정해서 영구적으로 반영시키는 명령어로
  - 아직 저장되지 않은 모든 데이터 변경 사항을 데이터베이스에 저장하고 현재의 트랜잭션을 종료한다.

- ROLLBACK은
  - 트랜잭션이 시작된 이후의 데이터베이스에 대한 변경 사항을 모두 무효로 하는 명령어로
  - 아직 저장되지 않은 모든 데이터 변경 사항을 취소하고 현재의 트랜잭션을 종료한다.

- 트랜잭션은 최초 실행 가능한 SQL 명령을 만나면 시작된다.

- 트랜잭션의 종료는 다음과 같을 때 발생한다.
  - COMMIT이나 ROLLBACK 명령 실행
  - 데이터 정의어나 데이터 제어어 명령 실행(자동 COMMIT)
  - Dead Lock 발생(자동 ROLLBACK)
  - 사용자에 의한 정상 종료(자동 COMMIT)
  - 기계 장애나 시스템 다운(자동 ROLLBACK)

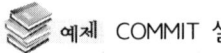
예제 COMMIT 실행

```
SQL> INSERT INTO deptcopy(deptno, dname, loc)
  2  VALUES(50, 'EDUCATION', 'SEOUL');

1 개의 행이 만들어졌습니다.

SQL> UPDATE deptcopy
  2  SET loc = 'INCHON'
  3  WHERE deptno = 50;

1 행이 갱신되었습니다.

SQL> COMMIT;

커밋이 완료되었습니다.
```

Note: 한 개의 트랜잭션으로 이루어져 있으며 COMMIT을 하기 전까지는 INSERT와 UPDATE 결과가 데이터베이스에 반영되지 않는다.

예제 ROLLBACK 실행

```
SQL> DELETE FROM deptcopy
  2  WHERE deptno = 50;

1 행이 삭제되었습니다.

SQL> ROLLBACK;

롤백이 완료되었습니다.
```

Note: 한 개의 트랜잭션으로 이루어져 있으며 deptcopy 테이블에 DELETE를 실행하지 않은 것과 같다.

제6장 DML(Data Manipulation Language)

 예제 주어진 명령문의 집합은 몇 개의 트랜젝션으로 이루어졌는지 확인하여라.

```
SQL> INSERT .....
SQL> UPDATE ...
SQL> commit;                    Transaction 1
SQL> CREATE .....               Transaction 2
SQL> INSERT ...
SQL> CREATE ...                 Transaction 3
SQL> INSERT .....
SQL> UPDATE ...
SQL> ALTER ...                  Transaction 4
```

예제 주어진 명령문들을 모두 실행했을 때, 데이터는 어디까지 보존되어 있나 확인하여라.

```
SQL> INSERT .....       ㉠
SQL> UPDATE ...         ㉡
SQL> commit;            ㉢
SQL> CREATE .....       ㉣
SQL> INSERT ...         ㉤
SQL> CREATE ...         ㉥
SQL> INSERT .....       ㉦
SQL> UPDATE ...         ㉧
SQL> ROLLBACK;          ㉨
```

Note: ㉥까지 보존되어 있다.

223

2) SAVEPOINT

• SAVEPOINT는
- 트랜잭션을 작게 분할하여 조절하는 명령어로
- SAVEPOINT라는 지점을 트랜잭션 중간 중간 원하는 위치에 표시를 해서 ROLLBACK TO SAVEPOINT 문이 지정한 곳까지 ROLLBACK 한다.
- COMMIT 후에는 모든 SAVEPOINT가 지워진다.

 예제 SAVEPOINT의 실행

▶ empcopy 테이블의 데이터 확인

```
SQL> SELECT *
  2  FROM empcopy;

    EMPNO ENAME      JOB          MGR HIREDATE        SAL       COMM     DEPTNO
    ----- ---------- --------- ------ ---------- -------- ---------- ----------
     7369 SMITH      CLERK       7902 80/12/17        800                    20
     7499 ALLEN      SALESMAN    7698 81/02/20       1600        300         30
     7521 WARD       SALESMAN    7698 81/02/22       1250        500         30
     7566 JONES      MANAGER     7839 81/04/02       2975                    20
     7654 MARTIN     SALESMAN    7698 81/09/28       1250       1400         30
     7698 BLAKE      MANAGER     7839 81/05/01       2850                    30
     7788 SCOTT      ANALYST     7566 87/04/19       3000                    20
     7844 TURNER     SALESMAN    7698 81/09/08       1500          0         30
     7876 ADAMS      CLERK       7788 87/05/23       1100                    20
     7900 JAMES      CLERK       7698 81/12/03        950                    30
     7902 FORD       ANALYST     7566 81/12/03       3000                    20

11 개의 행이 선택되었습니다.
```

▶ SAVEPOINT 실행

```
SQL> UPDATE empcopy
  2  SET comm = 2000
  3  WHERE deptno = 20;

5 행이 갱신되었습니다.

SQL> SAVEPOINT update_done;

저장점이 생성되었습니다.

SQL> INSERT INTO deptcopy
  2  VALUES(60, 'RELATION', 'SEOUL');

1 개의 행이 만들어졌습니다.

SQL> SELECT *
  2  FROM deptcopy
  3  WHERE deptno = 60;

    DEPTNO DNAME          LOC
    ------ -------------- -------------
        60 RELATION       SEOUL

SQL> ROLLBACK TO update_done;

롤백이 완료되었습니다.
```

▶ empcopy 테이블, deptcopy 테이블의 데이터 확인

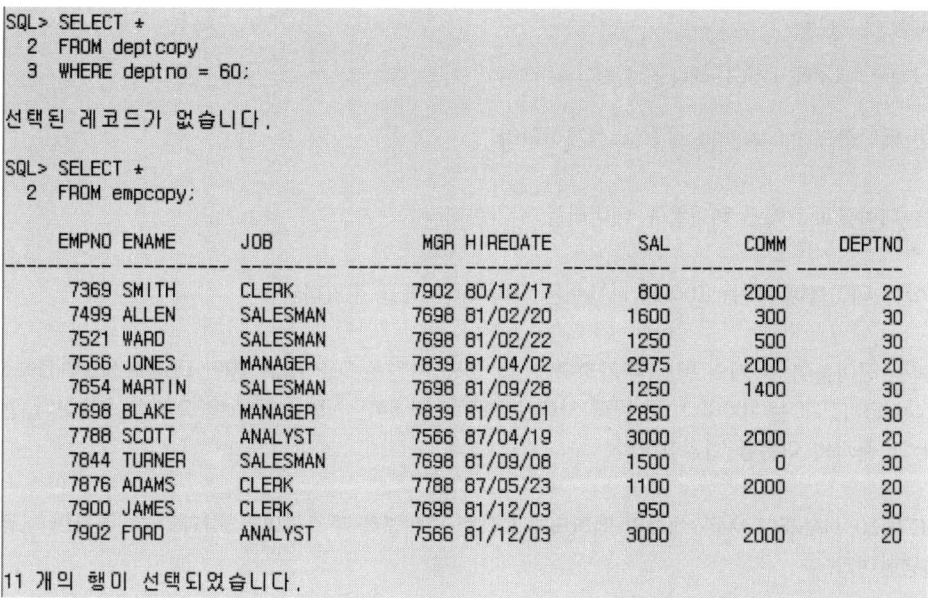

 예제 주어진 명령문들을 모두 실행했을 때, 데이터는 어디까지 보존되어 있나 확인하여라.

```
SQL> INSERT .....

SQL> UPDATE ...

SQL> UPDATE ...

SQL> DELETE .....

SQL> INSERT ...

SQL> SAVEPOINT A

SQL> UPDATE ...

SQL> INSERT .....

SQL> SAVEPOINT B

SQL> UPDATE ...

SQL> ROLLBACK TO A;
```

Note: 세이브포인트 A 지점으로 이동되어 A 지점 이전 문장까지 실행한 것과 같은 결과를 갖는다.

연습문제

*** 5장에서 생성한 E학번 테이블과 D학번 테이블 사용 ***

1. E학번 테이블의 managerid 칼럼을 삭제하여라.

2. E학번 테이블과 D학번 테이블에 데이터를 추가하여라.

   1) D학번 테이블에 NO는 10이고 NAME은 Finance인 행을 추가하여라.

   2) E학번 테이블에 두 개의 행을 추가하여라. 첫 번째 사원은 DEPTID가 10인 Donna Smith(LNAME, FNAME)이고 ID는 200이다. 두 번째 사원은 DEPTID가 54인 Albert Jones이고 ID는 201이다. 결과와 그 결과의 이유를 설명하여라.

   3) NO가 10, NAME이 Marketing인 데이터를 D학번 테이블에 추가하여라. 결과와 그 결과의 이유를 설명하여라.

   4) 치환매개변수를 이용하여 D학번 테이블에 Marketing은 NO를 37번, Sales는 54번, Personnel은 75번을 추가하여라.

   5) Albert Jones의 DEPTID는 54이고 ID는 201, Harry Chin은 각각 75와 202, Rey Guiliani는 37과 203인 행을 E학번 테이블에 추가하여라.

   6) 추가한 데이터가 영구적으로 반영되도록 하여라.

3. E학번 테이블과 D학번 테이블의 데이터를 변경하고 삭제하여라.

   1) D학번 테이블의 Personnel NAME을 Human Resources로 변경하여라.

   2) E학번 테이블의 202번 LNAME을 Korsgaard로 변경하여라.

   3) D학번 테이블에서 NO가 54인 데이터를 삭제하여라. 결과와 그 결과의 이유를 설명하여라.

   4) E학번 테이블에서 Albert Jones를 삭제하여라.

   5) D학번 테이블에서 NO가 54인 데이터를 다시 삭제하여라. 결과와 그 결과의 이유를 설명하여라.

   6) 변경한 데이터가 영구적으로 반영되도록 하여라.

제7장 DCL(Data Control Language)

- DCL은 Data Control Language의 약자로 "데이터 제어어"라 하며, 다중 사용자 환경에서 데이터베이스의 엑세스와 이용으로부터 보안을 유지하기 위해 권한을 부여하거나, 철회하기 위한 명령어 등을 포함한다.
- 데이터베이스의 보안을 유지하기 위한 권한은 다음의 두 범주로 분류된다.
  - 시스템 권한(System Privileges)
  - 객체 권한(Object Privileges)

1. 시스템 권한

- 시스템 권한은 시스템 레벨에서 데이터베이스에 대한 액세스와 이용에 관한 권한으로,
- 사용자의 생성과 제거, 데이터베이스 접근 및 각종 객체를 생성할 수 있는 권한 등이 있으며,
- 주로 데이터베이스 관리자(DBA)에 의해 부여된다.
- 데이터베이스 관리자가 가지는 시스템 권한은 다음과 같다.

시스템 권한	기능
CREATE USER	사용자를 새롭게 생성하는 권한
DROP USER	사용자를 삭제하는 권한
DROP ANY TABLE	임의의 테이블을 삭제할 수 있는 권한
QUERY REWRITE	함수기반 인덱스를 생성하는 권한
BACKUP ANY TABLE	임의의 테이블을 백업할 수 있는 권한

- 또한, 데이터베이스를 관리하는 권한으로 시스템 관리자가 사용자에게 부여하는 권한은 다음과 같다.

시스템 권한	기능
CREATE SESSION	데이터베이스에 접속할 수 있는 권한
CREATE TABLE	사용자 스키마에서 테이블을 생성할 수 있는 권한
CREATE VIEW	사용자 스키마에서 뷰를 생성할 수 있는 권한
CREATE SEQUENCE	사용자 스키마에서 시퀀스를 생성할 수 있는 권한
CREATE PROCEDURE	사용자 스키마에서 함수를 생성할 수 있는 권한

- 데이터 사전 SYSTEM_PRIVILEGE_MAP으로 시스템 권한의 종류를 확인할 수 있다.

 예제 시스템 권한의 종류를 이름에 대해 오름차순으로 확인하여라.

```
SQL> SELECT *
  2  FROM system_privilege_map
  3  ORDER BY name;

PRIVILEGE NAME                                PROPERTY
--------- ----------------------------------- --------
     -228 ADMINISTER DATABASE TRIGGER                0
     -227 ADMINISTER RESOURCE MANAGER                1
     -233 ADMINISTER SECURITY                        0
      -62 ALTER ANY CLUSTER                          0
     -216 ALTER ANY DIMENSION                        0
     -247 ALTER ANY EVALUATION CONTEXT               1
      -72 ALTER ANY INDEX                            0
     -207 ALTER ANY INDEXTYPE                        0
     -190 ALTER ANY LIBRARY                          0
     -202 ALTER ANY OPERATOR                         0
     -225 ALTER ANY OUTLINE                          0
```

1) 사용자 생성(CREATE USER)

- DBA와 같이 사용자를 생성할 수 있는 권한을 가진 사람이 다른 오라클 사용자를 생성할 수 있다.
- 구문

```
CREATE USER 사용자명
IDENTIFIED BY 암호;
```

- 사용자를 생성하기 위해서는 CREATE USER 권한을 갖는 사용자인 SYS 또는 SYSTEM과 DBA로 로그인해야 한다.

 예제 사용자명 kim, 암호 passkim을 갖는 새로운 사용자를 생성하여라.

```
SQL> CREATE USER kim
  2  IDENTIFIED BY passkim;

사용자가 생성되었습니다.
```

2) 비밀번호 변경(ALTER USER)

- DBA가 사용자를 생성할 때, 비밀번호를 임의로 지정해주므로, 사용자는 반드시 자신의 암호로 변경하여야 한다.
- 구문

```
ALTER USER 사용자명
IDENTIFIED BY 암호;
```

3) 시스템 권한 부여(GRANT)

(1) 기본적인 권한 부여

- DBA가 새로운 사용자를 생성하면 새롭게 생성된 사용자는 어떠한 권한도 주어지지 않는다.
- 따라서, DBA는 처음 생성한 사용자에게 사용자가 사용할 수 있는 시스템 권한을 부여한다.
- 구문

```
GRANT 권한 [, 권한, . . .]
TO {사용자명[, 사용자명... ]|PUBLIC};
```

- PUBLIC: 모든 사용자에게 권한을 부여할 때 사용

 예제 사용자 KIM에게 CREATE SESSION 권한을 부여하여라.

```
SQL> GRANT CREATE SESSION
  2  TO kim;

권한이 부여되었습니다.
```

 예제 사용자 KIM에게 CREATE TABLE 권한을 부여하여라.

```
SQL> GRANT CREATE TABLE
  2  TO kim;

권한이 부여되었습니다.
```

(2) 롤을 사용한 권한 부여

- 롤(role)은 사용자에게 보다 효율적으로 권한을 부여할 수 있도록 여러 개의 권한을 묶어 놓은 것이다.
- 사용자를 생성하면 사용자들에게 기본적으로 필요한 데이터베이스 접속 권한(CREATE SESSION), 테이블 생성 권한(CREATE TABLE) 등 여러 개의 권한들을 부여해야 하는데 사용자를 생성할 때마다 일일이 이런 권한을 부여하는 것은 번거로운 일이다.
- 이때 다수의 사용자에게 공통적으로 필요한 권한들을 롤에 하나의 그룹으로 묶어 두고, 사용자에게는 특정 롤에 대한 권한을 부여한다.
- 롤은 크게 사전 정의된 롤과 사용자가 정의한 롤로 구분된다.
    - 사전에 정의된 롤
    - 사용자 정의 롤 : 사용자가 직접 롤을 정의하여 사용하는 롤

① 사전에 정의된 롤

- 사전에 정의된 롤은 오라클 데이터베이스를 설치하면 기본적으로 제공되는 롤로
- 롤의 종류는 다음과 같다.

롤 종류	롤에 부여된 권한
DBA	WITH ADMIN OPTION에 있는 모든 권한
CONNECT	ALTER SESSION, CREATE CLUSTER, CREATE DATABASE LINK, CREATE SEQUENCE, CREATE SESSION, CREATE SYNONYM, CREATE TABLE, CREATE VIEW
RESOURCE	CREATE CLUSTER, CREATE PROCEDURE, CREATE SEQUENCE, CREATE TABLE, CREATE TRIGGER

- DBA 롤은 사용자들이 소유한 데이터베이스 객체를 관리하고 사용자들을 작성, 변경, 제거할 수 있는 모든 권한을 갖는 롤로, 시스템 자원을 무제한적으로 사용하며 시스템 관리에 필요한 모든 권한을 부여할 수 있는 강력한 권한을 갖는다.
- CONNECT 롤은 사용자가 데이터베이스에 접속할 수 있도록 가장 기본적인 시스템 권한 8가지를 묶어 놓은 것이다.
- RESOURCE 롤은 사용자가 객체(테이블, 뷰, 인덱스)를 생성할 수 있도록 하기 위해 시스템 권한을 그룹화한 것이다.
- 구문

```
GRANT 롤명[, 롤명, ...]
   TO 사용자명[, 사용자명, ... ];
```

- 일반적으로 데이터베이스 관리자는 새로운 사용자를 생성하면 기본적으로 CONNECT 롤과 RESOURCE 롤을 부여한다.

 예제 사용자명 kim, 암호 passkim을 갖는 새로운 사용자를 생성하고, CONNECT 롤과 RESOURCE 롤을 부여하여라.

```
SQL> CREATE USER kim
  2  IDENTIFIED BY passkim;

사용자가 생성되었습니다.
```

```
SQL> GRANT CONNECT TO kim;

권한이 부여되었습니다.

SQL> GRANT RESOURCE TO kim;

권한이 부여되었습니다.
```

② 사용자 정의 롤
- 사용자가 직접 정의해서 사용하는 롤을 말하며, CREATE ROLE을 이용해서 롤을 생성하고 GRANT를 이용해서 롤에게 권한을 부여한 후, 권한을 부여받은 롤을 다시 사용자에게 부여한다.
- 롤의 생성은 반드시 DBA 권한이 있어야 한다.
- 롤 생성 구문

  ```
  CREATE ROLE 롤명;
  ```

- 권한을 롤에게 부여하는 구문

  ```
  GRANT 권한명[, 권한명, ...] TO 롤명;
  ```

- 롤을 사용자에게 부여하는 구문

  ```
  GRANT 롤명 TO 사용자명[, 사용자명, ...];
  ```

예제 CERATE SESSION, CREATE TABLE, CREATE VIEW의 권한을 롤로 지정하여, 그 롤을 사용자 kim에게 부여하여라.

```
SQL> CREATE ROLE roletest;
롤이 생성되었습니다.
SQL> GRANT CREATE SESSION, CREATE TABLE, CREATE VIEW TO roletest;
권한이 부여되었습니다.
SQL> GRANT roletest TO kim;
권한이 부여되었습니다.
```

③ 롤 관련 데이터 사전

- 롤 관련 데이터 사전은 다음과 같다.

데이터 사전 명	설명
ROLE_SYS_PRIVS	롤에 부여된 시스템 권한 정보
ROLE_TAB_PRIVS	롤에 부여된 테이블 관련 권한 정보
USER_ROLE_PRIVS	접근 가능한 롤 정보
USER_TAB_PRIVS_MADE	해당 사용자 소유의 객체에 대한 객체 권한 정보
USER_TAB_PRIVS_RECD	사용자에게 부여된 객체 권한 정보
USER_COL_PRIVS_MADE	사용자 소유의 객체 중 칼럼에 부여된 객체 권한 정보
USER_COL_PRIVS_REDC?	사용자에게 부여된 특정 칼럼에 대한 객체 권한 정보

 예제 사용자 KIM에게 부여된 롤을 확인하여라.

```
SQL> CONN kim/pesskim;
연결되었습니다.
SQL> SELECT *
  2  FROM user_role_privs;

USERNAME              GRANTED_ROLE              ADM DEF OS_
--------------------  ------------------------  --- --- ---
KIM                   CONNECT                   NO  YES NO
KIM                   RESOURCE                  NO  YES NO
KIM                   ROLETEST                  NO  YES NO
```

예제 사용자 KIM에게 부여된 롤에 어떤 시스템 권한이 포함되어 있는지 확인하여라.

```
SQL> SELECT *
  2  FROM role_sys_privs;

ROLE                           PRIVILEGE                                ADM
------------------------------ ---------------------------------------- ---
RESOURCE                       CREATE SEQUENCE                          NO
RESOURCE                       CREATE TRIGGER                           NO
ROLETEST                       CREATE TABLE                             NO
RESOURCE                       CREATE CLUSTER                           NO
RESOURCE                       CREATE PROCEDURE                         NO
RESOURCE                       CREATE TYPE                              NO
ROLETEST                       CREATE SESSION                           NO
CONNECT                        CREATE SESSION                           NO
ROLETEST                       CREATE VIEW                              NO
RESOURCE                       CREATE OPERATOR                          NO
RESOURCE                       CREATE TABLE                             NO
RESOURCE                       CREATE INDEXTYPE                         NO

12 개의 행이 선택되었습니다.
```

4) 시스템 권한 회수(REVOKE)

- DBA는 사용자와 롤에 부여된 시스템 권한을 회수할 수 있다.

(1) 기본적인 권한 회수

- 사용자에게 부여된 시스템 권한을 회수하는 것이다.
- 구문

```
REVOKE 권한 [, 권한, . . .]
FROM 사용자명[, 사용자명, ... ];
```

 예제 사용자 KIM으로부터 CREATE SESSION 권한을 회수하여라.

```
SQL> REVOKE CREATE SESSION
  2  FROM kim;

권한이 취소되었습니다.
```

 예제 사용자 KIM으로부터 CREATE TABLE 권한을 회수하여라.

```
SQL> REVOKE CREATE TABLE
  2  FROM kim;

권한이 취소되었습니다.
```

(2) 롤 회수(REVOKE ROLE)

- 특정 사용자가 해당 롤을 사용할 수 없도록 회수하는 것이다.
- 구문

```
REVOKE ROLE 롤명
FROM {사용자명 [, 사용자명, ... ]};
```

- 롤을 회수한 후에도 롤은 여전히 존재하기 때문에, GRANT 명령으로 다른 사용자에게 해당 롤의 사용 권한을 부여할 수 있다.

5) 롤 제거(DROP ROLE)

- 사용자가 정의한 롤을 영구히 사용할 수 없게 제거하는 것이다.
- 구문

```
DROP ROLE 롤명;
```

2. 객체 권한

- 객체 소유자는 생성한 객체에 대한 모든 권한을 갖으며,
- 객체에 따라 다양한 권한이 있다.
- 객체에 따른 권한의 종류

객체권한	테이블	뷰	시퀀스	프로시저
ALTER	v		v	
DELETE	v	v		
EXECUTE				v
INDEX	v			
INSERT	v	v		
REFERENCES	v			
SELECT	v	v	v	
UPDATE	v	v		

1) 객체 권한 부여(GRANT)

(1) 기본적인 객체 권한 부여

- 객체를 생성한 소유자는 해당 객체에 대한 모든 권한을 다른 사용자에게 부여할 수 있다.
- 구문

```
GRANT 객체권한, [객체권한, . . .]|ALL
ON 객체명
TO {사용자명 [, 사용자명, ... ]|PUBLIC}
[WITH GRANT OPTION];
```

- ALL: 객체의 모든 권한을 부여
- PUBLIC: 모든 사용자에게 권한 부여
- WITH GRANT OPTION: 부여받은 객체 권한을 다른 사용자에게 다시 부여할 수 있게 하는 권한까지 부여

예제 empcopy 테이블을 검색할 수 있도록 Kim에게 SELECT 권한을 부여하여라.

```
SQL> GRANT select
  2  ON empcopy
  3  TO kim;

권한이 부여되었습니다.
```

Note: 객체권한을 부여받은 사용자 Kim이 empcopy의 내용을 조회할 때는 "SELECT * FROM user명.empcopy"와 같이 권한을 준 사용자명과 함께 객체명을 명시한다.

예제 deptcopy 테이블의 UPDATE 권한을 Kim과 Lee에게 부여하여라.

```
SQL> GRANT update
  2  ON deptcopy
  3  TO kim, lee;

권한이 부여되었습니다.
```

예제 deptcopy 테이블의 SELECT와 INSERT 권한을 Kim에게 부여하여라(단, KIM이 부여받은 권한을 다른 사용자에게도 권한을 부여할 수 있게 하여라.).

```
SQL> GRANT select, insert
  2  ON deptcopy
  3  TO kim
  4  WITH GRANT OPTION;

권한이 부여되었습니다.
```

(2) 롤을 사용한 객체 권한 부여

- 롤을 생성한 후에 생성한 롤에 객체 권한을 부여할 수 있다.
- 권한 부여 받은 롤을 다시 사용자에게 부여한다.
- 구문

```
CREATE ROLE 롤명;

GRANT 객체권한, [객체권한, . . .]
ON 객체명
TO 롤명[, 롤명, ...];

GRANT 롤명
TO 사용자명[, 사용자명, ...];
```

 예제 ROLE을 생성한 후, empcopy 테이블을 검색할 수 있도록 SELECT 권한을 롤에게 부여하고 권한 부여된 롤을 Kim에게 부여하여라.

```
SQL> CREATE ROLE roletestn;

롤이 생성되었습니다.

SQL> GRANT select
  2  ON empcopy
  3  TO roletestn;

권한이 부여되었습니다.

SQL> GRANT roletestn
  2  TO kim;

권한이 부여되었습니다.
```

Note: 객체권한을 부여받은 사용자 Kim이 empcopy의 내용을 조회할 때는 "SELECT * FROM user명.empcopy"와 같이 권한을 준 사용자명과 함께 객체명을 명시한다.

예제 부여받은 롤을 이용해서 empcopy 테이블의 내용을 조회하여라.

```
SQL> CONN kim/passkim
연결되었습니다.
SQL> SELECT *
  2  FROM scott.empcopy;

     EMPNO ENAME      JOB            MGR HIREDATE         SAL       COMM     DEPTNO
---------- ---------- --------- ---------- -------- ---------- ---------- ----------
      7369 SMITH      CLERK         7902 80/12/17        800       2000         20
      7499 ALLEN      SALESMAN      7698 81/02/20       1600        300         30
      7521 WARD       SALESMAN      7698 81/02/22       1250        500         30
      7566 JONES      MANAGER       7839 81/04/02       2975       2000         20
      7654 MARTIN     SALESMAN      7698 81/09/28       1250       1400         30
      7698 BLAKE      MANAGER       7839 81/05/01       2850                    30
      7788 SCOTT      ANALYST       7566 87/04/19       3000       2000         20
      7844 TURNER     SALESMAN      7698 81/09/08       1500          0         30
      7876 ADAMS      CLERK         7788 87/05/23       1100       2000         20
      7900 JAMES      CLERK         7698 81/12/03        950                    30
      7902 FORD       ANALYST       7566 81/12/03       3000       2000         20

11 개의 행이 선택되었습니다.
```

 예제 사용자 kim이 접근 가능한 롤을 확인하여라.

```
SQL> SELECT *
  2  FROM user_role_privs;

USERNAME                       GRANTED_ROLE                   ADM DEF OS_
------------------------------ ------------------------------ --- --- ---
KIM                            CONNECT                        NO  YES NO
KIM                            RESOURCE                       NO  YES NO
KIM                            ROLETEST                       NO  YES NO
KIM                            ROLETESTN                      NO  YES NO
```

 예제 롤에 부여된 테이블과 관련된 권한 정보를 확인하여라.

```
SQL> SELECT *
  2  FROM role_tab_privs;

ROLE                           OWNER                          TABLE_NAME
------------------------------ ------------------------------ ------------------
COLUMN_NAME                    PRIVILEGE                      GRA
------------------------------ ------------------------------ ---
ROLETESTN                      SCOTT                          EMPCOPY
                               SELECT                                        NO
```

2) 객체 권한 회수(REVOKE)

- 다른 사용자에게 부여한 권한을 회수할 수 있는 권한을 의미한다.
- 구문

```
REVOKE {객체권한[칼럼명, . . .]| ALL}
ON 객체명
FROM {사용자명|롤명 [, 사용자명|롤명, ... ]|PUBLIC};
```

- ALL: 객체의 모든 권한을 회수
- PUBLIC: 모든 사용자로부터 권한 회수

 예제 KIM에게 부여한 deptcopy 테이블의 SELECT와 INSERT 권한을 회수하여라.

```
SQL> CONN scott/tiger
연결되었습니다.
SQL> REVOKE select, insert
  2  ON deptcopy
  3  FROM kim;

권한이 취소되었습니다.
```

 예제 KIM과 LEE에게 부여한 deptcopy 테이블의 모든 권한을 회수하여라.

```
SQL> REVOKE ALL
  2  ON deptcopy
  3  FROM kim, lee;

권한이 취소되었습니다.
```

제3부

SQL*PLUS

제8장 SQL*PLUS
제9장 치환변수

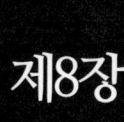

제8장 SQL*PLUS

1. SQL과 SQL*PLUS의 비교

- SQL은 오라클 데이터베이스에 접속하여 테이블 등 객체를 생성하고,
- 생성된 테이블에 데이터를 직접 입력, 수정, 삭제, 검색하기 위해 사용되는 언어를 말한다.
- 반면, SQL*PLUS는 SQL 문을 저장하거나 편집하기 위해 제공되는 툴로, SQL 언어를 데이터베이스에 전송하고 처리하며 또한 처리된 결과를 참조할 수 있는 기능을 제공한다.
- SQL과 SQL*PLUS의 기능을 비교하면 다음과 같다.

SQL	SQL*PLUS
오라클 데이터베이스에 접속하여 데이터를 입력, 수정, 삭제, 검색하기 위해 사용	데이터베이스의 데이터를 조작하는 SQL 언어를 전송, 처리하기 위해 사용
데이터베이스의 데이터와 테이블 정의를 조작	데이터베이스의 값을 조작할 수 없음
미국국가 표준위원회(ANSI: American National Standards Institute)의 표준 SQL을 기초로 함	SQL 명령어를 실행하기 위한 오라클 자체의 인터페이스
하나 이상의 행이 SQL 버퍼에 저장됨	한 번에 한 행만 입력: SQL 버퍼에 저장되지 않음
명령어 축약 불가능	명령어 축약 가능
필요한 명령을 수행하기 위해서 종료문자(;)를 사용(줄 연결 문자 필요 없음)	종료문자가 필요치 않음: 명령어는 즉시 실행됨(줄 연결문자(하이픈:-) 사용)

- SQL*PLUS 명령어의 종류
  - 편집 명령어
  - 파일 명령어
  - 환경 명령어
  - 출력 Format 명령어

2. SQL * PLUS 편집 명령어

• 버퍼 내에서 실행되는 SQL 문을 수정하기 위해 사용한다.

1) L[IST]

• SQL 버퍼에 저장되어 있는 내용을 보여준다.
• 축약어 L과 동일한 기능을 한다.
• 구문

명령	설명
L[ist]	SQL 버퍼에 있는 내용 전체를 나타낸다.
L[ist] n	n행의 내용을 나타낸다.
L[ist] m n	m행에서 n행의 내용을 나타낸다.

 예제 버퍼에 있는 내용을 나타내어라.

```
SQL> L
  1  SELECT *
  2  FROM dept
  3* WHERE deptno = 20
```

Note: -바로 전에 사용했던 SQL 명령어가 버퍼에 저장되므로 SQL*PLUS 명령어 L을 사용하면 버퍼에 저장되었던 리스트를 나타낸다.
　　　-1, 2, 3의 숫자는 버퍼의 행을 의미한다.
　　　-숫자 3 옆에 있는 *는 현재 행을 의미한다.

 예제 2행에 있는 내용을 나타내어라.

```
SQL> L 2
  2* FROM dept
```

 예제 2행부터 3행의 내용을 나타내어라.

```
SQL> L 2 3
  2  FROM dept
  3* WHERE deptno = 20
```

2) I[NPUT]

- 현재 행 다음에 하나의 행을 삽입한다.
- 축약어 I와 동일한 기능을 한다.
- 구문

> I[nput] sentence

 예제 3행 다음 행에 "OR DEPTNO = 30"의 내용을 추가하여라.

```
SQL> L
  1  SELECT *
  2  FROM dept
  3* WHERE deptno = 20

SQL> I OR deptno = 30

SQL> L
  1  SELECT *
  2  FROM dept
  3  WHERE deptno = 20
  4* OR deptno = 30
```

Note: -첫 번째 SQL에서 버퍼에 있는 내용이 3개의 행으로 되어있고, 현재 행이 3행인 것을 알 수 있다.
　　　-두 번째 SQL에서 현재 행인 3행 다음에 하나의 행을 추가하면서 그 내용을 "OR deptno = 30"으로 하였다.
　　　-세 번째 SQL에서 버퍼에 있는 내용이 4개의 행으로 되어있고, 4번째 행에 추가된 내용이 입력되어 있는 것을 확인할 수 있다.

3) A[PPEND]

- 명시된 텍스트를 현재 행 끝에 추가한다.
- 축약어 A와 동일한 기능을 한다.
- 구문

> A[ppend] text

예제 4행 끝에 "OR DEPTNO = 40"의 내용을 추가하여라.

```
SQL> L
  1  SELECT *
  2  FROM dept
  3  WHERE deptno = 20
  4* OR deptno = 30
SQL> A  OR deptno = 40
  4* OR deptno = 30 OR deptno = 40
SQL> L
  1  SELECT *
  2  FROM dept
  3  WHERE deptno = 20
  4* OR deptno = 30 OR deptno = 40
```

Note: -첫 번째 SQL에서 버퍼에 있는 내용이 4개의 행으로 되어있고, 현재 행이 4행인 것을 알 수 있다.
-두 번째 SQL에서 현재 행인 4행 끝에 "OR deptno = 40"을 추가하였다.
-세 번째 SQL에서 버퍼에 있는 내용이 4개의 행으로 되어있고, 4번째 행의 끝에 추가된 내용이 입력되어 있는 것을 확인할 수 있다.

4) C[HANGE]

- 현재 행의 내용을 변경한다.
- 축약어 C와 동일한 기능을 한다.
- 구문

명령	설명
C[hange] /old/new	현재 행의 기존 텍스트 old를 new로 변경한다. 처음에 나오는 텍스트만 변경한다.
C[hange] /old/	현재 행의 텍스트 old를 삭제한다.

- 현재 행의 위치를 변경하기 위해서는 행의 번호를 입력한다.
- 현재 행의 내용을 변경하기 위해서는 행의 번호 뒤에 변경할 내용을 입력한다.
- 구문

명령	설명
n	현재 행을 n행으로 변경
n text	n행의 내용을 새로운 text로 변경한다.

예제 1행에서 "*"를 "DEPTNO, DNAME"으로 변경하고, 4행의 내용을 "OR DEPTNO = 30"으로 변경하여라.

```
SQL> L
  1  SELECT *
  2  FROM dept
  3  WHERE deptno = 20
  4* OR deptno = 30 OR deptno = 40

SQL> 1
  1* SELECT *

SQL> C /*/deptno, dname
  1* SELECT deptno, dname

SQL> L
  1  SELECT deptno, dname
  2  FROM dept
  3  WHERE deptno = 20
  4* OR deptno = 30 OR deptno = 40

SQL> 4 OR deptno = 30

SQL> L
  1  SELECT deptno, dname
  2  FROM dept
  3  WHERE deptno = 20
  4* OR deptno = 30
```

Note: -첫 번째 SQL에서 버퍼에 있는 내용이 4개의 행으로 되어있고, 현재 행이 4행인 것을 알 수 있다.
 -두 번째 SQL에서 현재 행을 1행으로 변경하였다.
 -세 번째 SQL에서 현재 행인 1행의 내용에서 *을 deptno, dname으로 변경하였다.
 -네 번째 SQL에서 버퍼에 있는 내용이 4개의 행으로 되어있고, 1행의 내용이 SELECT deptno, dname으로 바뀐 것을 확인할 수 있다.
 -다섯 번째 SQL에서 4행의 내용을 OR deptno = 30으로 변경하였다.
 -여섯 번째 SQL에서 4행의 내용이 바뀐 것을 확인할 수 있다.

5) DEL[ETE]

- 버퍼의 내용을 삭제한다.
- 축약어 DEL과 동일한 기능을 한다.
- 구문

명령	설명
DEL[ete]	현재 행의 내용을 삭제한다.
DEL[ete] n	n행의 내용을 삭제한다.

예제 4행을 삭제한 후에 다시 2행을 삭제하여라.

```
SQL> L
  1  SELECT deptno, dname
  2  FROM dept
  3  WHERE deptno = 20
  4* OR deptno = 30
SQL> DEL
SQL> L
  1  SELECT deptno, dname
  2  FROM dept
  3* WHERE deptno = 20
SQL> DEL 2
SQL> L
  1  SELECT deptno, dname
  2* WHERE deptno = 20
```

Note: -첫 번째 SQL에서 버퍼에 있는 내용이 4개의 행으로 되어있고, 현재 행이 4행인 것을 알 수 있다.
-두 번째 SQL에서 현재 행인 4행을 삭제한다.
-세 번째 SQL에서 4행이 삭제된 것을 확인할 수 있다.
-네 번째 SQL에서 2행을 삭제한다.
-다섯 번째 SQL에서 2행이 삭제되고 3행이 2행으로 된 것을 확인할 수 있다.

6) R[UN]

- 버퍼의 내용을 실행한다.
- 축약어 R과 동일한 기능을 한다.
- 구문

명령	설명
R[un]	버퍼 내의 현재 SQL 명령을 실행하여 실행명령과 실행 결과를 보여준다.
/	버퍼 내의 현재 SQL 명령을 실행하여 실행 결과를 보여준다.

 예제 현재 버퍼에 있는 내용을 확인하고, 실행하여라.

```
SQL> L
  1  SELECT deptno, dname
  2  FROM dept
  3* WHERE deptno = 20

SQL> RUN
  1  SELECT deptno, dname
```

```
  2   FROM dept
  3*  WHERE deptno = 20

     DEPTNO DNAME
     ------ --------
         20 RESEARCH

SQL> /

     DEPTNO DNAME
     ------ --------
         20 RESEARCH
```

Note: -첫 번째 SQL에서 버퍼에 있는 내용이 3개의 행으로 되어있고, 현재 행이 3행인 것을 알 수 있다.
　　　-두 번째 SQL에서 버퍼의 내용을 실행하여 버퍼의 내용과 실행 결과를 출력한다.
　　　-세 번째 SQL에서 버퍼의 내용을 실행하여 실행 결과만을 출력한다.

• RUN 명령어는 LIST 명령어와 / 명령어를 결합한 형태이다.

3. SQL*PLUS 파일 명령어

• SQL 문을 파일에 저장하거나 파일에 저장된 SQL 문을 읽어오고, 파일의 실행을 위해 사용한다.

1) SAV[E]

• 현재 SQL 버퍼에 있는 SQL 내용을 파일로 생성하여 저장하기 위해 사용한다.
• 구문

> SAV[E] 파일명[.ext] [REP[LACE]|APP[END]]

　- REPLACE: 이미 존재하고 있는 파일을 수정하여 다시 그 파일 이름으로 저장하고자 할 때 사용
　- APPEND: 이미 존재하고 있는 파일에 새로운 내용을 뒤에 추가하여 다시 그 파일 이름으로 저장하고자 할 때 사용

• 기본적인 파일의 확장자는 sql이며, C:\product\11.2.0\dbhome_1\BIN\ex.sql 폴더에 저장되므로 메모장 같은 편집 프로그램에서 그 내용을 확인할 수 있다.

- 축약어 SAV의 사용이 가능하다.

 예제 SQL문 "SELECT * FROM DEPT"를 "ex.sql" 파일에 저장하여라.

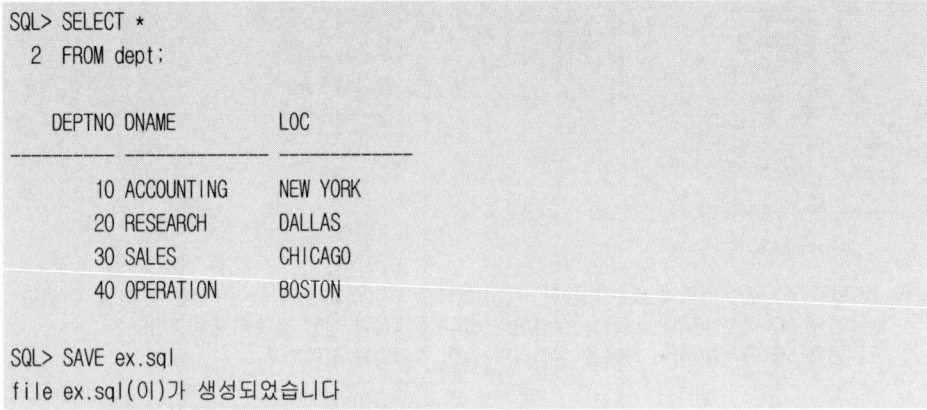

Note: -확장자 sql 없이 SAVE 명령어를 사용해도 된다.
-기본적인 확장자가 sql이므로 자동적으로 ex.sql로 생성된다.
-C:\product\11.2.0\dbhome_1\BIN\ex.sql 파일을 열면 저장된 내용 SELECT * FROM dept;를 확인 할 수 있다.

 예제 메모장을 이용하여 "ex.sql" 파일에 저장된 내용을 확인하여라.

- 파일에 저장된 내용은 DOS 환경에서도 확인 가능하다.
- DOS 환경으로 나가기 위해서는 "HOST" 명령어를 사용하고, 다시 SQL*PLUS 환경으로 돌아오기 위해서는 "EXIT" 명령어를 사용한다.

 예제 DOS 환경에서 "ex.sql" 파일에 저장된 내용을 확인하여라.

- 한번 생성한 파일을 수정한 후에 다시 같은 이름으로 저장할 경우에는 "SAVE 파일명[.EXT] REPLACE"와 같이 사용한다.

 예제 "ex.sql" 파일의 내용을 10번 부서로 수정하여 다시 "ex.sql" 파일에 저장하여라.

```
SQL> SELECT ename, sal, deptno
  2  FROM emp
  3  Where deptno = 10;

ENAME           SAL       DEPTNO
----------   ----------  ----------
CLARK          2450          10
KING           5000          10
MILLER         1300          10

SQL> SAVE ex.sql
SP2-0540: "ex.sql" 파일은 이미 존재합니다.
"SAVE 파일명[.ext]  REPLACE"을 사용합니다.
SQL> SAVE ex.sql REPLACE
file ex.sql(이)가 기록되었습니다
```

Note: 이미 존재하고 있는 파일을 수정하여 다시 그 파일 이름으로 저장하고자 할 때 REPLACE를 사용한다.

2) ED[IT]

- 저장된 파일의 내용을 편집하기 위해 사용한다.
- 축약어 ED의 사용이 가능하다.
- 구문

> ED[IT] file명[.ext]

 예제 EX 파일을 편집기로 불러와서 편집이 가능하게 하여라.

```
SQL> EDIT ex.sql
```

- EDIT 명령어를 사용할 때 파일명을 생략하면 버퍼에 저장된 명령어를 편집기에서 쉽게 편집할 수 있으며, 기본적인 파일명은 afiedt.buf이다. 이 파일은 버퍼를 편집할 때마다 이 파일에 겹쳐 쓴다.

예제 버퍼에 있는 내용을 편집기를 이용해서 수정하여라.

▶ 20번 부서 사원들의 사원명, 급여, 부서번호를 출력하여라.

```
SQL> SELECT ename, sal, deptno
  2  FROM emp
  3  WHERE deptno = 20;

ENAME            SAL     DEPTNO
---------- ---------- ----------
SMITH             800         20
JONES            2975         20
SCOTT            3000         20
ADAMS            1100         20
FORD             3000         20
```

▶ 편집기를 이용하여 20번 부서번호를 30번 부서번호로 수정하여라.

```
SQL> ED
file afiedt.buf(이)가 기록되었습니다
```

Note: -편집기에 마지막 입력했던 내용이 편집기에 표시된다.
　　　-수정할 내용을 수정한다.
　　　-편집기에 표시된 명령문은 끝에 종결문자인 ';' 가 '/'로 대체되며, 그렇지 않을 경우에는 에러가 발생한다.

3) GET

- SAVE로 저장한 파일을 SQL 버퍼로 읽어오는 기능을 한다.
- 구문

```
GET file명[.ext]
```

 예제 현재 버퍼에 있는 내용을 완전히 제거한 후 "ex" 파일의 내용을 버퍼에 읽어 들여라.

```
SQL> CLEAR BUFFER
buffer 소거되었습니다.
SQL> L
SP2-0223: SQL 버퍼에 줄이 없습니다.
SQL> GET ex.sql
  1  SELECT *
  2* FROM dept
```

```
SQL> L
  1  SELECT *
  2* FROM dept
```

Note: -CLEAR BUFFER를 이용하여 버퍼에 저장된 내용을 모두 제거 한 후에 List를 이용하여 저장된 내용이 없음을 확인하였다.
　　　-GET 명령어를 사용하여 ex.sql 파일을 버퍼로 불러들여 버퍼의 내용을 확인하였다.

4) STA[RT]

- 저장된 파일을 직접 실행시키는 기능을 수행하며, START라는 명령 대신에 @를 사용할 수 있다.
- 단축어 STA의 사용이 가능하다.
- 구문

> STA[RT] file명[.ext]

또는

> @file명[.ext]

- 저장된 파일의 내용을 GET 명령어를 이용하여 버퍼에 읽어 들인 후에 버퍼의 내용을 실행시키는 명령어 RUN을 사용한 것과 같은 역할을 한다.

 예제 현재 버퍼에 있는 내용을 완전히 제거한 후 "ex" 파일의 내용을 실행시켜라.

```
SQL> CLEAR BUFFER
buffer 소거되었습니다.
SQL> L
SP2-0223: SQL 버퍼에 줄이 없습니다.
SQL> START ex.sql

    DEPTNO DNAME          LOC
    ------ -------------- ----------
        10 ACCOUNTING     NEW YORK
        20 RESEARCH       DALLAS
        30 SALES          CHICAGO
        40 OPERATION      BOSTON
```

Note: -CLEAR BUFFER를 이용하여 버퍼에 저장된 내용을 모두 제거한 후에 List를 이용하여 저장된 내용이 없음을 확인하였다.
　　　-START 명령어를 사용하여 ex.sql 파일을 직접 실행시켜 그 결과를 확인하였다.

5) SPO[OL]

- 파일에 SQL 문뿐만 아니라 결과를 저장한다.
- 구문

> SPO[OL] 파일명[.ext] [|OFF]

- OFF는 SPOOL 파일을 닫을 때 사용한다.

- 기본적인 파일의 확장자는 lst이며, C:\product\11.2.0\dbhome_1\BIN\ex.lst 폴더에 저장된다.
- 축약어 SPO의 사용이 가능하다.

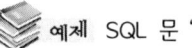 예제 SQL 문 "SELECT*FROM DEPT"의 내용과 실행 결과를 모두 "ex.lst" 파일에 저장하여라.

```
SQL> SPOOL ex
SQL> SELECT *
  2  FROM dept;

   DEPTNO DNAME          LOC
---------- -------------- -------------
       10 ACCOUNTING     NEW YORK
       20 RESEARCH       DALLAS
       30 SALES          CHICAGO
       40 OPERATIONS     BOSTON

SQL> SPOOL OFF
```

Note: -확장자 lst 없이 SPOOL 명령어를 사용해도 된다.
      -기본적인 확장자가 lst이므로 자동적으로 ex.lst로 생성된다.

 예제 저장한 "ex.lst" 파일의 내용을 메모장을 이용하여 확인하여라.

Note: -C:\product\11.2.0\dbhome_1\BIN\ex.sql 파일을 열면 저장된 내용을 확인할 수 있다.

예제 DOS 환경에서 "ex.lst" 파일에 저장된 내용을 확인하여라.

4. SQL*PLUS 환경 명령어

- SET 명령어를 써서 환경 변수의 값을 제어한다.
- login.sql 파일을 이용하여 기본값을 설정한다.
- login.sql 파일에는 접속 때마다 필요한 표준 SET 명령과 그 외의 SQL*PLUS 명령어들이 들어 있다. 접속할 때에 이 파일을 읽어서 명령어가 수행된다. 로그아웃을 하면 사용자 정의 설정이 상실된다.
- 구문

  - 시스템변수는 환경을 제어하는 변수이고, 값은 시스템변수의 값이다.

- 특정한 시스템 변수의 현재 설정값을 보려면 "SHOW 시스템 변수" 명령문을 사용한다.
- 모든 시스템 변수의 설정 값을 보려면 "SHOW ALL" 명령어를 사용한다.

예제 시스템 변수 "PAUSE"와 "USER"의 현재 설정 값을 확인하여라.

```
SQL> SHOW PAUSE
PAUSE는 OFF

SQL> SHOW USER
USER은 "SCOTT"입니다
```

Note: -첫 번째 SQL에서 시스템 변수 PAUSE의 현재 설정 값이 OFF임을 알 수 있다.
      -두 번째 SQL에서 시스템 변수 USER의 현재 설정 값이 SCOTT임을 알 수 있다.

 예제 모든 시스템 변수의 현재 설정 값을 확인하여라.

```
SQL> SHOW ALL
appinfo은 OFF이고 이것을 "SQL*Plus"로 설정합니다
arraysize 15
autocommit OFF
autoprint OFF
autorecovery OFF
autotrace OFF
blockterminator "." (hex 2e)
btitle OFF 이고 이것은 SELECT 문장 다음에 있는 첫번째 소수의 문자입니다
cmdsep OFF
colsep " "
compatibility version NATIVE
concat "." (hex 2e)
```

1) COLSEP

- 시스템 변수 COLSEP은 칼럼과 칼럼 사이에 출력될 문자를 설정하여 칼럼과 칼럼을 구분하기 위해 사용한다.
- 구문

```
SET  COLSEP 값
```

- 값은 이중 인용부호(" ")를 이용하여 설정하며, 기본 값은 한 개의 공백문자이다.

예제 칼럼과 칼럼 사이를 "#"으로 구분하여라.

```
SQL> SELECT * from DEPT;

    DEPTNO DNAME          LOC
    ---------- -------------- ------------
        10 ACCOUNTING     NEW YORK
        20 RESEARCH       DALLAS
        30 SALES          CHICAGO
        40 OPERATION      BOSTON

SQL> SET colsep "#"
SQL> SELECT * FROM dept;

    DEPTNO#DNAME         #LOC
    ----------#--------------#------------
        10#ACCOUNTING    #NEW YORK
        20#RESEARCH      #DALLAS
        30#SALES         #CHICAGO
        40#OPERATION     #BOSTON
```

Note: -기본 값이 한 개의 공백 문자이므로 DEPTNO, DNAME, LOC 칼럼 사이에 한 개의 공백이 있음을 확인할 수 있다.
-시스템 변수 COLSEP을 "#"으로 설정한 후에 DEPTNO, DNAME, LOC 칼럼 사이의 문자가 "#"으로 바뀐 것을 확인할 수 있다.

2) FEED[BACK]

- 결과를 출력할 때 Feedback의 여부를 설정한다.
- 구문

```
SET  FEED[BACK] {6|n|OFF|ON}
```

- OFF는 Feedback의 설정을 없앨 때 사용
- ON은 다시 설정할 때 사용

- 기본 값은 6이며, 이는 결과를 출력할 때 결과 값이 6개 이상이면 " * *의 행이 선택되었습니다."라는 메시지가 함께 출력되고 6개 미만이면 출력되지 않음을 의미한다.
- 축약어 FEED의 사용이 가능하다.

예제 FEEDBACK을 3으로 설정하여라.

```
SQL> SET COLSEP " "
SQL> SELECT * FROM dept;

    DEPTNO DNAME          LOC
    ---------- -------------- -------------
        10 ACCOUNTING    NEW YORK
        20 RESEARCH      DALLAS
        30 SALES         CHICAGO
        40 OPERATION     BOSTON

SQL> SET FEEDBACK 3
SQL> SELECT * FROM dept;

    DEPTNO DNAME          LOC
    ---------- -------------- -------------
        10 ACCOUNTING    NEW YORK
        20 RESEARCH      DALLAS
        30 SALES         CHICAGO
        40 OPERATION     BOSTON

4 개의 행이 선택되었습니다.
```

Note: -칼럼 사이의 구분을 빈 공백으로 설정하였다.
-시스템 변수 feedback의 기본값이 6이므로, 첫 번째 SQL 문 결과에 feedback이 없다.
-그러나, 시스템 변수 feedback을 3으로 설정한 후에는 결과가 3 이상이므로 feedback이 나타나는 것을 알 수 있다.

3) HEAD[ING]

- 칼럼의 Heading 출력 여부를 결정한다.
- 구문

  SET HEAD[ING] {OFF|ON}

  - OFF는 Heading을 출력하지 않을 때 사용하며,
  - ON은 기본 값으로 Heading을 출력하고자 할 때 사용한다.

- 축약어 HEAD의 사용이 가능하다.

예제 Heading이 나타나지 않게 설정하여라.

```
SQL> SET FEEDBACK 6
SQL> SELECT * FROM DEPT;

    DEPTNO DNAME          LOC
    ------ -------------- -------------
        10 ACCOUNTING     NEW YORK
        20 RESEARCH       DALLAS
        30 SALES          CHICAGO
        40 OPERATION      BOSTON

SQL> SET HEADING OFF
SQL> SELECT * FROM dept;

        10 ACCOUNTING     NEW YORK
        20 RESEARCH       DALLAS
        30 SALES          CHICAGO
        40 OPERATION      BOSTON
```

Note: -Feddback을 6으로 설정하였다.
 -Heading은 기본값이 ON이므로 처음 SQL 문 실행 결과에 Heading이 표시된다.
 -시스템 변수 Heading을 OFF로 설정한 후의 결과에 Heading이 나타나지 않음을 알 수 있다.

4) LINE[SIZE]

- 결과가 출력될 때 한 줄에 나타나는 문자 수를 설정한다.
- 구문

```
SET LINE[SIZE] {80|n}
```

- 기본 값이 80이므로 한 줄에 80자까지 출력된다.

 예제 LineSize를 120으로 설정하여라.

```
SQL> SET HEADING ON
SQL> SELECT *
  2  FROM emp
  3  WHERE deptno =10;

     EMPNO ENAME      JOB            MGR HIREDATE        SAL       COMM
    ------ ---------- --------- ------- --------- --------- ---------
    DEPTNO
    ------
```

```
         7782 CLARK      MANAGER       7839 81/06/09    2450
           10
         7839 KING       PRESIDENT          81/11/17    5000
           10
         7934 MILLER     CLERK         7782 82/01/23    1300
           10

SQL> SET LINESIZE 120
SQL> SELECT
  2   * FROM emp
  3   WHERE deptno = 10;

     EMPNO ENAME      JOB          MGR HIREDATE      SAL      COMM    DEPTNO
     ----- -----      ---          --- --------      ---      ----    ------
      7782 CLARK      MANAGER     7839 81/06/09     2450                  10
      7839 KING       PRESIDENT        81/11/17     5000                  10
      7934 MILLER     CLERK       7782 82/01/23     1300                  10
```

Note: -Heading이 나타나게 설정하였다.
     -LINESIZE는 기본 값이 80이므로 첫 번째 SQL 문 실행 결과에서는 한 개의 행이 한 줄에 모두 표시되지 않는다.
     -그러나, 시스템 변수 LINESIZE의 값을 120으로 설정한 후의 결과는 한 개의 행이 한 줄에 표시됨을 알 수 있다.

5) PAGES[IZE]

• 결과가 출력될 때 한 페이지에 나타나는 줄 수를 설정한다.

• 구문

```
SET PAGES[IZE] {24|n}
```

  - 기본 값이 24이므로 한 페이지에 24줄까지 출력된다.

• 매 페이지마다 칼럼의 표제와 페이지 제목이 표시되므로, 이는 칼럼의 표제와 페이지 제목이 표시될 시기를 결정한다.

6) PAU[SE]

• 결과를 출력할 때, 결과가 여러 페이지인 경우 페이지 이동을 제어하기 위해 사용된다.

• 구문

> SET PAU[SE] {OFF|ON|text}

- 기본 값이 OFF이므로 어떤 제어도 없이 페이지가 이동된다.
- ON인 경우에는 페이지가 바뀔 때 마다 화면이 정지된다. 사용자가 <ENTER> 키를 누르면 다음 페이지로 이동한다.
- 이중 인용부호(" ")와 함께 text를 입력하면 페이지가 넘어갈 때마다 멈추면서 text에 입력된 메시지가 나타난다. 이 메시지는 명령어를 실행시키자마자 결과가 나오기 이전에도 나타나며 <ENTER>를 쳐야만 실행이 진행된다.

5. SQL * PLUS 출력 Format 명령어

• 출력되는 보고서의 특성을 제어하기 위해 사용한다.

1) COL[UMN]
• 칼럼의 외양을 구성하며,
• 보고서의 칼럼 표시 형식을 제어한다.
• 예를 들어, heading, 폭, 형식을 변경할 수 있다.
• 구문

> COL[UMN] [[칼럼명|alias] [옵션...]]

• 칼럼에 대해 별칭을 사용하는 경우, 반드시 칼럼명이 아닌 별칭을 참조해야 한다.
• COLUMN 명령어 옵션

옵션	설명
CLE[AR]	칼럼의 형식을 지움
FOR[MAT] 형식	칼럼 데이터의 표시 형식을 설정
HEA[DING] text	칼럼의 heading을 설정
JUS[TIFY] LEFT|CENTER| RIGHT	칼럼의 heading을 왼쪽, 중앙, 오른쪽에 정렬함

- COLUMN FORMAT 형식 모델 요소

요소	설명	예	결과
An	문자와 날짜 칼럼에 대해 n만큼의 폭으로 출력 설정	A4	Name
9	자리수 표현	999999	1234
0	앞에 0을 붙임	909999	01234
$	달러 부호의 표시	$9999	$1234
L	국내 통화 표시	L9999	L1234
.	소숫점의 위치를 표현	9999.99	1234.00
,	천 단위 구분자 표시	9,999	1,234

 예제 EMP 테이블의 ename 칼럼의 heading을 "Employee Name"으로 하고, 30자리의 문자 폭을 갖게 설정하여라.

```
SQL> SELECT *
  2  FROM emp;

    EMPNO ENAME      JOB            MGR HIREDATE    SAL      COMM    DEPTNO
    ----- -----      ---            --- --------    ---      ----    ------
     7369 SMITH      CLERK         7902 80/12/17    800                  20
     7499 ALLEN      SALESMAN      7698 81/02/20   1600       300        30
     7521 WARD       SALESMAN      7698 81/02/22   1250       500        30
     7566 JONES      MANAGER       7839 81/04/02   2975                  20
     7654 MARTIN     SALESMAN      7698 81/09/28   1250      1400        30
     7698 BLAKE      MANAGER       7839 81/05/01   2850                  30
     7782 CLARK      MANAGER       7839 81/06/09   2450                  10
     7788 SCOTT      ANALYST       7566 87/04/19   3000                  20
     7839 KING       PRESIDENT          81/11/17   5000                  10
     7844 TURNER     SALESMAN      7698 81/09/08   1500         0        30
     7876 ADAMS      CLERK         7788 87/05/23   1100                  20
     7900 JAMES      CLERK         7698 81/12/03    950                  30
     7902 FORD       ANALYST       7566 81/12/03   3000                  20
     7934 MILLER     CLERK         7782 82/01/23   1300                  10

14 개의 행이 선택되었습니다.

SQL> COL ename HEADING "Employee Name" FORMAT A30
SQL> SELECT *
  2  FROM emp;

    EMPNO Employee Name                  JOB            MGR HIREDATE    SAL      COMM    DEPTNO
    ----- -------------                  ---            --- --------    ---      ----    ------
     7369 SMITH                          CLERK         7902 80/12/17    800                  20
     7499 ALLEN                          SALESMAN      7698 81/02/20   1600       300        30
     7521 WARD                           SALESMAN      7698 81/02/22   1250       500        30
     7566 JONES                          MANAGER       7839 81/04/02   2975                  20
     7654 MARTIN                         SALESMAN      7698 81/09/28   1250      1400        30
     7698 BLAKE                          MANAGER       7839 81/05/01   2850                  30
     7782 CLARK                          MANAGER       7839 81/06/09   2450                  10
     7788 SCOTT                          ANALYST       7566 87/04/19   3000                  20
     7839 KING                           PRESIDENT          81/11/17   5000                  10
     7844 TURNER                         SALESMAN      7698 81/09/08   1500         0        30
     7876 ADAMS                          CLERK         7788 87/05/23   1100                  20
     7900 JAMES                          CLERK         7698 81/12/03    950                  30
     7902 FORD                           ANALYST       7566 81/12/03   3000                  20
     7934 MILLER                         CLERK         7782 82/01/23   1300                  10

14 개의 행이 선택되었습니다.
```

제9장 치환 변수

1. 치환변수의 정의

- 상호작용적인 보고서를 생성하기 위하여 명령 파일이나 단일 SQL 명령에 치환변수를 내장할 수 있다.
- 일시적으로 값을 저장하기 위해 치환변수를 사용한다.
- 치환변수의 종류
  - 단일 앰퍼샌드(&) 치환변수
  - 이중 앰퍼샌드(&&) 치환변수

2. 단일 앰퍼샌드(&) 치환변수

- 단일 앰퍼샌드(&)가 앞에 붙은 치환변수를 써서 동적으로 행을 제한할 수 있다.
- 명령이 실행될 때마다 사용자에게 입력 값을 요구한다.
- 각 변수의 값을 정의할 필요는 없다.
- 구문

```
&변수
```

예제 EMP 테이블에서 부서 번호의 값을 실행시킬 때마다 입력받아서 20번 부서, 30번 부서의 사원 번호, 사원 이름, 급여를 각각 출력하여라.

```
SQL> SELECT empno, ename, sal
  2  FROM emp
  3  WHERE deptno = &no;
no의 값을 입력하십시오: 20
구   3: where deptno = &no
신   3: where deptno = 20

     EMPNO ENAME             SAL
---------- ---------- ----------
      7369 SMITH             800
      7566 JONES            2975
      7788 SCOTT            3000
      7876 ADAMS            1100
      7902 FORD             3000

SQL> /
no의 값을 입력하십시오: 30
구   3: where deptno = &no
신   3: where deptno = 30

     EMPNO ENAME             SAL
---------- ---------- ----------
      7499 ALLEN            1600
      7521 WARD             1250
      7654 MARTIN           1250
      7698 BLAKE            2850
      7844 TURNER           1500
      7900 JAMES             950

6 개의 행이 선택되었습니다.
```

Note: -첫 번째 SQL에서 WHERE 절의 부서 번호의 값을 치환변수로 사용하였다.
-명령이 실행될 때마다 사용자에게 부서 번호의 입력 값을 묻는다.
-20을 입력하면 20번 부서의 결과를, 30을 입력하면 30번 부서의 결과를 출력한다.

- SQL 문장에 대한 변경사항을 확인하려면 SQL*PLUS의 SET VERIFY 명령을 사용한다.

  SET VERIFY 명령을 ON으로 설정하면 SQL*PLUS는 치환변수를 값으로 바꾸기 전·후의 값을 출력한다.

- 시스템 변수 VERIFY의 기본 값은 ON으로 설정되어 있다.

예제 시스템 변수 VERIFY의 값을 OFF로 설정하고 위의 예제를 다시 실행시켜 결과를 비교하여라.

```
SQL> SET VERIFY OFF
SQL> SELECT empno, ename, sal
  2  FROM emp
  3  WHERE deptno = &no;
no의 값을 입력하십시오: 20

     EMPNO ENAME           SAL
  --------- ---------- ---------
      7369 SMITH           800
      7566 JONES          2975
      7788 SCOTT          3000
      7876 ADAMS          1100
      7902 FORD           3000
```

Note: 시스템변수 VERIFY를 OFF로 설정하였기 때문에 치환변수의 변화되기 전과 변화 후의 값을 표시하지 않는다.

 예제 실행시킬 때 직무의 값을 입력받아서 직무가 SALESMAN인 사원의 사원 번호, 사원 이름, 급여를 출력하여라.

```
SQL> SELECT empno, ename, sal
  2  FROM emp
  3  WHERE job = &job_title;
job_title의 값을 입력하십시오:
 SALESMAN
구   3: WHERE job = &job_title
신   3: WHERE job = SALESMAN
WHERE job = SALESMAN
                *
3행에 오류:
ORA-00904: 열명이 부적합합니다

SQL> /
job_title의 값을 입력하십시오:
 'SALESMAN'
구   3: WHERE job = &job_title
신   3: WHERE job = 'SALESMAN'

     EMPNO ENAME           SAL
  --------- ---------- ---------
      7499 ALLEN          1600
      7521 WARD           1250
      7654 MARTIN         1250
      7844 TURNER         1500
```

```
SQL> SELECT empno, ename, sal
  2  FROM emp
  3  WHERE job = '&job_title';
job_title의 값을 입력하십시오:
 SALESMAN
구   3: WHERE job = '&job_title'
신   3: WHERE job = 'SALESMAN'

     EMPNO ENAME           SAL
  --------- ---------- ---------
      7499 ALLEN          1600
      7521 WARD           1250
      7654 MARTIN         1250
      7844 TURNER         1500
```

Note: -치환변수를 이용하여 문자를 입력하고자 할 경우에 단일 인용부호와 같이 데이터를 입력하지 않으면 에러가 발생한다.
　　　-치환변수를 이용하여 문자를 입력하고자 할 경우에 치환변수에 단일 인용부호를 사용하면 데이터 입력 시에는 단일 인용부호 없이 사용한다.

- 치환변수를 이용한 문자 및 날짜 값은 단일 인용부호('')로 에워싸야 한다.
- 사용자가 단일 인용부호를 입력하지 않도록 변수에 인용부호를 포함하면 편리하다.
- 단일 앰퍼샌드 치환변수는 SQL 문장의 WHERE절, ORDER BY절에 사용할 수 있을 뿐만 아니라 칼럼명, 테이블명을 치환하는데도 사용할 수 있다.

예제 검색하고자 하는 칼럼명과 조건에 치환변수를 사용하는 경우의 SQL 문을 작성하여라.

```
SQL> SELECT empno, &칼럼_name
  2  FROM emp
  3  WHERE &condition;
칼럼_name의 값을 입력하십시오: deptno
구    1: select empno, &칼럼_name
신    1: select empno, deptno
condition의 값을 입력하십시오: deptno = 30
구    3: where &condition
신    3: where deptno = 30

   EMPNO     DEPTNO
---------- ----------
    7499         30
    7521         30
    7654         30
    7698         30
    7844         30
    7900         30

6 개의 행이 선택되었습니다.
```

3. 이중 앰퍼샌드(&&) 치환변수

- 매번 사용자에게 입력 값을 요구하지 않고 변수 값을 재사용하려면 이중 앰퍼샌드(&&)를 사용한다.
- 값을 입력하도록 요구하는 프롬프트는 한번만 나타난다.
- SQL * PLUS는 입력된 값을 저장하고 해당 변수 이름을 참조할 때마다 값을 재사용한다.

• 구문

```
&&변수
```

• SQL * PLUS가 세션 동안 또는 변수가 재설정되거나 삭제될 때까지 변수와 그 값을 보존하는 것만 제외하면 단일 앰퍼샌드와 같은 역할을 한다. 즉, 명령이 실행될 때마다 입력 값을 묻지 않는다.

 예제 단일 앰퍼샌드와 이중 앰퍼샌드 치환변수의 차이점 비교

```
SQL> SELECT empno, &&칼럼_name
  2  FROM emp
  3  WHERE &condition;
칼럼_name의 값을 입력하십시오: deptno
구   1: SELECT empno, &&칼럼_name
신   1: SELECT empno, deptno
condition의 값을 입력하십시오: deptno = 20
구   3: WHERE &condition
신   3: WHERE deptno = 20

    EMPNO    DEPTNO
    -----    ------
    7369        20
    7566        20
    7788        20
    7876        20
    7902        20

SQL> /
구   1: SELECT empno, &&칼럼_name
신   1: SELECT empno, deptno
condition의 값을 입력하십시오: deptno=10
구   3: WHERE &condition
신   3: WHERE deptno=10

    EMPNO    DEPTNO
    -----    ------
    7782        10
    7839        10
    7934        10
```

Note: -SELECT 문을 처음 실행할 때는 두개의 치환변수에 대해 값을 모두 입력해야 한다.
      -두 번째 실행할 때는 이중 앰퍼샌드 치환변수의 값은 입력을 요구하지 않고 처음에 입력받은 값을 사용하나, 단일 앰퍼샌드 치환변수의 값은 다시 입력을 요구한다.

4. 사용자 변수의 정의

- SELECT 문장을 실행하기 전에 사용자 변수를 미리 정의할 수 있다.
- SQL*PLUS는 사용자 변수를 정의하고 설정하기 위한 두 가지의 명령인 DEFINE과 ACCEPT 명령을 제공한다.

1) DEFINE

- DEFINE은 CHAR 데이터 유형의 사용자 변수를 생성한다.
- 이중 앰퍼샌드가 있는 문장을 실행하면 명령은 변수를 생성하고 변수의 값을 지정한다.
- DEFINE 명령을 사용할 때 한 개의 공백이 필요하면 공백을 단일 인용부호로 묶어야 한다.
- 저장된 사용자 변수를 삭제하기 위해서는 UNDEFINE 명령을 사용한다.
- 변수에 대해 UNDEFINE 명령을 실행하거나 SQL*PLUS를 빠져나올 때까지는 정의된 상태로 존재한다.
- 구문

명령어	설명
DEFINE 변수=값	CHAR datatype의 사용자 변수를 생성하고 값을 지정
DEFINE 변수	변수, 변수 값 및 datatype을 출력
DEFINE	모든 사용자 변수, 변수 값과 datatype을 출력

예제 DEFINE 명령의 사용

```
SQL> DEFINE no=10
SQL> DEFINE mm=2000
SQL> SELECT empno, ename, sal
  2  FROM emp
  3  WHERE deptno = &no AND sal > &&mm;
구  3: WHERE deptno = &no AND sal > &&mm
신  3: WHERE deptno = 10 AND sal > 2000

    EMPNO ENAME           SAL
  -------- --------- ---------
     7782 CLARK          2450
     7839 KING           5000

SQL> DEFINE
DEFINE _CONNECT_IDENTIFIER = "yhmis" (CHAR)
DEFINE _SQLPLUS_RELEASE = "902000100" (CHAR)
DEFINE _EDITOR        = "Notepad" (CHAR)
DEFINE _O_VERSION     = "Oracle9i Enterprise Edition Release 9.2.0.1.0 - Production
With the Partitioning, OLAP and Oracle Data Mining options
JServer Release 9.2.0.1.0 - Production" (CHAR)
DEFINE _O_RELEASE     = "902000100" (CHAR)
DEFINE 칼럼_NAME      = "deptno" (CHAR)
DEFINE MM             = "2000" (CHAR)
DEFINE NO             = "10" (CHAR)
DEFINE ──             = "" (CHAR)

SQL> DEFINE mm
DEFINE MM             = "2000" (CHAR)
```

2) ACCEPT

- ACCEPT는 사용자가 입력한 내용을 받아들여 변수에 저장한다.
- 구문

> ACCEPT 변수명 [Datatype] [FORMAT] [PROMPT 텍스트] [HIDE]

- Datatype은 NUMBER, CHAR 또는 DATE이며, CHAR는 최대 240바이트이다.
- FOR[MAT]은 A10 또는 9.999같은 형식 모델을 명시한다.
  COLUMN 명령어에서의 FORMAT과 동일하다.
- PROMPT 텍스트는 사용자가 값을 입력하도록 할 때 출력되는 문장이다.
- HIDE는 암호처럼 사용자가 입력하는 내용을 보이지 않게 한다.

 예제 ACCEPT 명령의 사용

```
SQL> ACCEPT b NUMBER PROMPT '값의 입력'
값의 입력 3000

SQL> DEFINE b
DEFINE B              =       3000 (NUMBER)

SQL> ACCEPT b NUMBER PROMPT '입력' HIDE
입력 ****
```

제 4 부

PL/SQL

(Procedural Language/SQL)

제10장 PL/SQL 기본
제11장 선언부
제12장 실행부
제13장 예외처리부
제14장 모듈

제10장 PL/SQL 기본

1. 정의

- PL/SQL은 Oracle's Procedural Language extension to SQL)의 약자로
- SQL 언어에 절차형 프로그래밍 언어의 장점을 살려 만든 SQL의 확장 언어이며,
- 프로그래밍 언어에서 사용되는 변수, 조건문, 반복문 등의 기능과 함께 SQL 문으로는 처리할 수 없는 기능도 쉽게 구현이 가능하다.
- PL/SQL은 SQL에 없는 다음과 같은 기능이 제공된다.
  - 변수, 상수 등을 선언할 수 있다.
  - IF 문을 사용하여 비교 처리를 할 수 있다.
  - LOOP 문을 사용하여 반복 처리를 할 수 있다.
  - 커서를 사용하여 여러 행을 검색, 처리할 수 있다.

2. PL/SQL의 종류

- Anonymous Procedure
  - 이름 없이 사용되는 PL/SQL 블록이며,
  - 데이터베이스에 저장되지 않고, 사용자가 실행하려는 SQL문을 필요로 할 때마다 반복적으로 작성하여 실행하는 방법이다.

- 프로시저(Stored Procedure)
  - 각 프로그램 별로 이름을 가지고 데이터베이스에 저장되어 사용되며,
  - 인자를 받아서 호출되고 실행된다.

- 함수(Stored Function)
  - 각 프로그램 별로 이름을 가지고 데이터베이스에 저장되어 사용된다.
  - 인자를 받아서 호출되고 실행되며, 그 결과를 반환한다.
  - 일반적으로, 값을 계산하기 위해 사용된다.

- 패키지(Package)
  - 자주 사용되는 프로시저, 함수들을 하나로 묶어서 패키지로 사용하며,
  - 효과적으로 PL/SQL 블록들을 관리할 수 있다.

- 트리거(Trigger)
  - 생성될 때 지정된 특정 이벤트가 발생하면 자동적으로 호출되어 실행되는 특수한 형태의 프로시저로
  - 데이터베이스의 감시, 보안, 연속적인 오퍼레이션의 자동처리 등의 기능을 가지고 있다.

3. PL/SQL의 블록 구조

- 블록은 PL/SQL의 기본이 되며, 처리하고자 하는 일련의 문장들로 이루어진다.
- 기본적으로 블록은 선언부, 실행부, 예외처리부로 구성된다.
- 블록의 구조

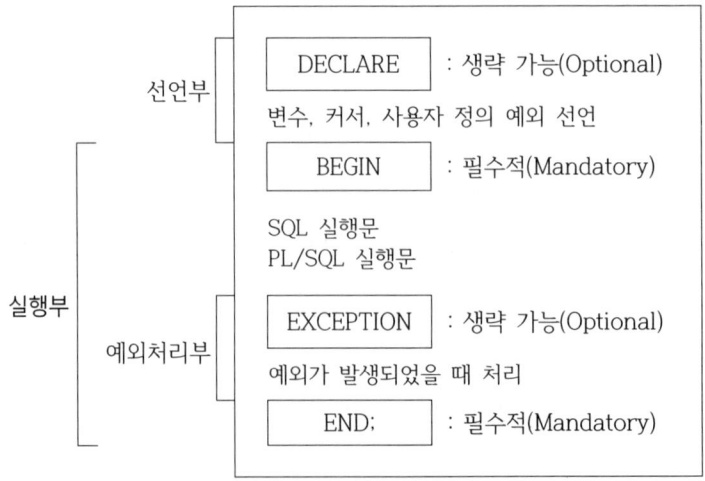

- DECLARE 절(선언부)은 BEGIN ~ END; 에서 사용될 변수와 상수, 커서를 선언하고 EXCEPTION 절에서 처리되는 예외를 선언하는 곳이며, 선언할 것이 없으면 생략이 가능하다.
- BEGIN ~ END; 절(실행부)은 실제로 실행이 될 SQL, PL/SQL 구문 등을 처리하는 곳이며, 반드시 명시해야 한다.
- EXCEPTION 절(예외처리부)은 BEGIN ~ END; 절에서 실행되는 SQL 문이 실행될 때 에러가 발생하면 그 에러를 어떻게 처리할 것인지를 정의하는 곳이며, 에러를 처리하지 않으려면 생략이 가능하다.
- DECLARE, BEGIN, EXCEPTION 뒤에는 세미콜론(;)을 쓰지 않지만 END 및 다른 PL/SQL 문장은 문장 끝을 표시하기 위해 반드시 세미콜론을 써야 한다.

 예제 "PL/SQL Block!!!"을 출력하는 블록을 작성하여라.

```
SQL> SET SERVEROUTPUT ON
SQL> BEGIN
  2    dbms_output.putline('PL/SQL Block!!!')
  3  END;
  4  /
PL/SQL Block!!!

PL/SQL 처리가 정상적으로 완료되었습니다.
```

Note: -dbms_output.put_line은 오라클에서 제공하는 프로시저이다. 이 프로시저를 사용하여 PL/SQL 블록 내에서 변수의 값을 화면에 출력하여 눈으로 확인하여 볼 수 있다.
　　　-이 결과를 화면에 나타나게 하기 위해서는 SQL*PLUS 환경변수인 SERVEROUTPUT을 ON으로 설정하여야 한다.

제11장 선언부

- 선언부에는 BEGIN 절(실행부)에서 사용할 변수나 상수를 선언하고
- EXCEPTION 절(예외처리부)에서 처리되는 예외를 선언한다.
- 오라클은 PL/SQL 블록에서 참조하기 전에 선언부에서 모든 변수를 반드시 선언해야 한다.
- 오라클에서 제공하는 변수의 데이터타입은 스칼라 데이터 타입, 복합 데이터 타입, 참조 데이터 타입 등이 있다.

1. 스칼라 데이터 타입

- 가장 일반적으로 사용되는 데이터 타입으로, 하나의 변수에 하나의 값만을 저장할 수 있는 기본적인 데이터 타입이다.
- 기본 구문

```
변수명 [CONSTANT] 데이터타입 [NOT NULL] [: =|DEFAULT 수식];
```

- 변수명은 30자 이내의 길이로, 반드시 문자로 시작해야 한다.
- 변수명은 대, 소문자 구분하지 않는다.
- 예약어는 변수명으로 사용하지 않는다.
- 변수명은 일반적으로 v_를 앞에 붙여 사용하고, 상수명은 c_를 붙여 사용한다.
- 상수로 사용하고자 할 경우에는 예약어 CONSTANT를 붙여 선언한다.
- 변수는 초기값을 할당하지 않아도 되며, 초기값을 할당하지 않는 경우에는 NULL로 자동 초기화가 된다.
- 변수를 NOT NULL로 선언하였을 경우와 상수를 선언하였을 경우에는 반드시 초기값을 할당하여야 한다.
- 변수나 상수에 초기값을 할당할 경우에는 할당 연산자(: =)를 사용하거나 예약어 DEFALT를 사용한다.
- 하나의 라인에 하나의 선언만 가능하다.
- 각각의 변수 선언 뒤에는 반드시 세미콜론(;)을 사용하여 선언을 종료한다.

- 스칼라 데이터 타입은 크게 숫자형, 문자형, 날짜형, BOOLEAN형 등으로 구분된다.

1) 숫자형

- NUMBER(전체자리수, 유효 자리수)
  - 정수나 실수의 숫자 데이터를 저장할 때 사용

- BINARY_INTEGER
  - -2,147,483,647에서 2,147,483,647 사이의 정수 값을 저장할 때 사용

2) 문자형

- CHAR(최대길이)
  - 고정된 문자 값을 저장할 때 사용

- VARCHAR2(최대길이)
  - 길이가 일정하지 않은 문자 데이터를 저장할 때 사용

- LONG(최대길이)
  - 2GB의 텍스트 데이터를 저장할 때 사용

3) 날짜형

- DATE
  - 날짜와 시간 정보를 저장할 때 사용

4) BOOLEAN 형

- BOOLEAN
  - True, False, Null 값을 갖는 데이터를 저장할 때 사용

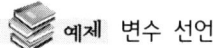 예제 변수 선언

```
Declare
        v_gender CHAR(1);    --한 자리의 문자 변수 선언
        v_count  BINARY_INTEGER:=0;  --정수 변수를 선언하고 0으로 초기값 할당
        v_total_sal NUMBER(9,2) := 0;
        /* 소수점이하 두자리 전체 9자리인 실수변수를 선언하고 0으로 초기값 할당 */
        v_order_date DATE := SYSDATE+7;
        /* 날짜 변수를 선언하고 현재날짜에서 일주일 후를 초기값으로 할당 */
        v_deptno NUMBER(2) NOT NULL := 30;
        /* 두 자리의 정수 변수를 선언하고 NOT NULL이므로 반드시 초기값을
           설정해야하므로 30으로 할당 */
        v_mgr NUMBER(4) DEFAULT 7979;
        /* 4자리의 정수 변수를 선언하고 초기값으로 7979 할당 */
        v_valid BOOLEAN NOT NULL := TRUE;
        /* Boolean 변수를 선언하고 초기값으로 TRUE 할당 */
        c_tax_rate CONSTANT NUMBER(3,2) := 8.25;
        /* 소수점이하 두 자리 전체 세 자리인 상수를 선언하고 초기값으로 8.25
           할당 */
```

Note: -주석이 단 한 줄일 때에는 '--'기호를 주석의 첫머리에 표기한다.
      -주석이 두 줄 이상일 때에는 '/*' 기호를 사용하여 시작하고 주석의 마지막에는 '*/'기호를 사용하여 끝낸다.

2. 참조 데이터 타입

- 변수를 선언할 때 테이블명과 칼럼명을 사용하여 해당 테이블과 해당 칼럼의 데이터 타입과 크기를 그대로 참조하여 정의하는 데이터 타입으로,
- %TYPE과 %ROWTYPE이 있다.
- 참조 데이터 타입은 테이블의 구조가 자주 변경되는 데이터베이스 환경에서 그때마다 PL/SQL 블록을 자주 변경할 필요가 없다는 장점이 있다.

1) %TYPE
- 특정 테이블의 특정 칼럼을 대상으로 변수를 선언할 경우에 사용한다.

- 구문

> 변수명 테이블명.칼럼명%TYPE;

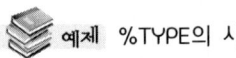 %TYPE의 사용

```
Declare
        v_empno emp.empno%TYPE;
        /* ename의 형식을 정확히 모를 때, emp테이블의 ename칼럼 형식을 그대로 사용
           emp 테이블의 empno 칼럼과 같은 데이터 타입 및 크기로 선언 */
        v_ename emp.ename%TYPE;
        /* emp 테이블의 ename 칼럼과 같은 데이터 타입 및 크기로 선언 */
        v_deptno dept.dname%TYPE;
        /* dept 테이블의 dname 칼럼과 같은 데이터 타입 및 크기로 선언 */
```

2) %ROWTYPE

- 특정 테이블의 모든 칼럼을 대상으로 변수를 선언할 경우에 사용한다.
- 즉, 어떤 테이블에 20개의 칼럼이 있고 모든 칼럼에 대해 데이터를 저장해야 할 경우에 20개의 변수를 선언해야 한다. 그러나, %ROWTYPE을 사용하면 한번의 선언으로 사용이 가능하다.
- SELECT 문을 사용하여 행을 검색하거나 명시적 커서로 여러 행을 검색할 때 유용하다.
- 구문

> 변수명 테이블명%ROWTYPE;

- %ROWTYPE 레코드에 있는 각각의 필드는 변수명.칼럼명으로 참조된다.

 %ROWTYPE의 사용

```
Declare

        v_dept dept%ROWTYPE;
        /* dept 테이블의 deptno, dname, loc 칼럼과 같은 데이터 타입 및 크기로 선언 */
        /* 각각의 필드는 v_dept.deptno, v_dept.dname, v_dept.loc로 참조된다. */
```

3. 복합 데이터 타입

- 사용자가 임의로 정의할 수 있는 데이터 타입으로
- TABLE 형과 RECORD 형이 있다.

1) TABLE

- 일반적인 프로그래밍 언어에서 사용되는 1차원 배열에 해당하는 변수를 PL/SQL 언어에서는 TABLE 변수라고 한다.
- 데이터베이스에서의 테이블과는 다르다.
- 구문

```
TYPE 타입명 IS TABLE OF
      데이터형|테이블명.칼럼명%TYPE]
      INDEX BY BINARY_INTEGER;

변수명   데이터형;
```

- 각각의 요소 참조 및 정의는 인덱스와 함께 TABLE변수명(1), TABLE변수명(2)의 형태로 사용한다.

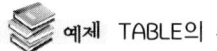 예제 TABLE의 사용

```
Declare

        TYPE ename_table_type IS TABLE OF varchar2(10)
        INDEX BY BINARY_INTEGER;
        /* 문자값을 저장하는 칼럼으로 테이블 형 생성 */

        ename_table ename_table_type;
        /* 위에서 생성한 테이블 형태로 변수 선언 */
```

Note: -테이블 변수의 각 요소를 참조하기 위해서는 인덱스와 함께 ename_table(1), ename_table(2), ... 와 같이 사용한다.
-각 요소에 값을 지정하기 위해서는 ename_table(1) := 'MARURO', ename_table(2) := 'PARK'와 같이 사용한다.

- PL/SQL은 테이블 변수에서의 인덱스 범위를 제한하지 않으므로, 100, 0, 1 등의 적절한 번호에서 시작할 수 있다.

 예제 EMP 테이블의 사원 이름을 배열 형태로 저장하여라.

```
Declare

        TYPE ename_table_type IS TABLE OF emp.ename%type
        INDEX BY BINARY_INTEGER;

        ename_table ename_table_type;
```

2) RECORD

- 여러 개의 필드를 서로 묶어서 하나의 레코드 타입으로 변수를 선언한다.
- 각각의 필드들은 다른 데이터 타입이 될 수 있다.
- 일반적인 프로그래밍 언어에서 사용되는 struct나 class에 해당하는 변수를 PL/SQL 언어에서는 RECORD 변수라고 한다.
- PL/SQL 블록에서 테이블로부터 하나의 행을 읽어올 때 편리하다.
- 한번의 RECORD 변수 사용으로 한 행의 모든 값을 저장할 수 있어 편리하나,
- 일반적으로 %ROWTYPE을 더 많이 사용한다.
- 구문

```
TYPE 타입명 IS RECORD
(필드명 데이터형 [NOT NULL] [초기값]
 필드명 데이터형 [NOT NULL] [초기값]
 .....
 필드명 데이터형 [NOT NULL] [초기값]);

변수명   데이터형;
```

- 각각의 요소 참조 및 정의는 RECORD변수명.필드명 형태로 사용한다.

 예제 RECORD의 사용

```
Declare

        TYPE emp_rec IS RECORD
        (id number(3),
         last_name varchar2(25),
         first_name varchar2(25),
         gender char(1));
         /* id, last_name, first_name, gender 각기 다른 데이터 형태를 갖는
            레코드 형 생성 */

        employee emp_rec;
        /* 위에서 생성한 레코드 형태로 변수 선언 */

        employee.id:=111;
        employee.last_name:='이 ';
        employee.first_name:='상수 ';
        employee.gender:='M'
            /* 레코드 형태의 변수에 값을 지정 */
```

Note: -레코드 변수에는 다른 데이터 타입의 필드들로 구성될 수 있다.
      -레코드 변수를 참조하기 위해서는 employee.id와 같이 "레코드변수명.필드명"의 형태로 사용한다.

제12장 실행부

- 변수, 상수, 커서, 예외의 선언이 끝난 후에 그것들을 가지고 실질적으로 작업이 진행되는 부분을 실행부라 한다.
- PL/SQL 블록의 실행부는 BEGIN으로 시작되며,
- 각각의 실행문은 END;처럼 세미콜론과 함께 END로 끝난다.
- 실행문은 여러 라인에 걸쳐 사용할 수 있으며,
- SQL에서와 마찬가지로 날짜와 문자는 단일 인용부호(' ')와 같이 사용한다.
- PL/SQL 블록은 '/' 기호를 사용하여 실행시킨다.
- 실행문은 크게 다음과 같이 분류할 수 있다.
  - 대치문(Assignment Statement)
  - 제어문(Flow of Control Statement)
  - SQL 문
  - 커서 문

1. 대치문(Assignment Statement)

- PL/SQL 변수에 값을 할당하는 문으로 할당 연산자(:=)를 사용하여 값을 지정한다.
- 할당 연산자(:=) 좌측에 새로운 값을 받기 위한 변수를 기술하고 우측에 저장할 값을 기술한다.
- 구문

  > 변수명 := 값|연산식;

  - 값은 숫자 상수, 문자 상수, 날짜 상수, BOOLEAN 상수 등으로 구성된다.
  - 연산식은 연산자와 피연산자의 조합으로 구성되며,
  - 피연산자는 임의의 타입의 상수 또는 연산식이 될 수 있다.

- 사용할 수 있는 연산자
  - 산술 연산자: +, -, *, /, **
  - 결합 연산자: ||
  - 논리 연산자: AND, OR, NOT
  - 비교 연산자: <, <=, >, >=, =, <>
  - SQL 연산자: IS NULL, BETWEEN AND, LIKE, IN

- 각각의 연산자는 지승(**), 음수 부호(-), 곱하기와 나누기(*, /), 더하기와 빼기(+, -), 문자열의 결합(||), 비교 연산자, SQL 연산자, NOT, AND, OR 연산자 등으로 우선 순위가 정해진다.
- 연산식에 단일행 함수 혹은 데이터 변환 함수의 사용이 가능하다.
  그러나, 그룹 함수는 테이블의 그룹에 적용되므로 PL/SQL 블록의 SQL문에서만 가능하다.
- 예를 들어, v_re_name: = UPPER(v_last_name);과 같은 형태로는 사용이 가능하나, v_total: = SUM(number_table);은 컴파일 오류를 발생한다.
- 변수의 값이 NULL인 경우 그 변수를 포함한 연산식의 값은 무조건 NULL로 계산된다.

2. 제어문(Flow of Control Statement)

- PL/SQL 실행문들의 흐름을 제어할 수 있는 문으로, 크게 두 가지로 구분된다.
  - 분기문: 주어진 조건에 따라 두 가지 혹은 여러 가지 중에서 한 가지를 선택하여 문장을 수행
  - 반복문: 주어진 조건에 따라서 문장이나 문장의 집합을 반복해서 수행

1) IF 문

- 주어진 조건에 따라 두 가지 중에서 한 가지를 선택하여 문장을 수행하는 분기문으로, 논리적 흐름을 변경할 때 사용한다.

(1) IF THEN 문

• 구문

```
IF 조건 THEN
    실행문의 집합
END IF;
```

• 조건이 TRUE 값을 가질 경우 THEN과 END IF 사이에 있는 실행문의 집합이 수행되고 그렇지 않을 경우(FALSE나 NULL) IF 문 블록 다음의 문장(END IF 다음 문장)이 수행된다.
• END IF 절을 생략하면 에러가 발생된다.

 예제 주어진 숫자가 0보다 크면 "데이터는 양수입니다"를 출력하는 블록을 작성하여라.

```
SQL> DECLARE
  2    v_su NUMBER := 10;
  3  BEGIN
  4   IF v_su >0 THEN
  5     dbms_output.put_line('데이터는 양수입니다.');
  6   END IF;
  7  END;
  8  /
데이터는 양수입니다.

PL/SQL 처리가 정상적으로 완료되었습니다.
```

Note: -dbms_output.put_line은 오라클에서 제공하는 프로시저이다. 이 프로시저를 사용하여 PL/SQL 블록 내에서 변수의 값을 화면에 출력하여 눈으로 확인하여 볼 수 있다.
-이 결과를 화면에 나타나게 하기 위해서는 SQL*PLUS 환경변수인 SERVEROUTPUT을 ON으로 설정하여야 한다.

(2) IF THEN ELSE 문

• 구문

```
IF 조건 THEN
    실행문의 집합1
ELSE
    실행문의 집합2
END IF;
```

- 조건이 TRUE 값을 가질 경우 THEN과 ELSE 사이에 있는 "실행문의 집합1"이 수행되고, 조건이 FALSE 값을 가질 경우 ELSE와 END IF 사이에 있는 "실행문의 집합2"가 수행된다.
- ELSE 절은 IF 조건문에서 단 한번만 정의할 수 있으며, IF 문 안에 또 다른 IF 문을 중첩적으로 포함할 수 있다.

 예제 주어진 숫자가 0보다 크면 "데이터는 양수입니다"를 출력하고, 그렇지 않은 경우에는 "데이터는 양수가 아닙니다"를 출력하는 블록을 작성하여라.

```
SQL> DECLARE
  2    v_su NUMBER := 0;
  3  BEGIN
  4    IF v_su >0 THEN
  5      dbms_output.put_line('데이터는 양수입니다.');
  6    ELSE
  7      dbms_output.put_line('데이터는 양수가 아닙니다.');
  8    END IF;
  9  END;
 10  /
데이터는 양수가 아닙니다.

PL/SQL 처리가 정상적으로 완료되었습니다.
```

(3) IF THEN ELSIF 문

- IF THEN ELSIF는 여러 가지의 서로 다른 조건에 대하여 선택적인 실행을 가능하게 한다.
- 구문

```
IF 조건1 THEN
     실행문의 집합1
ELSIF 조건2 THEN
     실행문의 집합2
· · · · ·
ELSIF 조건n THEN
     실행문의 집합n
[ELSE 실행문의 집합n+1]
END IF;
```

- 조건1이 TRUE 값을 가질 경우에는 "실행문의 집합1"이 수행되고, 그렇지 않은 경우에는 조건2를 판단하여 조건2가 TRUE 값을 가질 경우에 "실행문의 집합2"가 수행된다. 조건n까지 모두 만족하지 않으면 ELSE절에 있는 "실행문의 집합n+1"이 수행된다.

- ELSIF 절은 여러 번 정의할 수 있으며, 모든 조건에 만족하지 않으면 ELSE 절에 의해 처리된다.
- ELSE 절은 IF 조건문에서 단 한번만 정의할 수 있으며, 생략이 가능하다.

 예제 주어진 숫자가 0보다 크면 "데이터는 양수입니다"를, 0보다 작으면 "데이터는 음수입니다"를, 두 경우에 모두 해당되지 않으면 "데이터는 0입니다"를 출력하는 블록을 작성하여라.

```
SQL> DECLARE
  2      v_su NUMBER := 0;
  3  BEGIN
  4    IF v_su > 0 THEN
  5      dbms_output.put_line('데이터는 양수입니다.');
  6    ELSIF v_su < 0 THEN
  7      dbms_output.put_line('데이터는 음수입니다.');
  8    ELSE
  9      dbms_output.put_line('데이터는 0 입니다.');
 10    END IF;
 11  END;
 12  /
데이터는 0 입니다.

PL/SQL 처리가 정상적으로 완료되었습니다.
```

2) CASE 문

- CASE는 오라클 9i부터 제공되는 기능으로,
- 주어진 조건에 따라 여러 가지 경우 중에서 한 가지를 선택하여 수행하는 분기문이다.
- IF 문을 사용했을 때의 반복적인 조건식의 나열 과정을 간결하게 처리할 수 있는 장점을 가지고 있으며, 두 가지 형태로 사용된다.

(1) Searched Case 문

- 동등 조건의 비교가 아닌 일반적인 비교를 기준으로 분기를 해야 할 경우에 사용한다.
- 구문

```
CASE
    WHEN 조건1 THEN 실행문의 집합1;
    WHEN 조건2 THEN 실행문의 집합2;
    . . . . .
    WHEN 조건n THEN 실행문의 집합n;
    [ELSE 실행문의 집합n+1;]
END CASE;
```

- IF THEN ELSIF와 마찬가지로 각 조건의 평가는 순차적으로 일어나며, 조건의 결과가 TRUE가 될 때까지 조건의 평가가 계속된다.
- TRUE의 조건을 만나면 해당되는 부분의 실행문의 집합을 수행하고 CASE 블록 바로 다음 문장으로 이동한다.
- 조건을 모두 만족하지 않으면 ELSE절의 실행문을 수행한다.

 예제 주어진 숫자가 10보다 작으면 "10 미만의 숫자"를, 10보다 크고 50보다 작으면 "10 이상 50 미만의 숫자"를, 50보다 크고 90보다 작으면 "50 이상 90 미만의 숫자"를, 그렇지 않은 경우에는 "90 이상의 숫자"를 출력하는 블록을 작성하여라.

```
SQL> SET SERVEROUTPUT ON
SQL> DECLARE
  2    v_su NUMBER := 15;
  3  BEGIN
  4    CASE
  5      WHEN v_su < 10 THEN dbms_output.put_line(v_su);
  6                          dbms_output.put_line('10 미만의 숫자');
  7      WHEN v_su < 50 THEN BEGIN
  8                          dbms_output.put_line(v_su);
  9                          dbms_output.put_line('10 이상 50 미만의 숫자');
 10                          END;
 11      WHEN v_su < 90 THEN dbms_output.put_line(v_su || ' : 50 이상 90 미만의 숫자');
 12      ELSE dbms_output.put_line(v_su || ' : 90 이상의 숫자');
 13    END CASE;
 14 END;
SQL> /
15
10 이상 50 미만의 숫자

PL/SQL 처리가 정상적으로 완료되었습니다.
```

Note: -5~6라인에서와 같이 실행문의 집합을 표현하기 위하여 반드시 블록을 나타내는 BEGIN과 END를 사용할 필요는 없다.
-변수 v_su의 값에 따라 90보다 큰 경우, 50보다 크고 90보다 작은 경우, 10보다 크고 50보다 작은 경우, 10보다 작은 경우로 구분하여 실행문의 집합을 생성하였다.

(2) 선택자(Selector)를 갖는 Case 문

- 다른 언어의 SWITCH나 CASE 문처럼 선택자의 결과 값에 대하여 일치되는 연산식을 가지는 실행 문을 수행하는 형식으로,
- 스칼라 값을 비교하는 경우에 사용되며,
- 값의 영역을 비교해야하는 경우에는 사용할 수 없다.
- 구문

```
CASE 선택자
     WHEN 연산식1 THEN 실행문의 집합1;
     WHEN 연산식2 THEN 실행문의 집합2;
     . . . . .
     WHEN 연산식n THEN 실행문의 집합n;
     [ELSE 실행문의 집합n+1;]
END CASE;
```

 예제 주어진 숫자가 10이면 "데이터 숫자 10"를, 50이면 "데이터 숫자 50"을, 99이면 "데이터 숫자 99"를, 모든 경우에 해당되지 않으면 "데이터는 10, 50, 99 이외의 숫자"를 출력하는 블록을 작성하여라.

```
SQL> DECLARE
  2    v_su NUMBER := 15;
  3  BEGIN
  4    CASE v_su
  5      WHEN 10 THEN dbms_output.put_line(v_su);
  6                   dbms_output.put_line('데이터는 숫자 10');
  7      WHEN 50 THEN BEGIN
  8                     dbms_output.put_line(v_su);
  9                     dbms_output.put_line('데이터는 숫자 50');
 10                   END;
 11      WHEN 99 THEN dbms_output.put_line(v_su || ' : 데이터는 숫자 99');
 12      ELSE dbms_output.put_line(v_su || ' : 데이터는 10, 50, 99 이외의 숫자');
 13    END CASE;
 14  END;
SQL> /
15 : 데이터는 10, 50, 99 이외의 숫자

PL/SQL 처리가 정상적으로 완료되었습니다.
```

Note: -4 라인에서 선택자 v_su를 사용하였고, 5, 7, 11라인에서의 10, 50, 99와 같이 선택자와 호환될 수 있는 스칼라 값을 사용하였다.
   -변수 v_su의 값에 따라 10인 경우, 50인 경우, 99인 경우, 그렇지 않은 경우로 구분하여 실행문의 집합을 생성하였다.

3) LOOP 문

- 단순하게 주어진 문장의 집합을 반복해서 수행하는 반복문이다.
- 구문

```
LOOP
    실행문;
    실행문;
    ......
    [EXIT WHEN 조건]
END LOOP;
```

- LOOP과 END LOOP 사이에 있는 실행문들이 반복적으로 실행되며,
- 실행문의 집합 중에 EXIT 문을 이용하여 원하는 조건을 만족할 때 LOOP 밖으로 빠져나와서 LOOP 블록의 바로 다음 문장을 실행하게 한다.
- EXIT은 조건 없이 무조건 LOOP을 빠져나오는 형식으로도 사용이 가능하다.
- EXIT 문이 없을 경우 무한 LOOP가 발생하게 된다.

 예제 1부터 10까지의 합을 구하는 블록을 작성하여라.

```
SQL> DECLARE
  2    v_su NUMBER := 0;
  3    v_sum NUMBER := 0;
  4  BEGIN
  5    LOOP
  6      v_su := v_su + 1;
  7      v_sum := v_sum + v_SU;
  8      EXIT WHEN v_su = 10;
  9    END LOOP;
 10    dbms_output.put_line('1 부터 10 까지의 합 : ' || v_sum);
 11* END;
SQL> /
1 부터 10 까지의 합 : 55

PL/SQL 처리가 정상적으로 완료되었습니다.
```

4) FOR LOOP 문

- 주어진 조건에 대하여 반복적으로 문장을 수행하는 반복문으로,
- 이미 정해져 있는 횟수만큼 반복하고 싶을 때 사용한다.
- 구문

```
FOR 인덱스_변수 IN [REVERSE] 최소값..최대값 LOOP
    실행문;
    실행문;
    .....
END LOOP;
```

- 인덱스_변수는 선언문에서 선언할 필요가 없으며, FOR LOOP 문이 실행될 때 자동적으로 선언되는 변수이다.
- 최소값과 최대값은 인덱스_변수가 가질 수 있는 범위를 나타내며,
- 인덱스_변수는 최소값에서 시작해서 자동적으로 증가되어 최대값에 이를 때까지 블록을 반복하여 실행한다.
- REVERSE를 사용하면 반대로 인덱스_변수가 최대값에서 시작해서 자동적으로 감소되어 최소값에 이를 때까지 블록을 반복하여 실행한다.

 예제 1부터 10까지의 합을 구하는 블록을 작성하여라.

```
SQL> DECLARE
  2    v_sum NUMBER := 0;
  3  BEGIN
  4    FOR i IN 1..10 LOOP
  5      v_sum := v_sum + i;
  6    END LOOP;
  7    dbms_output.put_line('1 부터 10 까지의 합 : ' || v_sum);
  8* END;
SQL> /
1 부터 10 까지의 합 : 55

PL/SQL 처리가 정상적으로 완료되었습니다.
```

5) WHILE LOOP 문

- 주어진 조건이 TRUE인 동안만 반복적으로 문장을 수행하는 반복문으로,
- 조건은 반복이 시작될 때 체크하기 때문에 문장이 한번도 수행되지 않을 경우도 있다.
- 구문

```
WHILE 조건 LOOP
    실행문;
    실행문;
    ......
END LOOP;
```

 예제 1부터 10까지의 합을 구하는 블록을 작성하여라.

```
SQL> DECLARE
  2    v_sum NUMBER := 0;
  3    i NUMBER := 0;
  4  BEGIN
  5    WHILE i < 10 LOOP
  5      i := i +1;
  6      v_sum := v_sum + i;
  7    END LOOP;
  8    dbms_output.put_line('1 부터 10 까지의 합 : ' || v_sum);
  9* END;
SQL> /
1 부터 10 까지의 합 : 55

PL/SQL 처리가 정상적으로 완료되었습니다.
```

3. SQL 문

- 데이터베이스에서 정보를 검색하거나 변경된 내용을 데이터베이스에 저장하려고 할 때에는 PL/SQL 내에 SQL을 사용할 수 있다.
- PL/SQL은 SQL에 있는 데이터 조작어(DML: INSERT, UPDATE, DELETE)와 트랜젝션 제어 명령(COMMIT, ROLLBACK, SAVEPOINT)을 모두 지원한다.
- 또한, 데이터베이스로부터 검색 결과 값을 변수에 할당하기 위해 SELECT 문을 이용한다.
- PL/SQL 블록에서는 데이터 정의어(DDL: CREATE, ALTER, DROP)를 사용할 수 없으나, 동적 SQL을 사용하거나 DBMS_SQL 패키지를 사용하면 DDL문을 포함한 임의의 SQL문을 블록에서 수행할 수 있다.

1) PL/SQL 블록에서의 SELECT 문

- 기본적인 SELECT문의 기능과 마찬가지로 데이터베이스로부터 데이터를 검색하는 기능을 갖는다.
- 구문

```
SELECT 칼럼명[, 칼럼명, . . .]
INTO 변수명[, 변수명, . . .]
FROM 테이블명
[WHERE 조건]
[GROUP BY 칼럼명]
[HAVING 그룹조건]
[ORDER BY 칼럼명];
```

- PL/SQL 블록에서의 SQL 문은 데이터베이스로부터 데이터를 가져와서 변수에 할당하는 방식을 취하기 때문에 변수를 지정하기 위한 INTO 절이 반드시 필요하다.
- 한번의 SELECT 문으로 한 개의 레코드 즉 한 행이 검색되어 결과를 변수에 저장한다.
- SELECT 절에 나타난 칼럼명의 개수와 INTO 절에 나타난 변수명의 개수는 일치해야 하며, 데이터 타입이 같아야 한다.
- SQL 문은 반드시 세미콜론(;)으로 끝나야 한다.

예제 dept 테이블로부터 10번 부서의 부서 이름과 부서 위치를 검색해서 출력하는 블록을 작성하여라.

```
SQL> DECLARE
  2    v_dname dept.dname%TYPE;
  3    v_loc dept.loc%TYPE;
  4  BEGIN
  5    SELECT dname, loc
  6    INTO v_dname, v_loc
  7    FROM dept
  8    WHERE deptno = 10;
  9    dbms_output.put_line('10 번 부서의 부서명은 ' || v_dname || '이고 ');
 10    dbms_output.put_line(v_loc || '에 위치하고 있다');
 11  END;
 12  /
10 번 부서의 부서명은 ACCOUNTING이고
NEW YORK에 위치하고 있다

PL/SQL 처리가 정상적으로 완료되었습니다.
```

Note: -dept 테이블로부터 10번 부서의 부서명과 위치를 검색해서 부서명은 v_dname 변수에 저장하고 위치는 v_loc 변수에 저장하였다.
-v_dname 변수는 칼럼명 dname과 데이터형이 같아야 하며, 변수 v_loc는 칼럼명 loc와 데이터형이 같아야 하므로 %TYPE을 이용해서 선언하였다.
-SELECT 절에 칼럼명이 2개이므로 INTO 절에도 변수가 2개이어야 한다.

 예제 emp 테이블로부터 'SCOTT'의 연봉을 구하여 이름, 급여, 연봉을 출력하는 블록을 작성하여라(연봉은 (급여+커미션)*12로 계산하며, 커미션이 없는 경우에는 0으로 하여라.).

```
SQL> ed
file afiedt.buf(이)가 기록되었습니다

  1  DECLARE
  2    v_emp emp%ROWTYPE;
  3    v_annusal NUMBER(7,2);
  4  BEGIN
  5    SELECT *
  6    INTO v_emp
  7    FROM emp
  8    WHERE ename = 'SCOTT';
  9    IF v_emp.comm IS NULL THEN
 10      v_annusal := (v_emp.sal + 0) * 12;
 11    ELSE
 12      v_annusal := (v_emp.sal + v_emp.comm) * 12;
 13    END IF;
 14    dbms_output.put_line('이름      //    급여      //    연봉         ');
 15    dbms_output.put_line('----------------------------------------------');
 16    dbms_output.put_line(v_emp.ename || '        ' || v_emp.sal || '            ' || v_annusal);
 17* END;
SQL> /
이름      //    급여      //    연봉
----------------------------------------------
SCOTT           3000           36000

PL/SQL 처리가 정상적으로 완료되었습니다.
```

2) PL/SQL 블록에서의 INSERT 문

- 기본적인 INSERT문과 마찬가지로 데이터베이스에 새로운 데이터를 삽입하는 기능을 갖는다.
- 구문

```
INSERT INTO 테이블명[(칼럼명1, 칼럼명2, ...)]
VALUES(값1[, 값2, ...]);
```

 예제 dept 테이블에서 40보다 큰 부서번호가 존재하지 않으면 dept 테이블에 (50, 인사부, 서울)인 데이터를 추가하는 블록을 작성하여라.

```
SQL> DECLARE
  2    v_deptno dept.deptno%TYPE;
  3  BEGIN
  4    SELECT MAX(deptno)
  5    INTO v_deptno
  6    FROM dept;
  7    IF v_deptno <= 40 THEN
  8       INSERT INTO DEPT
  9       VALUES(50, '인사부', '서울');
 10    END IF;
 11  END;
 12  /

PL/SQL 처리가 정상적으로 완료되었습니다.

결과 확인 :

SQL> SELECT * FROM DEPT;
    DEPTNO DNAME                LOC
---------- -------------------- --------------------
        10 ACCOUNTING           NEW YORK
        20 RESEARCH             DALLAS
        30 SALES                CHICAGO
        40 OPERATIONS           BOSTON
        50 인사부               서울
```

Note: DEPT 테이블에 한 행을 삽입하였으므로, 결과 확인은 테이블을 통해서 가능하다.

3) PL/SQL 블록에서의 UPDATE 문

- 기본적인 UPDATE 문과 마찬가지로 데이터베이스 테이블에 있는 데이터를 수정하는 기능을 갖는다.
- 구문은 SQL 문에서와 같다.

```
UPDATE 테이블명
SET 칼럼명=값
WHERE 조건;
```

- WHERE 절을 생략하면 테이블의 모든 데이터를 변경한다.

 예제 dept 테이블에서 부서 번호가 40보다 큰 부서를 찾아 부서의 이름을 총무부로 변경하는 블록을 작성하여라.

```
SQL> DECLARE
  2    v_deptno dept.deptno%TYPE;
  3  BEGIN
  4    SELECT deptno
  5    INTO v_deptno
  6    FROM dept
  7    WHERE deptno > 40;
  8    UPDATE dept
  9    SET dname = '총무부 '
 10    WHERE deptno = v_deptno;
 11  END;
 12  /

PL/SQL 처리가 정상적으로 완료되었습니다.

결과 확인 :

SQL> SELECT * FROM DEPT;
     DEPTNO DNAME              LOC
     ------ ------------------ ------------------
         10 ACCOUNTING         NEW YORK
         20 RESEARCH           DALLAS
         30 SALES              CHICAGO
         40 OPERATIONS         BOSTON
         50 총무부             서울
```

Note: 50번 부서의 부서명이 인사부에서 총무부로 변경되었다.

4) PL/SQL 블록에서의 DELETE 문

- 기본적인 DELETE 문과 마찬가지로 데이터베이스 테이블에 있는 데이터를 삭제하는 기능을 갖는다.
- 구문은 SQL 문에서와 같다.

```
DELETE FROM 테이블명
WHERE 조건;
```

- WHERE 절을 생략하면 테이블의 모든 데이터를 삭제한다.

 예제 dept 테이블에서 부서 번호가 40보다 큰 부서를 찾아 데이터를 삭제하는 블록을 작성하여라.

```
SQL> DECLARE
  2    v_deptno dept.deptno%TYPE;
  3  BEGIN
  4    SELECT deptno
  5    INTO v_deptno
  6    FROM dept
  7    WHERE deptno > 40;
  8    DELETE FROM dept
  9    WHERE deptno = v_deptno;
 11  END;
 12  /

PL/SQL 처리가 정상적으로 완료되었습니다.

결과 확인 :

SQL> SELECT * FROM DEPT;

    DEPTNO DNAME          LOC
    ---------- -------------- -------------
        10 ACCOUNTING     NEW YORK
        20 RESEARCH       DALLAS
        30 SALES          CHICAGO
        40 OPERATIONS     BOSTON
```

Note: 50번 부서의 내용이 삭제되었다.

1. 구구단을 작성하는 PL/SQL 블록을 작성하여라.

    1) 테이블 GUDAN을 생성하여라.

칼럼명	dan	gop	su	eq	hap
DataType	num	char	num	char	num
길이	2	1	1	1	3
default 값		*		=	

    2) DAN(단)을 치환변수로 입력받아 구구단을 구하는 프로그램을 작성하여라.

    3) 실행시킨 결과를 확인하여라.

2. emp 테이블로부터 SMITH의 부서번호를 조회하여 그 부서번호에 해당하는 부서명을 dept 테이블로부터 찾아 사원이름, 부서번호를 화면에 출력하는 블록을 작성하여라.

4. 커서(CURSOR) 문

- SQL 문이 실행될 때마다 오라클 서버는 명령이 분석(parse)되고 실행될 메모리 영역을 여는데, 이 메모리 영역을 커서라고 한다.
- 오라클 서버는 모든 문장을 커서 단위로 처리하고 그 정보를 저장, 관리한다.
- 커서의 종류에는 두 가지 유형이 있다.
  - 암시적 커서
  - 명시적 커서

1) 암시적 커서

- 한 개의 결과 값을 가져오는 SELECT 문이 실행될 때 자동적으로 생성되어 사용되는 메모리 영역이다.
- 관련 SQL문을 실행시키면 오라클 서버가 자동으로 생성하여 그 영역에서 SQL 문을 분석하고 실행시킨 후, SQL 문의 실행이 끝나면 자동적으로 커서를 닫는다.
- 암시적 커서는 사용자 눈에 보이지 않으며,
- 커서의 속성을 사용하여 커서에 접근한다.
- 암시적 커서의 속성

속성	내용
SQL%ROWCOUNT	실행된 SQL 문의 결과로 나온 행의 개수를 나타낸다.
SQL%FOUND	수행되고 있는 SQL 문에서 반환될 행이 남아있는지를 나타낸다. - 행이 남아 있는 경우: TRUE를 반환 - 행이 남아 있지 않은 경우: FALSE를 반환
SQL%NOTFOUND	SQL%FOUND의 반대로 표시한다. - 행이 남아 있지 않은 경우: TRUE를 반환 - 행이 남아 있는 경우: FALSE를 반환
SQL%ISOPEN	커서가 open되어 있는지의 여부를 나타낸다. - 열려 있는 경우: TRUE - 닫혀 있는 경우: FALSE 암시적 커서에서는 SQL문이 수행되고 나면 즉시 close되므로 항상 FALSE의 값을 갖는다.

예제 emp 테이블에서 10번 부서의 급여를 "급여*1.1"로 수정하고 급여가 수정된 사원의 수를 알아내는 프로그램을 작성하여라.

```
SQL> BEGIN
  2    UPDATE emp
  3    SET sal = sal * 1.1
  4    WHERE deptno = 10;
  5    dbms_output.put_line(SQL%ROWCOUNT || '명 사원의 급여가 수정되었습니다.');
  6  END;
  7  /
4명 사원의 급여가 수정되었습니다.

PL/SQL 처리가 정상적으로 완료되었습니다.
```

Note: 커서의 속성 SQL%ROWCOUNT를 사용하여 10번 부서의 사원 4명이 수정되었음을 확인할 수 있다.

2) 명시적 커서

- SELECT 문을 실행했을 때 그 결과가 여러 개인 경우 암시적 커서를 사용하면 에러가 발생하므로, 여러 개의 행이 반환되는 경우에는 반드시 명시적 커서를 사용해야 한다.
- 명시적 커서는 사용자가 DECLARE 절에서 선언한 후 BEGIN 절에서 사용하고 닫는다.
- 명시적 커서는 DECLARE, OPEN, FETCH, CLOSE 4단계로 구성되며, 다음과 같은 형식으로 동작한다.

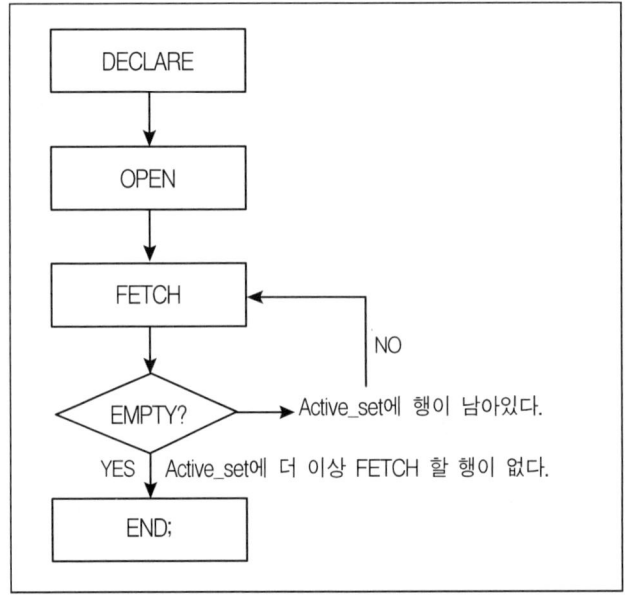

명시적 커서의 동작원리

(1) 커서 선언(DECLARE)

- DECLARE 절에서 커서의 이름을 만들고, 커서 내에서 실행될 SELECT 문을 정의하여 선언한다.
- 구문

```
DECLARE
    CURSOR 커서명 IS
    SELECT 칼럼명
    FROM 테이블명
    WHERE 조건;
```

- PL/SQL 문에서의 SELECT 문은 INTO 절을 포함하나, 커서를 선언할 때에는 INTO절을 포함하지 않는다. 즉, 일반적인 SELECT문과 동일하다.

(2) 커서 열기(OPEN)

- BEGIN 절에서 사용하며,
- 선언된 커서를 열어준 후에야 커서를 사용할 수 있다.
- 구문

```
OPEN 커서명;
```

- 커서를 열면 선언부에서 지정되었던 SELECT문이 실행되어 실행된 결과로 행들의 집합을 갖게 된다. 이 집합을 Active Set이라고 하며, 이 집합이 커서의 메모리 영역을 차지하게 된다.
- Active Set에는 한 개의 행도 포함되지 않을 수도 있으며, 이 경우에도 에러는 발생하지 않는다.

 예제 Active Set의 개념

```
SQL> DECLARE
  2      CURSOR emp_cursor IS
  3      SELECT empno, ename, sal
  4      FROM emp
  5      WHERE deptno = 10;
  6  BEGIN
  7      OPEN emp_cursor;
     . . . . .
```

Note: -선언부에서 emp 테이블로부터 부서 번호가 10인 사원들의 사원 번호, 이름, 급여를 가지고 커서를 선언하였다.
-BEGIN 절에서 커서를 열어줌으로써 실제로 SELECT 문이 실행되어 실행된 결과로 Active Set이 구성된다.
-Active Set은 다음과 같이 구성된다.

7782	CLARK	2695
7839	KING	5500
7934	MILLER	1430

(3) 자료를 가져오기(FETCH)

- BEGIN 절에서 사용하며,
- 커서를 열 때 생성된 Active Set에서 데이터를 첫 번째 행부터 차례로 한 행씩 가져와서 변수에 할당한다.
- 구문

```
FETCH 커서명 INTO 변수명[, 변수명, ...];
```

- 선언된 커서의 SELECT 문에서 사용된 칼럼명의 개수와 FETCH절의 INTO에 사용된 변수의 개수가 일치해야 하며, 데이터 타입도 일치해야 한다.
- Active Set 안에 FETCH 할 행이 있는지를 확인하여 마지막 행이 추출되어 나올 때까지 FETCH를 반복 수행한다.

 예제 emp 테이블에서 10번 부서의 사원 번호, 사원 이름, 급여를 출력하는 프로그램을 작성하여라.

```
SQL> DECLARE
  2      v_empno emp.empno%TYPE;
  3      v_ename emp.ename%TYPE;
  4      v_sal emp.sal%TYPE;
  5      CURSOR emp_cursor IS
  6          SELECT empno, ename, sal
  7          FROM emp
  8          WHERE deptno = 10;
  9  BEGIN
 10      OPEN emp_cursor;
 11      dbms_output.put_line('10번 부서 사원');
 12      FOR i IN 1..3 LOOP
 13          FETCH emp_cursor INTO v_empno, v_ename, v_sal;
 14          dbms_output.put_line(v_empno || ' ' || v_ename || ' ' || v_sal);
 15      END LOOP;
```

```
 16      CLOSE emp_cursor;
 17    END;
 18    /
10번 부서 사원
7782   CLARK   2695
7839   KING    5500
7934   MILLER  1430

PL/SQL 처리가 정상적으로 완료되었습니다.
```

Note: -OPEN 절에서 3개의 행을 포함하는 Active Set이 형성된다.
　　　-FOR 문에서 첫 번째 FETCH절이 수행되면서 해당변수에 Active Set에 있는 첫 번째 행을 저장시킨 후 출력시킨다.
　　　-FOR 문 안에서 FETCH절이 세 번 반복 수행되는 동안 Active Set에 있는 세 개의 행이 차례대로 추출되어 실행된다.

- Active Set에 있는 값들을 변수에 할당할 때 변수에 선언된 커서를 이용하여 Record 타입으로 사용하면 더욱 효율적이다.

예제 emp 테이블에서 10번 부서의 사원 번호, 사원 이름, 급여를 출력하는 프로그램을 작성하여라(%ROWTYPE 사용).

```
SQL> DECLARE
  2    CURSOR emp_cursor IS
  3      SELECT empno, ename, sal
  4      FROM emp
  5      WHERE deptno = 10;
  6    emp_rec emp_cursor%ROWTYPE;
  7  BEGIN
  8    OPEN emp_cursor;
  9    dbms_output.put_line('10번 부서 사원');
 10    FOR i IN 1..3 LOOP
 11      FETCH emp_cursor INTO emp_rec;
 12      dbms_output.put_line(emp_rec.empno || ' ' ||emp_rec.ename || ' ' || emp_rec.sal);
 13    END LOOP;
 14    CLOSE emp_cursor;
 15  END;
 16  /
10번 부서 사원
7782  CLARK   2695
7839  KING    5500
7934  MILLER  1430

PL/SQL 처리가 정상적으로 완료되었습니다.
```

Note: 선언된 커서의 ROWTYPE을 이용하여 변수를 선언하였다.

(4) 커서 닫기(CLOSE)

- BEGIN 절에서 사용하며, 커서의 사용이 끝나면 사용했던 자원을 시스템에 반납하기 위해 열린 커서를 닫는다.
- 구문

```
CLOSE 커서명;
```

3) 명시적 커서의 속성

- 암시적 커서는 오라클에서 자동적으로 생성되고 관리하는 커서이므로 커서의 이름이 없다.
- 따라서, 속성을 사용할 때에도 커서 속성 앞에 SQL 키워드를 붙여 SQL% ROWCOUNT와 같이 사용하였다.
- 그러나, 명시적 커서의 속성은 속성 앞에 커서의 이름을 붙여 사용한다.
- 속성의 종류

속성	내용
%ISOPEN	커서가 open되어 있는지의 여부를 나타낸다. - 열려 있는 경우: TRUE - 닫혀 있는 경우: FALSE
%NOTFOUND	Active Set에서 추출할 행이 없는지의 여부를 나타낸다. - 행이 없는 경우: TRUE를 반환 - 행이 있는 경우: FALSE를 반환
%FOUND	Active Set에서 추출할 행이 있는지의 여부를 나타낸다. - 행이 있는 경우: TRUE를 반환 - 행이 없는 경우: FALSE를 반환
%ROWCOUNT	FETCH 문에서 추출한 행의 개수를 나타낸다.

예제 emp 테이블에서 부서 번호가 10인 사원들의 사원 번호, 사원 이름, 급여를 출력하는 프로그램을 작성하여라(단, 명시적 커서의 속성 %ISOPEN, %ROWCOUNT를 사용하여라.).

```
SQL> DECLARE
  2    CURSOR emp_cursor IS
  3    SELECT empno, ename, sal
  4    FROM emp
  5    WHERE deptno = 10;
  6    emp_rec emp_cursor%ROWTYPE;
  7  BEGIN
  8    IF NOT emp_cursor%ISOPEN THEN
  9     OPEN emp_cursor;
 10    END IF;
 11    dbms_output.put_line('10번 부서 사원');
 12    LOOP
 13     FETCH emp_cursor INTO emp_rec;
 14      dbms_output.put_line(emp_rec.empno||' '||emp_rec.ename||' '|| emp_rec.sal);
 15     EXIT WHEN emp_cursor%ROWCOUNT > 3;
 16    END LOOP;
 17  CLOSE emp_cursor;
 18  END;
 19  /
10번 부서 사원
7782  CLARK  2695
7839  KING   5500
7934  MILLER 1430

PL/SQL 처리가 정상적으로 완료되었습니다.
```

Note: -선언된 커서가 OPEN되면 3개의 행이 Active Set이 형성된다.
 -%ROWCOUNT 속성은 FETCH된 행의 개수를 나타내므로, FETCH된 행이 3개보다 크면 LOOP 문은 종료된다.

예제 emp 테이블에서 부서 번호가 10인 사원들의 사원 번호, 사원 이름, 급여를 출력하는 프로그램을 작성하여라(단, 명시적 커서의 속성 %ISOPEN, %NOTFOUND를 사용하여라.).

```
SQL> DECLARE
  2     CURSOR emp_cursor IS
  3     SELECT empno, ename, sal
  4     FROM emp
  5     WHERE deptno = 10;
  6     emp_rec emp_cursor%ROWTYPE;
  7  BEGIN
  8     IF NOT emp_cursor%ISOPEN THEN
  9        OPEN emp_cursor;
 10     END IF;
 11     dbms_output.put_line('10번 부서 사원');
 12     LOOP
 13        FETCH emp_cursor INTO emp_rec;
 14        EXIT WHEN emp_cursor%NOTFOUND;
 15        dbms_output.put_line(emp_rec.empno || ' ' ||emp_rec.ename || ' ' || emp_rec.sal);
 16     END LOOP;
 17     CLOSE emp_cursor;
 18  END;
 19  /
10번 부서 사원
7782  CLARK  2695
7839  KING   5500
7934  MILLER 1430

PL/SQL 처리가 정상적으로 완료되었습니다.
```

Note: FETCH된 행이 존재하지 않으면 LOOP 문은 종료된다.

4) 명시적 커서의 활용(CURSOR FOR LOOP)

- FOR 문에서 커서를 사용하면 커서에서 사용되는 변수가 자동적으로 Record 형태로 선언되며,
- 커서의 OPEN, FETCH, CLOSE를 모두 자동적으로 처리해주어 일상적인 코딩을 줄여주고, 각 과정에서 발생할 수 있는 실수를 미연에 방지할 수 있다.
- 구문

```
FOR 레코드변수명 IN 커서변수명 LOOP
  . . . . .
END LOOP;
```

- 커서의 선언은 자동적으로 이루어지지 않으므로 선언은 미리 선언부에서 해야 한다.
- FOR 문에 나오는 변수는 레코드 타입이다.

 예제 emp 테이블에서 부서 번호가 10인 사원들의 사원 번호, 사원 이름, 급여를 출력하는 프로그램을 작성하여라.

```
SQL> DECLARE
  2     CURSOR emp_cursor IS
  3     SELECT empno, ename, sal
  4     FROM emp
  5     WHERE deptno = 10;
  6  BEGIN
  7     dbms_output.put_line('10번 부서 사원');
  8     FOR emp_rec IN emp_cursor LOOP
  9       dbms_output.put_line(emp_rec.empno || ' ' ||emp_rec.ename ||' ' || emp_rec.sal);
 10     END LOOP;
 11  END;
 12  /
10번 부서 사원
7782 CLARK 2695
7839 KING 5500
7934 MILLER 1430

PL/SQL 처리가 정상적으로 완료되었습니다.
```

Note: -FOR 문의 변수 emp_rec은 레코드 타입의 변수로 사용범위에 커서를 사용하였다.
-CURSOR FOR LOOP은 커서를 열고 LOOP에서 반복될 때마다 행을 추출하고 모든 행이 처리되었을 때 자동적으로 커서를 닫기 때문에 OPEN, FETCH, CLOSE의 사용이 필요하지 않아 편리하다.

1. 테이블 EMP를 기본으로 SAL의 값을 변경하여 RESAL 테이블을 작성하는 PL/SQL 블록을 작성하여라.

   1) 테이블 RESAL을 생성하여라.

칼럼명	no	name	salary	resalary	dept
DataType	num	v2	num	num	num
길이	4	10	7,2	8,2	2

   2) 커서를 이용하여 다음과 같은 조건을 만족하는 프로그램 CONTROL을 작성하여라.

   - EMP 테이블로부터 deptno=10인 행들을 선택해서 resalary=sal*1.1의 상태로 입력

   - EMP 테이블로부터 deptno=20인 행들을 선택해서 resalary=sal*1.2의 상태로 입력

   - EMP 테이블로부터 deptno=30인 행들을 선택해서 resalary=sal*1.3의 상태로 입력

   - EMP 테이블로부터 deptno=40인 행들을 선택해서 resalary=sal*1.4의 상태로 데이터를 입력한다.

   3) 실행시킨 결과를 확인하여라.

2. 테이블 EMP로부터 커미션이 NULL이 아닌 사원의 사원번호, 이름, 급여를 이름 기준 오름차순으로 정렬한 결과를 화면에 출력하여라.

제13장 예외처리부

- 실행부의 SQL 문장을 실행할 때 에러(error)가 발생되는 경우가 있다. 에러는 예외를 발생시키며,
- 일반적으로 예외가 발생하면 PL/SQL 블록을 중지시키고 그때까지 수행된 문장들은 롤백(rollback)되고, 그 블록을 실행한 외부환경으로는 블록의 실행이 실패했다는 정보를 넘겨준 후 비정상적으로 종료된다.
- 그러나, 실행부에서 발생할 수 있는 예외에 대한 처리를 예외처리부 영역에 제시하면 발생한 예외를 판단하여 조건에 따라 작업을 일관성 있고 효과적으로 수행할 수 있도록 한다.
- 예외처리부는 블록의 선택적인 요소로서 반드시 정의할 필요는 없으며,
- EXCEPTION으로 시작된다.

1. 예외의 종류

- 예외의 종류
  - 미리 정의된 오라클 서버 예외
  - 미리 정의되지 않은 오라클 서버 예외
  - 사용자가 정의하는 예외

1) 미리 정의된 오라클 서버 예외

- PL/SQL에서 자주 발생되는 예외 사항에 대해 편리한 처리를 위하여 오라클에서 미리 이름을 정의해놓은 예외 사항이며
- 사용자가 선언할 수 없고
- 에러가 발생되면 관련된 예외를 서버가 자동적으로 발생시킨다.

- 구문

```
EXCEPTION
    WHEN 예외명1 THEN
        문장1
    .....
    WHEN 예외명n THEN
        문장n
    .....
    WHEN OTHERS THEN
        문장n+1
END;
```

- 블록의 예외처리부는 키워드인 EXCEPTION으로 시작한다.
- 모든 예외처리를 명시한 다음에 WHEN OTHERS를 명시한다.
- WHEN OTHERS 절은 한번만 사용 가능하다.
- 예외가 발생하면 PL/SQL은 블록에서 벗어나기 전에 하나의 예외처리기만 실행된다.

(1) CASE_NOT_FOUND

- CASE 문의 WHEN 절에서 처리할 수 없는 조건을 만났을 경우 ELSE 절이 있으면 그곳에서 처리되나 ELSE 절이 없을 경우에는 에러가 발생하게 된다. 이때, 발생하는 예외사항이 CASE_NOT_FOUND이다.

 예제 예외처리를 하지 않은 경우

```
SQL>  DECLARE
  2     v_su NUMBER := 15;
  3   BEGIN
  4     CASE v_su
  5       WHEN 10 THEN dbms_output.put_line(v_su);
  6                    dbms_output.put_line('데이터는 숫자 10');
  7       WHEN 50 THEN BEGIN
  8                      dbms_output.put_line(v_su);
  9                      dbms_output.put_line('데이터는 숫자 50');
 10                    END;
 11       WHEN 99 THEN dbms_output.put_line(v_su || ' : 데이터는 숫자 99');
 12     END CASE;
 13   END;
 14  /
```

```
DECLARE
*
1행에 오류:
ORA-06592: CASE 문을 실행하는 중 CASE를 찾을 수 없음
ORA-06512: 줄 4에서
```

Note: 초기값 15를 처리하는 경우가 없으므로 ELSE 절에서 처리되어야 하는데, ELSE 절에 명시되지 않았기 때문에 에러 메시지를 표시하고 실행을 멈춘다.

 예제 예외처리의 속성 CASE_NOT_FOUND의 사용

```
SQL> DECLARE
  2    v_su NUMBER := 15;
  3  BEGIN
  4    CASE v_su
  5      WHEN 10 THEN dbms_output.put_line(v_su);
  6                   dbms_output.put_line('데이터는 숫자 10');
  7      WHEN 50 THEN BEGIN
  8                     dbms_output.put_line(v_su);
  9                     dbms_output.put_line('데이터는 숫자 50');
 10                   END;
 11      WHEN 99 THEN dbms_output.put_line(v_su || ' : 데이터는 숫자 99');
 12    END CASE;
 13  EXCEPTION
 14    WHEN CASE_NOT_FOUND THEN
 15      dbms_output.put_line('There is no ELSE in CASE statement');
 16      dbms_output.put_line(v_su || ' : 데이터는 10, 50, 99 이외의 숫자');
 17  END;
 18  /
There is no ELSE in CASE statement
15 : 데이터는 10, 50, 99 이외의 숫자

PL/SQL 처리가 정상적으로 완료되었습니다.
```

Note: -초기값 15를 처리하는 경우가 없고 ELSE 설이 없으므로 자동적으로 예외사항 CASE_NOT_FOUND가 발생된다.
     -발생된 예외 사항을 예외처리부에서 처리하고 정상적으로 실행을 멈춘다.

(2) CURSOR_ALREADY_OPEN

- 이미 OPEN된 커서를 다시 OPEN하려고 할 때 발생하는 예외 사항이다.
- 주로, 자동으로 커서가 OPEN되어 있는 CURSOR FOR LOOP 안에서 커서를 다시 OPEN하려고 하는 경우에 발생한다.

(3) DUP_VALUE_ON_INDEX

- 고유한 인덱스가 존재하는 칼럼에 중복된 값을 삽입하려고 할 때 발생하는 예외 사항으로
- 주로 UNIQUE 제약조건이 지정된 열의 값이 중복되었을 경우에 발생한다.

 예제 예외처리의 속성 DUP_VAL_ON_INDEX의 사용

```
SQL> BEGIN
  2    INSERT INTO dept(deptno, dname, loc)
  3    VALUES(40, '인사부', '서울');
  4  EXCEPTION
  5    WHEN DUP_VAL_ON_INDEX THEN
  6      dbms_output.put_line('중복된 값을 허용하지 않습니다.');
  7      rollback;
  8  END;
  9  /
중복된 값을 허용하지 않습니다.

PL/SQL 처리가 정상적으로 완료되었습니다.
```

Note: 부서 번호 40은 이미 dept 테이블에 존재하는 데이터이고, deptno 칼럼은 PRIMARY KEY 제약조건이 설정되어 있어 중복된 값을 허용하지 않으므로 예외 사항 DUP_VAL_ON_INDEX가 발생된다.

(4) INVALID_NUMBER

- SQL 문에서 문자열을 숫자로 변환할 경우에 문자열에 숫자가 아닌 것이 포함되어 숫자로의 변환이 불가능할 경우 혹은 숫자를 입력해야 하는 경우에 숫자로 변환 불가능한 문자를 입력하려고 할 경우에 발생하는 예외 사항이다.
- INVALID_NUMBER는 SQL 문에서만 발생한다.
- PL/SQL의 대입 연산 등에서 변환이 불가능한 경우가 발생하면 VALUE_ERROR라는 예외 사항이 발생한다.

 예제 예외처리의 속성 INVALID_NUMBER의 사용

```
SQL> BEGIN
  2    INSERT INTO dept(deptno, dname, loc)
  3    VALUES('50번', '인사부', '서울');
  4  EXCEPTION
  5    WHEN INVALID_NUMBER THEN
  6      dbms_output.put_line('값의 입력이 잘못되었습니다.');
  7      rollback;
```

```
   8  END;
   9  /
값의 입력이 잘못되었습니다.

PL/SQL 처리가 정상적으로 완료되었습니다.
```

Note: dept 테이블의 deptno 칼럼에 숫자가 입력되어야 하는데 주어진 데이터 '50번'은 숫자로 변환이 불가능하므로 예외 사항 INVALID_NUMBER가 발생된다.

(5) NO_DATA_FOUND

- PL/SQL 블록에서 SELECT 문이 사용될 경우에는 반드시 한 개의 데이터가 검색되어 INTO 절에 있는 변수에 값이 할당되어야 한다.
- 즉, 값이 없어도 안 되고 2개 이상이어서도 안 된다.
- NO_DATA_FOUND는 SELECT 절을 실행했을 때 검색되는 데이터가 한 개도 없을 경우에 발생하는 예외 사항이다.

 예제 예외처리의 속성 NO_DATA_FOUND의 사용

```
SQL> DECLARE
  2    v_deptno dept.deptno%TYPE;
  3  BEGIN
  4    SELECT deptno
  5    INTO v_deptno
  6    FROM dept
  7    WHERE deptno = 60;
  8  EXCEPTION
  9    WHEN NO_DATA_FOUND THEN
 10      dbms_output.put_line('검색조건에 맞는 데이터가 없습니다.');
 11  END;
 12  /
검색조건에 맞는 데이터가 없습니다.

PL/SQL 처리가 정상적으로 완료되었습니다.
```

Note: dept 테이블에 부서 번호가 60인 데이터가 없으므로 SELECT 절에서 검색되는 데이터가 없다. 따라서, 예외 사항 NO_DATA_FOUND가 발생된다.

(6) TOO_MANY_ROWS

- NO_DATA_FOUND와 반대되는 경우로,
- SELECT 절을 실행했을 때 검색되는 데이터가 두 개 이상일 경우에 발생하는 예외 사항이다.

예제 예외처리의 속성 TOO_MANY_ERRORS의 사용

```
SQL> DECLARE
  2     v_deptno dept.deptno%TYPE;
  3  BEGIN
  4     SELECT deptno
  5     INTO v_deptno
  6     FROM dept;
  7  EXCEPTION
  8     WHEN TOO_MANY_ROWS THEN
  9        dbms_output.put_line('검색조건에 맞는 데이터가 두 개 이상입니다.');
 10  END;
 11  /
검색조건에 맞는 데이터가 두 개 이상입니다.

PL/SQL 처리가 정상적으로 완료되었습니다.
```

Note: dept 테이블에 입력된 부서 번호는 한 개가 아니므로 SELECT 절에서 검색되는 데이터가 두 개 이상이다. 따라서, 예외 사항 TOO_MANY_ROWS가 발생된다.

(7) VALUE_ERROR

- 데이터형의 변환이 불가능한 경우 혹은 변수에 지정된 크기 이상의 값을 할당할 경우에 발생하는 예외 사항이다.

 예제 예외처리의 속성 VALUE_ERROR의 사용

```
SQL> DECLARE
  2     v_test varchar2(5);
  3  BEGIN
  4     v_test := 'More Than 5 Characters';
  5  EXCEPTION
  6     WHEN INVALID_NUMBER THEN
  7        dbms_output.put_line('SQL 문에 있는 데이터가 일치하지 않습니다.');
  8     WHEN VALUE_ERROR THEN
  9        dbms_output.put_line('데이터가 일치하지 않습니다.');
 10     WHEN OTHERS THEN
 11        null;
 12  END;
 13  /
데이터가 일치하지 않습니다.

PL/SQL 처리가 정상적으로 완료되었습니다.
```

Note: -선언된 변수 v_test는 문자 5글자까지 입력 가능한데 할당된 데이터가 5글자가 초과하므로 에러가 발생한다.
  -SQL 문에서 발생하지 않았으므로 INVALID_NUMBER가 아닌 예외 사항 VALUE_ERROR가 발생된다.

(8) ZERO_DIVIDE

- 0으로 나누는 경우에 발생하는 예외 사항이다.

 예제 예외처리의 속성 ZERO_DIVIDE의 사용

```
SQL> DECLARE
  2     v_test number := 10;
  3     v_div number := 0;
  4     v_result number;
  5  BEGIN
  6     v_result := v_test / v_div;
  7  EXCEPTION
  8     WHEN ZERO_DIVIDE THEN
  9       dbms_output.put_line('0으로 나눌수 없습니다.');
 10     WHEN OTHERS THEN
 11       null;
 12  END;
 13  /
0으로 나눌수 없습니다.

PL/SQL 처리가 정상적으로 완료되었습니다.
```

Note: 선언된 변수 v_result에는 10/0의 결과가 저장되어야 하는데, 분모가 0이므로 예외 사항 ZERO_DIVIDE 가 발생된다.

2) 미리 정의되지 않은 오라클 서버 예외

- 오라클 내에서 에러 번호만 존재하고 이름이 정의되지 않은 에러를 말하며,
- 사용자가 에러 이름을 정의한 후에 해당 에러번호와 같이 에러를 정의하여 사용하는 예외이다.
- 구문

```
DECLARE
    예외명 EXCEPTION;
    PRAGMA EXCEPTION_INIT(예외명, 해당에러번호);
```

예제 미리 정의되지 않은 오라클 서버 예외의 사용

```
SQL> DECLARE
  2    server_exception EXCEPTION;
  3    PRAGMA EXCEPTION_INIT(server_exception, -2292);
  4  BEGIN
  5    DELETE FROM dept
  6    WHERE deptno = 10;
  7  EXCEPTION
  8    WHEN server_exception THEN
  9      dbms_output.put_line('삭제할 수 없는 데이터입니다.');
 10    WHEN OTHERS THEN
 11      null;
 12  END;
 13  /
삭제할 수 없는 데이터입니다.

PL/SQL 처리가 정상적으로 완료되었습니다.
```

Note: - 이름이 정의되어 있지 않은 에러를 정의하여 사용한 예제이다.
- 선언부에서 에러 이름 server_exception을 먼저 선언한 후에, 선언한 에러를 에러번호 -2292로 정의하였다.
- 에러 번호 -2292는 무결성 제약조건을 위반하는 에러이다.
- dept 테이블의 10번 부서 번호는 emp 테이블에서 참조하고 있기 때문에 삭제할 수 없다. 즉, 무결성 제약 조건을 위반하는 에러가 발생하므로 예외처리부의 server_exception 예외를 실행하게 된다.

3) 사용자 정의 예외

- 사용자 정의 예외는 사용자가 임의의 예외 사항을 정의하여 사용할 수 있도록 하며,
- 사용자가 명시적으로 선언한 후에 사용할 수 있다.
- 미리 정의되지 않은 오라클 서버 예외는 오라클 서버에 에러 번호는 존재해야 사용 가능하나, 사용자 정의 예외는 오라클에서 예외로 인식하지 않는 것을 예외로 처리할 수 있다.
- 사용자 정의 에러를 처리하는 방법
  - 선언부에서 사용자 정의 예외 사항의 이름을 선언한다.

  ```
  DECLARE
      예외명 EXCEPTION;
  ```

  - RAISE 문을 사용하여 실행부에서 명시적으로 예외가 발생하도록 한다.

  ```
  BEGIN
      RAISE 예외사항이름;
  ```

예제 사용자 정의 예외의 사용

```
SQL> DECLARE
  2    exceed_exception EXCEPTION;
  3    v_sal emp.sal%TYPE;
  4  BEGIN
  5    SELECT MAX(sal)
  6    INTO v_sal
  7    FROM emp;
  8    IF v_sal > 4000 THEN
  9      RAISE exceed_exception;
 10    ELSE
 11      dbms_output.put_line(v_sal);
 12    END IF;
 13  EXCEPTION
 14    WHEN exceed_exception THEN
 15      dbms_output.put_line('사용자 정의 예외에 해당됩니다.');
 16    WHEN OTHERS THEN
 17      null;
 18  END;
 19  /
사용자 정의 예외에 해당됩니다.

PL/SQL 처리가 정상적으로 완료되었습니다.
```

Note: -선언부에서 사용자 정의 예외 exceed_exception을 정의하였다.
 -EMP 테이블로부터 급여의 최대값이 4000보다 큰 경우에는 예외를 발생시켜 예외처리부에서 처리하였다.

2. 예외 처리를 위한 함수와 프로시저

1) SQLCODE

- 발생한 에러의 번호를 나타내며,
- PL/SQL 블록 안에서 SQL 문이 에러 없이 실행되면 SQLCODE는 0을 나타낸다.
- SQLCODE의 종류

SQLCODE	내용
0	예외가 발생하지 않은 경우
1	사용자 정의 예외가 발생한 경우
100	'NO_DATA_FOUND' 예외가 발생한 경우
음수	나머지 오라클 서버 예외가 발생한 경우

 예제 SQLCODE의 사용

```
SQL> DECLARE
  2    v_emp emp%ROWTYPE;
  3  BEGIN
  4    SELECT *
  5    INTO v_emp
  6    FROM emp
  7    WHERE deptno = 70;
  8  EXCEPTION
  9    WHEN NO_DATA_FOUND THEN
 10      dbms_output.put_line(TO_CHAR(SQLCODE) || ' : 검색된 데이터가 없습니다.');
 11    WHEN OTHERS THEN
 12      null;
 13  END;
 14  /
100 : 검색된 데이터가 없습니다.

PL/SQL 처리가 정상적으로 완료되었습니다.
```

Note: -emp 테이블에 부서 번호가 70번인 사원은 없으므로 에러가 발생되고, 예외처리부의 NO_DATA_FOUND에서 에러가 처리된다.
-NO_DATA_FOUND 예외의 에러 번호 100이 표시된다.

2) SQLERRM

- SQLCODE에 포함된 에러 번호에 해당하는 메시지를 나타낸다.

 예제 SQLERRM의 사용

```
SQL> DECLARE
  2    v_emp emp%ROWTYPE;
  3  BEGIN
  4    SELECT *
  5    INTO v_emp
  6    FROM emp
  7    WHERE deptno = 10;
  8  EXCEPTION
  9    WHEN NO_DATA_FOUND THEN
 10      dbms_output.put_line('검색된 데이터가 없습니다.');
 11    WHEN OTHERS THEN
 12      dbms_output.put_line('에러번호 : ' || TO_CHAR(SQLCODE));
 13      dbms_output.put_line('에러 메시지 : ' || SQLERRM);
 14  END;
 15  /
에러번호 : -1422
에러 메시지 : ORA-01422: 실제 인출은 요구된 것보다 많은 수의 행을 추출합니다

PL/SQL 처리가 정상적으로 완료되었습니다.
```

Note: -emp 테이블에 10번 부서의 사원이 2명 이상이므로 SELECT 문에서 에러가 발생한다.
　　　-발생한 예외가 NO_DATA_FOUND가 아니므로 OTHERS에서 처리된다.
　　　-발생한 에러 번호는 -1422이며, 메시지는 "실제 인출은 요구된 것보다 많은 수의 행을 추출합니다"임을 알 수 있다.

3) RAISE_APPLICATION_ERROR 프로시저

- 오라클은 DBMS_STANDARD 패키지에서 RAISE_APPLICATION_ERROR라는 프로시저를 제공한다.
- 이 프로시저를 사용하여 사용자는 -20000부터 -20999까지의 에러 번호를 이용하여 에러 메시지를 발생시킬 수 있다.
- 구문

```
RAISE_APPLICATION_ERROR(에러번호, 에러메시지);
```

예제 RAISE_APPLICATION_ERROR 프로시저의 사용

```
SQL> DECLARE
  2    dept_exception EXCEPTION;
  3  BEGIN
  4    UPDATE dept
  5    SET loc = '부산'
  6    WHERE deptno = 80;
  7    IF SQL%NOTFOUND THEN
  8      RAISE dept_exception;
  9    END IF;
 10  EXCEPTION
 11    WHEN dept_exception THEN
 12      RAISE_APPLICATION_ERROR(-20001, '존재하지 않는 부서');
 13  END;
 14  /
DECLARE
*
1행에 오류:
ORA-20001: 존재하지 않는 부서
ORA-06512: 줄 12에서
```

- RAISE_APPLICATION_ERROR 프로시저는 EXCEPTION 절에서만 사용하는 것이 아니라, BEGIN 절에서도 사용 가능하다.

예제 BEGIN 절에서의 RAISE_APPLICATION_ERROR 프로시저 사용

```
SQL> BEGIN
  2    UPDATE dept
  3    SET loc = '부산'
  4    WHERE deptno = 80;
  5    IF SQL%NOTFOUND THEN
  6      RAISE_APPLICATION_ERROR(-20001, '존재하지 않는 부서');
  7    END IF;
  8  END;
  9  /
BEGIN
*
1행에 오류:
ORA-20001: 존재하지 않는 부서
ORA-06512: 줄 6에서
```

제14장 모듈

- 모듈화를 통해 관리가 용이하고 적절히 논리적 단위로 나누어진 프로그래밍을 할 수 있다. 즉, 잘 정의된 논리적인 단위로 코드를 분할할 수 있다.
- 이들 단위를 단위 프로그램 또는 서브프로그램이라 하며,
- 프로그램을 미리 작성하여 데이터베이스 내에 저장해 두었다가 필요할 때마다 호출하여 실행할 수 있다.
- PL/SQL에서는 프로시저, 함수, 트리거, 패키지 등이 속한다.

1. 스토어드 프로시저(Stored Procedure)

- 각 프로그램 별로 이름을 가지고 데이터베이스에 저장되어 사용되며, 매개변수를 사용하여 호출되고 실행될 수 있다.
- 프로시저를 실행시켜 결과를 확인하기 위해서는 세 단계로 진행한다.
  - 프로시저 생성
  - 프로시저 실행
  - 실행 결과 확인

1) 매개변수를 사용하지 않은 프로시저

(1) 프로시저 생성
- 예약어 CREATE 로 시작하고, 끝에 '/' 기호를 사용함으로써 프로시저를 생성한다.

- 구문

```
CREATE [OR REPLACE] PROCEDURE 프로시저명[(인수1[, 인수2, ...])]
IS
    선언부;
BEGIN
    실행부;
[EXCEPTION
    예외처리부;]
END [프로시저명];
/
```

- IS 대신 예약어 AS를 사용할 수 있다.
- 한번 생성한 프로시저를 수정하고자 할 경우에는 CREATE OR REPLACE를 사용한다.

 예제 프로시저의 생성

```
SQL> CREATE PROCEDURE ex1
  2  AS
  3  BEGIN
  4      null;
  5  END;
  6  /

프로시저가 생성되었습니다.
```

Note: 프로시저를 처음 생성할 때에는 OR REPLACE의 생략이 가능하나, 한번 사용했던 프로시저를 수정하는 경우에는 OR REPLACE와 같이 사용함으로써 이전에 생성된 프로시저를 없애고 새롭게 프로시저를 생성하게 한다.

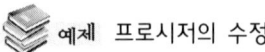 예제 프로시저의 수정

```
SQL> CREATE PROCEDURE ex1
  2  AS
  3  BEGIN
  4      null;
  5      null;
  6  END;
  7  /
create procedure ex1
                *
1행에 오류:
```

```
ORA-00955: 이미 사용된 객체명입니다

SQL> CREATE OR REPLACE PROCEDURE ex1
  2  AS
  3  BEGIN
  4     null;
  5     null;
  6  END;
  7  /

프로시저가 생성되었습니다.
```

Note: -이미 사용된 이름으로 수정한 프로시저는 CREATE PROCEDURE 구문을 사용할 수 없다.
　　　-CREATE OR REPLACE를 사용함으로써 해결할 수 있다.

 예제 emp 테이블로부터 'SCOTT'의 급여를 찾아 화면에 "SCOTT의 급여는 *** 이다.'와 같이 출력하는 프로시저를 생성하여라.

```
SQL> CREATE PROCEDURE ex2
  2  AS
  3     v_sal emp.sal%type;
  4  BEGIN
  5     SELECT sal
  6     INTO v_sal
  7     FROM emp
  8     WHERE ename = 'SCOTT';
  9     dbms_output.put_line('SCOTT의 급여는  ' || v_sal || '이다.' );
 10  END;
 11  /

프로시저가 생성되었습니다.
```

(2) 프로시저 실행

- EXECUTE 구문을 이용하여 생성된 프로시저를 실행한다.

- 구문

> EXECUTE 프로시저명;

- EXECUTE는 축약어 EXEC의 사용이 가능하다.

- 실행 결과 에러가 발생되면 SHOW ERROR 혹은 SHOW ERRORS를 사용하여 에러 메시지를 확인하여 수정한다.

(3) 프로시저 실행 결과 확인

- 프로시저 형태에 따라 화면에 출력되거나, SELECT를 사용하여 테이블의 내용을 검색할 수 있으며, 구문은 다음과 같다.

```
SELECT 칼럼명[, . . .]
FROM 테이블명;
```

 예제 프로시저 ex2를 실행하고, 실행한 결과를 확인하여라.

```
SQL> EXEC ex2
SCOTT의 급여는 30000이다.

PL/SQL 처리가 정상적으로 완료되었습니다.
```

(4) 프로시저 관련 데이터 사전

- 프로시저를 작성한 후 사용자가 프로시저가 생성되었는지 확인하기 위해서는 데이터 사전 USER_SOURCE를 사용한다.

- 데이터 사전 USER_SOURCE의 구조는 다음과 같다.

 예제 생성된 프로시저 ex2의 내용을 확인하여라.

```
SQL> SELECT name, text
  2  FROM user_source
  3  WHERE name = 'EX2';

NAME
------------------------------
TEXT
--------------------------------------------------------------------------------
EX2
procedure ex2

EX2
as
```

```
EX2
v_sal emp.sal%type;

EX2
begin

EX2
select sal

EX2
into v_sal

EX2

NAME
------------------------------
TEXT
--------------------------------------------------------------------------------

from emp

EX2
where ename='SCOTT'

EX2
;

EX2
dbms_output.put_line('SCOTT의 급여는 ' || v_sal || '이다.');

EX2
end;

11 개의 행이 선택되었습니다.
```

(5) 프로시저 제거

- DROP PROCEDURE를 이용하여 생성한 프로시저를 제거하며, 구문은 다음과 같다.

```
DROP PROCEDURE 프로시저명;
```

2) 매개변수를 사용한 스토어드 프로시저

- 매개변수는 프로그램과 값을 주고받는 역할을 하며,
- 인수에는 세 개의 모드가 사용된다.
  - IN: 실행 환경에서 정의한 값을 프로시저 내부로 전달하고자 할 때 사용하며, 생략 가능하다.
  - OUT: 프로시저 내에서 산출한 결과를 실행 환경으로 전달하고자 할 때 사용한다.
  - INOUT: 실행 환경에서 프로시저로 값을 전달하고 프로시저에서 실행 환경으로 변경된 값을 전달하고자 할 때 사용한다.

(1) 프로시저 생성

- 예약어 CREATE 로 시작하고, 끝에 '/' 기호를 사용함으로써 프로시저를 생성한다.
- 구문

```
CREATE [OR REPLACE] PROCEDURE 프로시저명[(매개변수1[, 매개변수2, ...])]
IS
    선언부;
BEGIN
    실행부;
[EXCEPTION
    예외처리부;]
END [프로시저명];
/
```

- IS 대신 예약어 AS를 사용할 수 있다.
- 한번 생성한 프로시저를 수정하고자 할 경우에는 CREATE OR REPLACE를 사용한다.
- 프로시저는 매개변수 없이도 사용이 가능하나, 한 개 이상의 매개변수 가질 수도 있다.
- 두 개 이상의 매개변수를 가지는 경우에는 각 매개변수를 콤마(,)로 분리하여 사용한다.

(2) 프로시저 실행

- EXECUTE 구문을 이용하여 생성된 프로시저를 실행한다.
- 구문

```
[VARIABLE 변수명 데이터형]
EXECUTE 프로시저명[(매개변수1, . . .)];
```

- EXECUTE는 축약어 EXEC의 사용이 가능하다.
- 데이터베이스 내에 생성된 PL/SQL 블록을 실행하기 위해서는 SQL*PLUS 환경에서 EXECUTE 명령을 실행해야 한다. 이러한 경우 실행된 PL/SQL 블록의 실행 결과를 OUT 또는 INOUT 매개 변수를 통해 SQL*PLUS 상에서 참조하는 경우가 있는데 이때 SQL*PLUS 환경에서 리턴되는 값을 전달받기 위해 사용하는 변수를 바인드 변수라고 한다.
- 바인드 변수를 정의하기 위한 VARIABLE 구문은 OUT 또는 INOUT 매개변수를 사용했을 경우에만 필요하다.
- 프로시저 내의 OUT 매개변수의 이름과 바인드 변수의 이름은 반드시 같을 필요는 없다. 그러나, 데이터타입은 반드시 동일해야 한다.

(3) 프로시저 실행 결과 확인

- 프로시저 형태에 따라 SELECT를 사용하여 테이블의 내용을 검색하거나 PRINT 등을 통해 결과를 확인할 수 있으며, 구문은 다음과 같다.

```
SELECT 칼럼명[, . . .]
FROM 테이블명;
```

혹은

```
PRINT 변수명;
```

- 프로시저에 IN 또는 OUT 모드를 사용하면 매개변수의 데이터형이 함께 지정된다. 따라서, IN 또는 OUT 모드에 사용되는 매개변수는 변수 선언이 따로 필요 없다.

 예제 부서 번호를 입력받아서 입력받은 부서 번호의 데이터를 dept 테이블로부터 삭제하는 프로시저를 작성하여라.

```
SQL> CREATE OR REPLACE PROCEDURE del_dept(v_deptno IN number)
  2  IS
  3  BEGIN
  4  DELETE FROM dept
  5  WHERE deptno = v_deptno;
  6  END;
  7  /

프로시저가 생성되었습니다.

SQL> EXEC del_dept(40)

PL/SQL 처리가 정상적으로 완료되었습니다.

SQL> SELECT * FROM dept;

    DEPTNO DNAME          LOC
    ------ -------------- ----------
        10 ACCOUNTING     NEW YORK
        20 RESEARCH       DALLAS
        30 SALES          CHICAGO
```

Note: -CREATE 구문을 통해 프로시저를 생성하고, EXEC 구문을 통해 생성된 프로시저를 실행하였다.
 -이 예제에서는 dept 테이블의 내용을 삭제하는 프로그램을 실행시켰으므로 결과 확인은 테이블의 내용을 검색하는 SELECT 구문을 통해 가능하다.
 -인수는 IN 모드를 사용하였으므로 프로시저를 실행하기 위해서는 프로시저명과 함께 NUMBER 형태의 값을 제공해야 한다.

예제 emp 테이블로부터 입력받은 부서 번호와 같은 부서의 급여 합계를 구해서 출력하는 프로시저를 작성하여라.

```
SQL> CREATE OR REPLACE PROCEDURE p_sum(v_deptno NUMBER, v_hap OUT NUMBER)
  2  IS
  3  BEGIN
  4   SELECT SUM(sal)
  5   INTO v_hap
  6   FROM emp
  7   WHERE deptno = v_deptno;
  8  END p_sum;
  9  /

프로시저가 생성되었습니다.

SQL> VARIABLE y NUMBER
SQL> EXEC p_sum(10, :y)

PL/SQL 처리가 정상적으로 완료되었습니다.

SQL> PRINT y

         Y
----------
      8750
```

Note: -매개변수 v_deptno는 IN 모드로 사용되었고, IN은 생략 가능하므로 생략하였다.
 -프로시저에 IN, OUT 모드 모두 사용되었으므로 IN 모드를 위해 NUMBER 형태의 값과 함께 프로시저가 실행되어야 한다.
 -OUT 모드는 실행된 결과를 외부로 내보내기 위해 사용되므로 바인드 변수를 통해 결과를 전달받을 수 있다.
 -VARIABLE 구문을 통해 바인드 변수의 형태를 선언한 후에 사용한다.
 -바인드 변수를 프로시저의 인수로 사용하려면 바인드 변수 앞에 콜론을 붙여 :y와 같이 사용한다.
 -실행 결과는 PRINT 구문을 통해 알 수 있다.

예제 입력받은 문자열에서 앞 세 글자와 뒤에 있는 글자 사이에 "-"를 넣어 출력하는 프로시저를 작성하여라.

```
SQL> CREATE OR REPLACE PROCEDURE add_char(v_char INOUT VARCHAR2)
  2  IS
  3  BEGIN
  4  v_char := substr(v_char, 1, 3) || '-' || substr(v_char, 4, length(v_char));
  5  END add_char;
  6  /

프로시저가 생성되었습니다.

SQL> VARIABLE in_char VARCHAR2(15)

SQL> BEGIN
  2  :in_char := '3451234';
  3  END;
  4  /

PL/SQL 처리가 정상적으로 완료되었습니다.

SQL> EXEC add_char(:in_char)

PL/SQL 처리가 정상적으로 완료되었습니다.

SQL> PRINT in_char

IN_CHAR
--------------------------------
345-1234
```

Note: -인수를 IN과 OUT 모드 2가지로 사용하기 위해 INOUT 모드를 사용하였다.
　　　-실행환경에서 프로시저, 프로시저에서 실행환경 쌍방향으로 값을 전달받게 될 매개변수 IN_OUT을 사용하였다.
　　　-프로시저로부터 값을 전달받기 위해 바인드 변수 in_char를 선언하였다.
　　　-바인드 변수 v_char에 값 '3451234'를 할당하였다.
　　　-할당된 바인드 변수의 값과 함께 프로시저를 실행하였다.
　　　-PRINT 구문을 이용하여 프로시저가 실행된 결과를 바인드 변수로 확인하였다.

2. 스토어드 함수(Stored Function)

- 함수는 프로시저와 동일한 개념, 동일한 기능을 가지고 있으나, 함수는 실행하고 그 처리 결과를 반드시 반환한다는 차이점을 가지고 있다.
- 일반적으로 함수는 자주 사용되는 로직을 데이터베이스 내에 저장해두었다가 필요할 때마다 호출하여 실행하며, 항상 그 처리 결과를 리턴해준다.
- 일반적으로, 값을 계산하기 위해 사용된다.
- 함수를 실행시켜 결과를 확인하기 위해서는 세 단계로 진행한다.
    - 함수 생성
    - 함수 실행
    - 실행 결과 확인

1) 함수 생성
- 함수는 CREATE 문을 사용하여 함수 생성 구문을 만들고, '/' 기호를 사용하여 함수를 생성한다.
- 구문

```
CREATE [OR REPLACE] FUNCTION 함수명[(매개변수1[, 매개변수2, ...])] RETURN 데이터형
IS
BEGIN
    실행부;
    RETURN 변수명;
[EXCEPTION
    예외처리부;]
END [함수명];
```

- "RETURN 데이터형"은 함수 내에서 처리된 결과를 실행환경으로 리턴할 때의 데이터형을 정의한 것이다.
- "RETURN 변수명"은 실행환경으로 되돌려 줄 실제 처리 결과를 저장할 변수를 정의한 것이다.
- 함수는 IN 모드만 사용한다.
- 함수는 매개변수 없이도 사용이 가능하나, 한 개 이상의 매개변수를 가질 수도 있다.
- 두 개 이상의 매개변수를 가지는 경우에는 각 매개변수를 콤마(,)로 분리하여 사용한다.
- 이미 생성한 함수를 수정하고자 할 경우에는 CREATE OR REPLACE를 사용한다.

2) 함수 실행

• 구문

```
VARIABLE 변수명 데이터형
EXEC[UTE :변수명 :=  함수명[(인수1, . . . )]
```

• 바인드 변수를 먼저 선언한 후에 함수 실행 결과를 바인드 변수에 저장한다.
• 함수 실행을 위해서 EXECUTE 명령을 사용한다.
• EXECUTE는 축약해서 EXEC로 사용 가능하다.

3) 함수 실행 결과 확인

• 구문

```
PRINT 변수명
```

혹은

```
SELECT 변수명
FROM DUAL;
```

• PRINT 구문을 이용하거나, SELECT 구문을 이용하여 결과를 확인할 수 있다.

 예제 "emp 테이블로부터 입력받은 부서 번호와 같은 부서의 급여 합계를 구해서 출력하는 함수를 작성하여라."

```
SQL> CREATE OR REPLACE FUNCTION f_sum(v_deptno IN NUMBER) RETURN NUMBER
  2  IS
  3  v_hap NUMBER(5);
  4  BEGIN
  5  SELECT SUM(sal)
  6  INTO v_hap
  7  FROM emp
  8  WHERE deptno = v_deptno;
  9  RETURN(v_hap);
 10  END f_sum;
 11  /
```

| 오라클

```
함수가 생성되었습니다.

SQL> VARIABLE y NUMBER

SQL> EXEC :y := f_sum(10)

PL/SQL 처리가 정상적으로 완료되었습니다.

SQL> PRINT y

         Y
----------
      8750
```

- CREATE 구문을 이용하여 함수를 생성한 후에 SELECT 구문을 이용하여 함수 실행과 결과 확인을 한꺼번에 할 수도 있다.

```
SELECT 함수명[(인수1, . . .)]
FROM DUAL;
```

📚 예제 emp 테이블에서 입력받은 부서의 급여 합계를 구해서 출력하는 함수를 작성하여라.

```
SQL> CREATE OR REPLACE FUNCTION f_sum(v_deptno IN NUMBER) RETURN NUMBER
  2  IS
  3  v_hap NUMBER(5);
  4  BEGIN
  5  SELECT SUM(sal)
  6  INTO v_hap
  7  FROM emp
  8  WHERE deptno = v_deptno;
  9  RETURN(v_hap);
 10  END f_sum;
 11  /

함수가 생성되었습니다.

SQL> SELECT f_sum(10)
  2  FROM dual;

 F_SUM(10)
----------
      8750
```

예제 emp 테이블에서 입력받은 부서의 급여 합계를 구해서 출력하는 함수를 작성하여라.

```
SQL> CREATE OR REPLACE FUNCTION get_salary RETURN NUMBER
  2  IS
  3  v_sum NUMBER(5);
  4  BEGIN
  5  SELECT SUM(sal)
  6  INTO v_sum
  7  FROM emp;
  8  RETURN(v_sum);
  9  END get_salary;
 10  /

함수가 생성되었습니다.

SQL> SELECT get_salary
  2  FROM dual;

GET_SALARY
----------
     29025
```

Note: -CREATE 구문을 이용하여 함수 get_salary를 생성하였다.
      -SELECT 구문을 이용하여 함수 실행과 확인을 동시에 처리하였다.

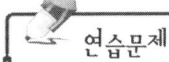 연습문제

1. TEST 이름으로 아래의 테이블을 생성하여라.

칼럼명	A	B	C
DataType	num	num	v2
길이	3	3	10

2. 프로시저 실행 시 2개의 데이터를 입력받아 2개의 데이터가 같으면 "EQUAL", 같지 않으면 "NOT EQUAL"의 값을 테이블 TEST에 삽입시키는 프로시저 P_TEST를 생성하여라.

3. 위의 프로시저에서 두 개의 값을 자동으로 입력받을 수 있도록 FOR 문을 사용하여 테이블 TEST에 삽입하는 PL/SQL 블록을 생성하여라(I는 1에서 3까지, J는 1에서 5까지).

4. 테이블 TEST의 내용을 확인하여라.

5. 테이블 TEST의 A 컬럼과 B 컬럼의 값이 같은 것이 몇 개 있는지를 알아보는 함수 F_TEST를 생성하여라.

6. 5번의 결과를 확인하여라.

3. 패키지(Package)

- 패키지는 관련된 PL/SQL 프로시저와 함수의 그룹을 말하며,
- 서로 유사한 업무에 사용되는 여러 개의 프로시저와 함수를 하나로 묶어 패키지로 생성한 후 필요할 때마다 호출하여 실행한다.
- 패키지는 향후 유지보수가 편리하고 전체 프로그램을 모듈화할 수 있는 장점을 가지고 있다.
- 또한, 각 프로시저와 함수의 처리 흐름을 노출하지 않기 때문에 보안 기능이 향상될 수 있다.
- 패키지는 패키지 명세부(Specification)와 패키지 몸체부(Body)로 이루어져 있다.
- 패키지를 실행시켜 결과를 확인하기 위해서는 세 단계로 진행한다.
  - 패키지 생성
  - 패키지 실행
  - 실행 결과 확인

1) 패키지 생성

(1) 패키지 명세부
- 구문

```
CREATE [OR REPLACE] PACKAGE 패키지명
IS
    선언부;
PROCEDURE 프로시저명;
FUNCTION 함수명;
END;
/
```

- 패키지 명세부는 패키지에 포함되는 함수나 프로시저에 공용으로 사용되는 변수를 선언하고, 함수와 프로시저를 명시하는 곳이다.
- 패키지 명세부에서 선언된 모든 변수, 상수, 커서, 예외처리는 물론 프로시저와 함수는 모두 다른 프로그램 모듈에서 참조와 사용이 가능하다. 즉, 명세부에서 선언된 변수들은 SQL*PLUS 툴에서도 정의하여 사용할 수 있기 때문에 전역변수라고 한다.

(2) 패키지 몸체부

• 구문

```
CREATE [OR REPLACE] PACKAGE BODY 패키지명
IS
   선언부;
PROCEDURE 프로시저명
IS
. . .
END;
FUNCTION 함수명
IS
. . .
END;
BEGIN
. . .
END;
```

- 패키지 몸체부는 패키지 상세부에서 설정된 함수와 프로시저의 실제 구조를 작성하는 부분이다.
- 패키지 몸체부에서 선언된 변수들은 몸체부 내에서만 사용될 수 있기 때문에 지역변수라고 한다.
- 패키지 몸체부 내에 정의되는 SQL 문은 일반적인 프로시저, 함수와 동일한 문법, 동일한 기능을 갖는다.
- 패키지 명세부가 없는 몸체부는 존재할 수 없지만 패키지 몸체부가 없는 명세부는 존재할 수 있다.

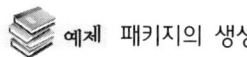 예제 패키지의 생성

```
SQL> CREATE OR REPLACE PACKAGE emp_pack
  2  IS
  3  FUNCTION get_name(eno IN NUMBER) RETURN VARCHAR2;
  4  PROCEDURE ename_update(eno IN NUMBER, enme IN VARCHAR2);
  5  END emp_pack;
  6  /
```

패키지가 생성되었습니다.

```
SQL> CREATE OR REPLACE PACKAGE BODY emp_pack
  2  IS
  3  FUNCTION get_name(eno IN NUMBER) RETURN VARCHAR2
  4  IS
  5      v_ename VARCHAR2(20);
  6  BEGIN
  7      SELECT ename
  8      INTO v_ename
  9      FROM emp
 10      WHERE empno = eno;
 11      RETURN(v_ename);
 12  END get_name;
 13  PROCEDURE ename_update(eno IN NUMBER, enme IN VARCHAR2)
 14  IS
 15  BEGIN
 16      UPDATE emp
 17      SET ename = enme
 18      WHERE empno = eno;
 19  END ename_update;
 20* END emp_pack;
 21  /
```

패키지 본문이 생성되었습니다.

Note: -먼저, 함수 get_name과 프로시저 ename_update로 구성되는 패키지 명세부를 생성하였다.
-함수 get_name은 입력된 사원 번호의 이름을 반환하는 함수이며, 프로시저 ename_update는 사원 번호와 사원 이름을 입력받아 입력된 사원 번호를 가진 사원의 이름을 입력된 사원 이름으로 변경하는 프로시저이다.
-함수 get_name과 프로시저 ename_update의 내용으로 구성되는 패키지 몸체부를 생성하였다.

2) 패키지 실행

- 패키지는 유사한 프로시저와 함수를 하나의 이름, 하나의 구조로 저장시킬 수 있는 기법을 말하며, 다음과 같은 방법으로 패키지 내의 프로시저나 함수를 실행할 수 있다.
- 구문

```
EXECUTE 패키지명.프로시저명[(인수1, . . .)]
```

혹은

```
VARIABLE 변수명 데이터형
EXECUTE :변수명 := 패키지명.함수명[(인수1, . . .)]
```

3) 패키지 실행 결과 확인

- 구문

```
PRINT 변수명
```

혹은

```
SELECT 변수명
FROM DUAL;
```

- PRINT 구문을 이용하거나, SELECT 구문을 이용하여 결과를 확인할 수 있다.

예제 패키지의 실행 및 결과 확인

```
SQL> VARIABLE x VARCHAR2(20)

SQL> EXEC :x := emp_pack.get_name(7839)

PL/SQL 처리가 정상적으로 완료되었습니다.

SQL> PRINT x

X
---------------------------
```

```
KING

SQL> EXEC emp_pack.ename_update(7839, 'KIM')

PL/SQL 처리가 정상적으로 완료되었습니다.

SQL> SELECT ename
  2  FROM emp
  3  WHERE empno = 7839;

ENAME
---------
KIM
```

Note: -사원 번호 7839인 사원의 이름을 찾기 위해 패키지 내의 함수 get_name을 실행시켜 결과가 KING임을 확인하였다.
-사원 번호 7839인 사원의 이름을 KIM으로 변경하기 위해 패키지 내의 프로시저 ename_ update를 실행시켜 KIM으로 변경된 것을 확인하였다.

4. 트리거(Trigger)

- 트리거는 생성될 때 지정된 특정 이벤트가 발생하면 자동적으로 호출되어 실행되는 특수한 형태의 프로시저로
- 데이터베이스의 감시, 보안, 연속적인 오퍼레이션의 자동처리 등의 기능을 가지고 있다.
- 즉, 데이터베이스 트리거를 이용하면 원치 않은 시간에 원치 않은 사용자가 원치 않은 테이블에 변경, 작업하는 것을 막을 수 있다.
- 트리거는 반환 값이 없으며 시용자가 호출하여 실행되는 방식이 아닌 '특정한 이벤트에 의하여 수행하는 방식을 취한다.
- 트리거는 테이블이나 뷰가 INSERT, UPDATE, DELETE 등의 DML 문에 의해 데이터가 입력, 수정, 삭제될 경우 자동으로 실행된다.

• 트리거의 구성요소

구성요소	가능한 값	설명
트리거 유형	문장레벨의 트리거	트리거가 설정되어 있는 테이블에 대해 UPDATE, INSERT, DELETE 문을 실행할 때 단 한번만 발생시킨다.
	행 레벨의 트리거	UPDATE, DELETE, INSERT에 의해 여러 개의 행이 변경된다면 각 행이 변경될 때마다 트리거를 발생시킨다.
트리거 타이밍	BEFORE	어떤 테이블에 UPDATE, INSERT, DELETE 문이 실행될 때 해당 문장이 실행되기 전에 트리거가 가지고 있는 BEGIN~END 사이의 문장을 실행한다.
	AFTER	사용자의 해당 문장이 실행되고 난 후 트리거가 가지고 있는 BEGIN~END 사이의 문장을 실행한다.
트리거 이벤트	INSERT	사용자가 INSERT 문을 실행했을 때 트리거를 발생시킨다.
	UPDATE	사용자가 UPDATE 문을 실행했을 때 트리거를 발생시킨다.
	DELETE	사용자가 DELETE 문을 실행했을 때 트리거를 발생시킨다.
트리거 몸체	PL/SQL 블록	해당하는 트리거 타이밍, 트리거 이벤트에 의해 트리거가 설정되면 실행될 기본 로직이 포함되는 부분으로 BEGIN~END 절 안에 정의된다.
트리거 조건	WHEN [조건]	행 레벨의 트리거에서만 설정할 수 있는 조건절로 트리거 이벤트에 정의된 테이블에 이벤트가 발생할 때 보다 구체적인 데이터 검색 조건을 부여하기 위해 사용된다.

• 트리거 생성 구문

```
CREATE [OR REPLACE]] TRIGGER 트리거명
    {BEFORE | AFTER | INSTEAD OF} 이벤트 { or 이벤트, or 이벤트]
ON 테이블명


[FOR EACH ROW]
[WHEN 조건]
[DECLARE
        선언부
]
BEGIN
        실행부
[EXCEPTION
        예외처리부
]
END;
```

• 이벤트는 사용자가 어떤 DML(INSERT, UPDATE, DELETE) 문을 실행했을 때 트리거를 발생시킬 것인지를 결정한다.

- FOR EACH ROW가 생략되면 문장 레벨 트리거이고, 행 레벨 트리거는 FOR EACH ROW를 사용한다.
- 트리거의 조건은 행 레벨 트리거에서만 설정할 수 있으며, 트리거 이벤트에 보다 구체적인 데이터 조건을 부여하여 이 조건에 만족할 때만 트리거가 실행되도록 한다.
- 프로시저나 함수는 EXECUTE 명령어로 실행하지만, 트리거는 트리거가 생성되면 자동적으로 실행된다.

 예제 트리거의 생성과 실행

```
SQL> CREATE OR REPLACE TRIGGER test1_trigger
  2  BEFORE INSERT OR UPDATE OR DELETE ON emp
  3  BEGIN
  4    IF TO_CHAR(sysdate, 'DY') IN ('토', '일') THEN
  5      dbms_output.put_line('토요일과 일요일에는 데이터를 변경할 수 없습니다!!');
  6    END IF;
  7  END;
  8  /

트리거가 생성되었습니다.

SQL> UPDATE emp
  2  SET sal = sal * 1.1;
토요일과 일요일에는 데이터를 변경할 수 없습니다!!
```

Note: -문장 레벨의 트리거를 생성했으며, DML 문이 실행되기 이전에 트리거의 실행부가 실행된다.
　　　-EMP 테이블에 대해 INSERT, UPDATE, DELETE 문장이 실행하기 이전에 test1_trigger가 실행된다.
　　　-EMP 테이블에 대해 급여를 인상하는 UPDATE 문장이 실행될 때 모든 행에 대해 변경 작업이 발생하지만 트리거는 오직 한번만 발생한다.
　　　-토요일과 일요일에는 emp 테이블에 대해 변경 작업을 못하도록 메시지를 출력하는 트리거이다.

 예제 dept 테이블에 대해 각 행의 변경 시힝을 세크하기 위한 로그 정보를 새로 생성한 테이블에 저장하는 트리거를 생성하여라.

```
SQL> CREATE TABLE re_dept
  2  (deptno NUMBER(2),
  3   dname VARCHAR2(14),
  4   loc VARCHAR2(10),
  5   o_deptno NUMBER(2),
  6   o_dname VARCHAR2(14),
  7   o_loc VARCHAR2(10),
  8   status VARCHAR2(10),
```

```
  9   chk_date date);

테이블이 생성되었습니다.

SQL> CREATE OR REPLACE TRIGGER test2_trigger
  2  AFTER INSERT OR UPDATE OR DELETE ON dept
  3  FOR EACH ROW
  4  BEGIN
  5   IF inserting THEN
  6    INSERT INTO re_dept(deptno, dname, loc, status)
  7    VALUES(:new.deptno, :new.dname, :new.loc, '입력');
  8   ELSIF updating THEN
  9    INSERT INTO re_dept(deptno, dname, loc, o_deptno, o_dname, o_loc, status)
 10    VALUES(:new.deptno, :new.dname, :new.loc, :old.deptno, :old.dname, :old.loc,'수정');
 11   ELSIF deleting THEN
 12    INSERT INTO re_dept(deptno, dname, loc, status)
 13    VALUES(:old.deptno, :old.dname, :old.loc, '삭제');
 14   END iF;
 15  END;
 16  /
```

트리거가 생성되었습니다.

```
SQL> SELECT * FROM dept;

    DEPTNO DNAME            LOC
    ------ ---------------- ----------
        10 ACCOUNTING       NEW YORK
        20 RESEARCH         DALLAS
        30 SALES            CHICAGO
        40 OPERATION        BOSTON
```

Note: -트리거는 dept 테이블에 DML 문장이 실행될 때마다 실행 후에 re_dept 테이블에 변경사항의 내용이 삽입된다.
 -행 레벨 트리거에서 칼럼의 실제 데이터 값을 제어하는데 사용하는 연산자는 ":OLD"와 ":NEW"이다. 이 연산자와 칼럼명을 함께 기술한다.
 -":OLD"는 DML 명령문이 실행되기 이전의 데이터가 저장되어 있는 임시 테이블이며, ":NEW"는 DML 명령문이 실행된 이후의 데이터가 저장되어 있는 임시 테이블이다.
 -예를 들어, 칼럼명이 deptno라고 하면, 변경 전의 값은 ":OLD.deotno"이고 변경 후의 값은 "NEW.deptno"로 사용한다.

예제 INSERT, UPDATE, DELETE 문장을 이용하여 위에서 작성한 트리거의 실행을 확인하여라.

```
SQL> INSERT INTO dept
  2  VALUES(70, 'TEST1', 'LOC1');

1 개의 행이 만들어졌습니다.

SQL> UPDATE dept
  2  SET dname = 'LOC2'
  3  WHERE deptno = 30;

1 행이 갱신되었습니다.

SQL> DELETE FROM dept
  2  WHERE deptno = 40;

1 행이 삭제되었습니다.

SQL> SELECT * FROM dept;

  DEPTNO DNAME          LOC
  ------ -------------- -------------
      10 ACCOUNTING     NEW YORK
      20 RESEARCH       DALLAS
      30 LOC2           CHICAGO
      70 TEST1          LOC1

SQL> SELECT * FROM re_dept;

  DEPTNO DNAME      LOC        O_DEPTNO O_DNAME    O_LOC      STATUS
  ------ ---------- ---------- -------- ---------- ---------- ------
      70 TEST1      LOC1                                      입력
      30 LOC2       CHICAGO          30 SALES      CHICAGO    수정
      40 OPERATION  BOSTON                                    삭제
```

Note: -INSERT 문장이 실행된 후에 re_dept 테이블에 (70, 'TEST1', LOC1, '입력')이 삽입된 것을 확인할 수 있다.
-UPDATE 문장이 실행된 후에 re_dept 테이블에 (30, 'LOC2', 'CHICAGO', 30, 'SALES', 'CHICAGO', '수정')이 삽입된 것을 확인할 수 있다.
-DELETE 문장이 실행된 후에 re_dept 테이블에 (40, 'OPERATION', 'BOSTON', '삭제')가 삽입된 것을 확인할 수 있다.

• 트리거를 제거 구문

```
DROP TRIGGER 트리거명
```

 연습문제

1. EMPEX 이름으로 아래의 테이블을 생성하여라.

칼럼명	EMPNO	ENAME	JOB
DataType	num	v2	v2
길이	4	20	20
제약조건	PK		

2. EMPEX 테이블에 데이터가 입력될 때마다 화면에 "신입 사원이 입사했습니다."라는 메시지가 출력되게 트리거 EMPEX_TRIGGER_INS를 생성하여라.

3. EMPEX 테이블에 데이터 (1, 홍길동, 판매)를 입력하고 트리거가 수행된 것을 확인하여라.

4. EMPSAL 이름으로 아래의 테이블을 생성하여라.

칼럼명	SALNO	SAL	EMPNO
DataType	num	num	num
길이	4	7,2	4
제약조건	PK		FK
참조테이블(칼럼)			EMPEX(EMPNO)

5. EMPEX 테이블에 새로운 데이터를 추가하면 EMPSAL 테이블에 자동적으로 데이터를 추가하는 트리거 EMPSAL_TRIGGER_INS를 생성하여라(SALNO는 1부터 1씩 자동으로 증가하도록 시퀀스를 사용하고, SAL은 기본값 1000을 입력한다.).

칼럼명	SALNO	SAL	C
DataType	num	num	v2
길이	4	7,2	10

6. EMPEX 테이블에 데이터(111, 이순신, 군인)를 입력하여라.

7. 트리거 EMPSAL_TRIGGER_INS이 수행된 것을 확인하기 위해 EMPEX 테이블과 EMPSAL 테이블의 데이터를 조회하여라.

8. EMPEX 테이블에 데이터(222, 김민수, 학생)를 입력하여라.

9. 트리거 EMPSAL_TRIGGER_INS이 수행된 것을 확인하기 위해 EMPEX 테이블과 EMPSAL 테이블의 데이터를 조회하여라.

10. EMPEX 테이블의 데이터가 삭제될 때마다 EMPSAL 테이블에서도 해당하는 데이터가 함께 삭제되게 하는 트리거 EMPSAL_TRIGGER_DEL를 생성하여라.

11. EMPEX 테이블로부터 EMPNO = 111인 데이터를 삭제하여라.

12. 트리거 EMPSAL_TRIGGER_DEL이 수행된 것을 확인하기 위해 EMPEX 테이블과 EMPSAL 테이블의 데이터를 조회하여라.

13. EMPEX 테이블로부터 EMPNO = 222인 데이터를 삭제하여라.

14. 트리거 EMPSAL_TRIGGER_DEL이 수행된 것을 확인하기 위해 EMPEX 테이블과 EMPSAL 테이블의 데이터를 조회하여라.

부 록

1. 오라클 데이터 사전

1. 오라클 데이터 사전(Oracle Data Dictionary)

- 오라클 데이터 사전은 데이터베이스를 관리하기 위해 오라클 서버에 의해 자동으로 생성되고 관리되는 시스템 테이블의 집합이다.
- 로그인할 수 있는 사용자명, 사용자에게 허가된 권한, 데이터베이스 객체명, 테이블 제약조건 등의 데이터베이스에 대한 정보를 저장한다.
- 모든 데이터 사전 테이블은 SYS 사용자가 소유한다. 이러한 테이블의 정보는 사용자가 이해하기 어렵기 때문에 직접 액세스하는 경우가 드물다.
- 따라서, 데이터 사전의 정보는 사용자가 이해하기 쉽게 뷰라는 형태로 제공된다.
- 사용자는 데이터 사전의 내용을 직접 수정하거나 삭제할 수 없다.
- 테이블의 검색과 마찬가지 방법으로 SELECT 문을 이용해서 데이터 사전의 내용을 검색하여 정보를 얻을 수 있다.
- 데이터 사전의 종류
  - 데이터 사전은 일반적으로 3가지 종류의 접두어를 사용하여 구분한다.

접두어	설명
USER_	사용자 소유의 객체에 관한 정보를 저장한다. 특정 사용자가 자신의 객체에 대한 정보를 볼 때 사용한다. 예를 들어, 사용자에게 허가된 권한과 사용자가 만든 테이블에 대한 정보를 출력하는 뷰가 있다.
ALL_	사용자에게 액세스가 허용된 모든 객체에 관한 정보를 저장한다. 특정 사용자가 액세스할 수 있는 모든 객체의 정보를 볼 때 사용한다.
DBA_	DBA 권한을 가진 사용자가 액세스 할 수 있는 정보를 저장한다. 관리자가 모든 객체의 정보를 볼 때 사용한다.

1) USER_TABLES, ALL_TABLES, DBA_TABLES

(1) USER_TABLES

- 현재 접속한 사용자가 소유한 모든 테이블에 관한 정보를 확인하기 위해 사용하며,
- 구조의 확인은 SQL*PLUS 명령어 DESCRIBE로 가능하다.
- DESCRIBE는 축약어 DESC와 같다.

- DESCRIBE 명령어로 확인할 수 있는 제약조건은 NOT NULL 뿐이다.
- SQL*PLUS 명령어인 'SHOW USER"를 이용해서 현재 사용자를 확인할 수 있다.

 예제 현재 사용자를 확인하여라.

```
SQL> SHOW USER
USER은 "SCOTT"입니다
```

 예제 USER_TABLES 데이터 사전의 구조를 확인하여라.

```
SQL> DESC user_tables
 이름                                       널?       유형
 ----------------------------------------- -------- ----------------
 TABLE_NAME                                NOT NULL VARCHAR2(30)
 TABLESPACE_NAME                                    VARCHAR2(30)
 CLUSTER_NAME                                       VARCHAR2(30)
 IOT_NAME                                           VARCHAR2(30)
 STATUS                                             VARCHAR2(8)
 PCT_FREE                                           NUMBER
 PCT_USED                                           NUMBER
 INI_TRANS                                          NUMBER
 MAX_TRANS                                          NUMBER
 INITIAL_EXTENT                                     NUMBER
 NEXT_EXTENT                                        NUMBER
 MIN_EXTENTS                                        NUMBER
 MAX_EXTENTS                                        NUMBER
 PCT_INCREASE                                       NUMBER
 FREELISTS                                          NUMBER
 FREELIST_GROUPS                                    NUMBER
 LOGGING                                            VARCHAR2(3)
 BACKED_UP                                          VARCHAR2(1)
 NUM_ROWS                                           NUMBER
 BLOCKS                                             NUMBER
 EMPTY_BLOCKS                                       NUMBER
 AVG_SPACE                                          NUMBER
 CHAIN_CNT                                          NUMBER
 AVG_ROW_LEN                                        NUMBER
 AVG_SPACE_FREELIST_BLOCKS                          NUMBER
 NUM_FREELIST_BLOCKS                                NUMBER
 DEGREE                                             VARCHAR2(10)
 INSTANCES                                          VARCHAR2(10)
 CACHE                                              VARCHAR2(5)
 TABLE_LOCK                                         VARCHAR2(8)
 SAMPLE_SIZE                                        NUMBER
 LAST_ANALYZED                                      DATE
 PARTITIONED                                        VARCHAR2(3)
 IOT_TYPE                                           VARCHAR2(12)
 TEMPORARY                                          VARCHAR2(1)
 SECONDARY                                          VARCHAR2(1)
 NESTED                                             VARCHAR2(3)
 BUFFER_POOL                                        VARCHAR2(7)
 FLASH_CACHE                                        VARCHAR2(7)
 CELL_FLASH_CACHE                                   VARCHAR2(7)
 ROW_MOVEMENT                                       VARCHAR2(8)
 GLOBAL_STATS                                       VARCHAR2(3)
 USER_STATS                                         VARCHAR2(3)
 DURATION                                           VARCHAR2(15)
 SKIP_CORRUPT                                       VARCHAR2(8)
 MONITORING                                         VARCHAR2(3)
 CLUSTER_OWNER                                      VARCHAR2(30)
 DEPENDENCIES                                       VARCHAR2(8)
 COMPRESSION                                        VARCHAR2(8)
 COMPRESS_FOR                                       VARCHAR2(12)
 DROPPED                                            VARCHAR2(3)
 READ_ONLY                                          VARCHAR2(3)
```

1. 오라클 데이터 사전

 예제 USER_TABLES 데이터 사전의 모든 내용을 검색하여라.

```
SQL> SELECT *
  2  FROM user_tables;

TABLE_NAME                     TABLESPACE_NAME
------------------------------ ------------------------------
CLUSTER_NAME
------------------------------
IOT_NAME                                              STATUS   PCT_FREE  PCT_USED  INI_TRANS  MAX_TRANS
------------------------------                        -------- --------  --------  ---------  ---------
INITIAL_EXTENT NEXT_EXTENT MIN_EXTENTS MAX_EXTENTS PCT_INCREASE FREELISTS FREELIST_GROUPS LOG B  NUM_ROWS    BLOCKS
-------------- ----------- ----------- ----------- ------------ --------- --------------- ----- ---------- --------
EMPTY_BLOCKS  AVG_SPACE  CHAIN_CNT  AVG_ROW_LEN AVG_SPACE_FREELIST_BLOCKS NUM_FREELIST_BLOCKS DEGREE
------------  ---------  ---------  ----------- ------------------------- ------------------- ------
INSTANCES              CACHE       TABLE_LO SAMPLE_SIZE LAST_ANA PAR IOT_TYPE    T S NES BUFFER_ FLASH_C CELL_FL ROW_MOVE
---------              -----       -------- ----------- -------- --- --------   - - --- ------- ------- ------- --------
GLO USE DURATION                      SKIP_COR MON CLUSTER_OWNER
--- --- --------                      -------- --- ------------------------------
DEPENDEN COMPRESS COMPRESS_FOR DRO REA SEG RESULT_
-------- -------- ------------ --- --- --- -------
                                                     VALID           10                   1          255
       65536    1048576           1  2147483645                                   YES N
           1              N        ENABLED                   NO                  N N NO  DEFAULT DEFAULT DEFAULT DISABLED
NO  NO                                   DISABLED YES
DISABLED DISABLED                  NO  NO  YES DEFAULT

14 개의 행이 선택되었습니다.
```

 예제 USER_TABLES 데이터 사전으로부터 현재 사용자가 사용할 수 있는 테이블명을 모두 내림차순으로 검색하여라..

```
SQL> SELECT table_name
  2  FROM user_tables
  3  ORDER BY table_name DESC;

TABLE_NAME
------------------------------
SALGRADE
EMPCOPY
EMP7
EMP6
EMP5
EMP4
EMP3
EMP2
EMP1
EMP
DEPTCOPY
DEPT1
DEPT
BONUS

14 개의 행이 선택되었습니다.
```

(2) ALL_TABLES

- 현재 접속한 사용자가 소유하거나 권한을 부여받은 모든 테이블에 관한 정보를 확인하기 위해 사용한다.

 예제 ALL_TABLES 데이터 사전의 구조를 확인하여라.

```
SQL> DESC all_tables
 이름                                           널?       유형
 ---------------------------------------- -------- ----------------
 OWNER                                    NOT NULL VARCHAR2(30)
 TABLE_NAME                               NOT NULL VARCHAR2(30)
 TABLESPACE_NAME                                   VARCHAR2(30)
 CLUSTER_NAME                                      VARCHAR2(30)
 IOT_NAME                                          VARCHAR2(30)
 STATUS                                            VARCHAR2(8)
 PCT_FREE                                          NUMBER
 PCT_USED                                          NUMBER
 INI_TRANS                                         NUMBER
 MAX_TRANS                                         NUMBER
 INITIAL_EXTENT                                    NUMBER
 NEXT_EXTENT                                       NUMBER
 MIN_EXTENTS                                       NUMBER
 MAX_EXTENTS                                       NUMBER
 PCT_INCREASE                                      NUMBER
 FREELISTS                                         NUMBER
 FREELIST_GROUPS                                   NUMBER
 LOGGING                                           VARCHAR2(3)
 BACKED_UP                                         VARCHAR2(1)
 NUM_ROWS                                          NUMBER
 BLOCKS                                            NUMBER
 EMPTY_BLOCKS                                      NUMBER
 AVG_SPACE                                         NUMBER
 CHAIN_CNT                                         NUMBER
 AVG_ROW_LEN                                       NUMBER
 AVG_SPACE_FREELIST_BLOCKS                         NUMBER
 NUM_FREELIST_BLOCKS                               NUMBER
 DEGREE                                            VARCHAR2(10)
 INSTANCES                                         VARCHAR2(10)
 CACHE                                             VARCHAR2(5)
 TABLE_LOCK                                        VARCHAR2(8)
 SAMPLE_SIZE                                       NUMBER
 LAST_ANALYZED                                     DATE
 PARTITIONED                                       VARCHAR2(3)
 IOT_TYPE                                          VARCHAR2(12)
 TEMPORARY                                         VARCHAR2(1)
 SECONDARY                                         VARCHAR2(1)
 NESTED                                            VARCHAR2(3)
 BUFFER_POOL                                       VARCHAR2(7)
 FLASH_CACHE                                       VARCHAR2(7)
 CELL_FLASH_CACHE                                  VARCHAR2(7)
 ROW_MOVEMENT                                      VARCHAR2(8)
 GLOBAL_STATS                                      VARCHAR2(3)
 USER_STATS                                        VARCHAR2(3)
 DURATION                                          VARCHAR2(15)
 SKIP_CORRUPT                                      VARCHAR2(8)
 MONITORING                                        VARCHAR2(3)
 CLUSTER_OWNER                                     VARCHAR2(30)
```

1. 오라클 데이터 사전

 예제 ALL_TABLES 데이터 사전의 모든 내용을 검색하여라.

```
SQL> SELECT *
  2  FROM all_tables;

OWNER                          TABLE_NAME                 TABLESPACE_NAME
------------------------------ -------------------------- ------------------------------
CLUSTER_NAME
------------------------------------------------------------
IOT_NAME                                                  STATUS   PCT_FREE  PCT_USED  INI_TRANS  MAX_TRANS
-------------------------------------------------------- -------- --------- --------- ---------- ----------
INITIAL_EXTENT NEXT_EXTENT MIN_EXTENTS MAX_EXTENTS PCT_INCREASE  FREELISTS FREELIST_GROUPS LOG B   NUM_ROWS      BLOCKS
-------------- ----------- ----------- ----------- ------------ ---------- --------------- ----- ---------- ----------
EMPTY_BLOCKS  AVG_SPACE  CHAIN_CNT AVG_ROW_LEN AVG_SPACE_FREELIST_BLOCKS NUM_FREELIST_BLOCKS DEGREE
------------ ---------- --------- ----------- ------------------------- ------------------- ------
INSTANCES          CACHE      TABLE_LO SAMPLE_SIZE LAST_ANA PAR IOT_TYPE       T S NES BUFFER_ FLASH_C CELL_FL ROW_MOVE
------------------ ---------- -------- ----------- -------- --- -------------- - - --- ------- ------- ------- --------
GLO USE DURATION                   SKIP_COR MON CLUSTER_OWNER
--- --- ----------------- -------- --- ------------------------------
DEPENDEN COMPRESS COMPRESS_FOR DRO REA SEG RESULT_
-------- -------- ------------ --- --- --- -------
DISABLED DISABLED BASIC        NO  NO  YES DEFAULT

113 개의 행이 선택되었습니다.
```

 예제 ALL_TABLES 데이터 사전으로부터 모든 테이블의 이름과 소유자를 검색하여라.

```
SQL> SELECT table_name, owner
  2  FROM all_tables;

TABLE_NAME                     OWNER
------------------------------ ------------------------------
DUAL                           SYS
SYSTEM_PRIVILEGE_MAP           SYS
TABLE_PRIVILEGE_MAP            SYS
STMT_AUDIT_OPTION_MAP          SYS
AUDIT_ACTIONS                  SYS
WRR$_REPLAY_CALL_FILTER        SYS
HS_BULKLOAD_VIEW_OBJ           SYS
HS$_PARALLEL_METADATA          SYS
HS_PARTITION_COL_NAME          SYS
HS_PARTITION_COL_TYPE          SYS
HELP                           SYSTEM
DR$OBJECT_ATTRIBUTE            CTXSYS
DR$POLICY_TAB                  CTXSYS
DR$THS                         CTXSYS
DR$THS_PHRASE                  CTXSYS
DR$NUMBER_SEQUENCE             CTXSYS
XDB$XIDX_IMP_T                 XDB
SRSNAMESPACE_TABLE             MDSYS
SDO_UNITS_OF_MEASURE           MDSYS
SDO_PRIME_MERIDIANS            MDSYS
SDO_ELLIPSOIDS                 MDSYS
```

(3) DBA_TABLES

- 데이터베이스에 있는 모든 테이블에 관한 정보를 확인하기 위해 사용하며,
- DBA 시스템 권한을 가진 사용자만 접근할 수 있다.

 예제 DBA_TABLES 데이터 사전의 구조를 확인하여라.

```
SQL> DESC dba_tables
이름                               널?       유형
--------------------------------- -------- -----------------
OWNER                             NOT NULL VARCHAR2(30)
TABLE_NAME                        NOT NULL VARCHAR2(30)
TABLESPACE_NAME                            VARCHAR2(30)
CLUSTER_NAME                               VARCHAR2(30)
IOT_NAME                                   VARCHAR2(30)
STATUS                                     VARCHAR2(8)
PCT_FREE                                   NUMBER
PCT_USED                                   NUMBER
INI_TRANS                                  NUMBER
MAX_TRANS                                  NUMBER
INITIAL_EXTENT                             NUMBER
NEXT_EXTENT                                NUMBER
MIN_EXTENTS                                NUMBER
MAX_EXTENTS                                NUMBER
PCT_INCREASE                               NUMBER
FREELISTS                                  NUMBER
FREELIST_GROUPS                            NUMBER
LOGGING                                    VARCHAR2(3)
BACKED_UP                                  VARCHAR2(1)
NUM_ROWS                                   NUMBER
BLOCKS                                     NUMBER
EMPTY_BLOCKS                               NUMBER
AVG_SPACE                                  NUMBER
CHAIN_CNT                                  NUMBER
AVG_ROW_LEN                                NUMBER
AVG_SPACE_FREELIST_BLOCKS                  NUMBER
NUM_FREELIST_BLOCKS                        NUMBER
DEGREE                                     VARCHAR2(10)
INSTANCES                                  VARCHAR2(10)
CACHE                                      VARCHAR2(5)
TABLE_LOCK                                 VARCHAR2(8)
SAMPLE_SIZE                                NUMBER
LAST_ANALYZED                              DATE
PARTITIONED                                VARCHAR2(3)
IOT_TYPE                                   VARCHAR2(12)
TEMPORARY                                  VARCHAR2(1)
SECONDARY                                  VARCHAR2(1)
NESTED                                     VARCHAR2(3)
BUFFER_POOL                                VARCHAR2(7)
FLASH_CACHE                                VARCHAR2(7)
CELL_FLASH_CACHE                           VARCHAR2(7)
ROW_MOVEMENT                               VARCHAR2(8)
GLOBAL_STATS                               VARCHAR2(3)
USER_STATS                                 VARCHAR2(3)
DURATION                                   VARCHAR2(15)
SKIP_CORRUPT                               VARCHAR2(8)
MONITORING                                 VARCHAR2(3)
CLUSTER_OWNER                              VARCHAR2(30)
```

예제 DBA_TABLES 데이터 사전의 모든 내용을 검색하여라.

```
SQL> SELECT *
  2  FROM dba_tables;
```

```
OWNER                     TABLE_NAME                 TABLESPACE_NAME
------------------------- -------------------------- -------------------
CLUSTER_NAME
--------------------------
IOT_NAME                                             STATUS    PCT_FREE   PCT_USED  INI_TRANS  MAX_TRANS
INITIAL_EXTENT  NEXT_EXTENT  MIN_EXTENTS  MAX_EXTENTS  PCT_INCREASE  FREELISTS  FREELIST_GROUPS  LOG B   NUM_ROWS     BLOCKS
EMPTY_BLOCKS  AVG_SPACE  CHAIN_CNT  AVG_ROW_LEN  AVG_SPACE_FREELIST_BLOCKS  NUM_FREELIST_BLOCKS  DEGREE
INSTANCES             CACHE      TABLE_LO  SAMPLE_SIZE  LAST_ANA  PAR  IOT_TYPE      T S NES BUFFER_ FLASH_C CELL_FL ROW_MOVE
GLO USE DURATION                  SKIP_COR MON CLUSTER_OWNER
DEPENDEN COMPRESS COMPRESS_FOR DRO REA SEG RESULT_

2790 개의 행이 선택되었습니다.
```

 예제 DBA_TABLES 데이터 사전으로부터 모든 테이블의 이름과 소유자를 검색하여라.

```
SQL> SELECT table_name, owner
  2  FROM dba_tables;
```

```
TABLE_NAME                       OWNER
-------------------------------- ----------------
AQ$_ORDERS_QUEUETABLE_S          IX
LOGMNR_SESSION_EVOLVE$           SYSTEM
CHANNELS                         SH
STREAMS_QUEUE_TABLE              IX
LOGMNR_SPILL$                    SYSTEM
TIMES                            SH
LOGMNR_PROCESSED_LOG$            SYSTEM
LOGMNR_LOG$                      SYSTEM
ORDERS                           OE
AQ$_ORDERS_QUEUETABLE_L          IX
PRINT_MEDIA                      PM
DR$SUP_TEXT_IDX$I                SH
CUSTOMERS                        SH
LOGMNR_RESTART_CKPT_TXINFO$      SYSTEM
WM$UDTRIG_INFO                   WMSYS
PROMOTIONS                       SH
CAL_MONTH_SALES_MV               SH
ORDERS_QUEUETABLE                IX

2790 개의 행이 선택되었습니다.
```

2) USER_OBJECTS

- 특정 사용자가 소유한 모든 객체를 알고자 할 때 사용한다.

 예제 데이터 사전 USER_OBJECTS의 구조를 확인하여라.

```
SQL> DESC user_objects
 이름                                         널?       유형
 -------------------------------------------- -------- ----------------
 OBJECT_NAME                                           VARCHAR2(128)
 SUBOBJECT_NAME                                        VARCHAR2(30)
 OBJECT_ID                                             NUMBER
 DATA_OBJECT_ID                                        NUMBER
 OBJECT_TYPE                                           VARCHAR2(18)
 CREATED                                               DATE
 LAST_DDL_TIME                                         DATE
 TIMESTAMP                                             VARCHAR2(19)
 STATUS                                                VARCHAR2(7)
 TEMPORARY                                             VARCHAR2(1)
 GENERATED                                             VARCHAR2(1)
 SECONDARY                                             VARCHAR2(1)
```

 예제 데이터 사전 USER_OBJECTS의 모든 내용을 검색하여라.

```
SQL> SELECT *
  2  FROM user_objects;

OBJECT_NAME
--------------------------------------------------------------------------------
SUBOBJECT_NAME                 OBJECT_ID DATA_OBJECT_ID OBJECT_TYPE
------------------------------ --------- -------------- ----------------
CREATED   LAST_DDL TIMESTAMP          STATUS  T G S
--------- -------- ------------------ ------- - - -
BONUS
                                   30141          30141 TABLE
02/05/12  02/05/12 2002-05-12:20:18:24 VALID   N N N

DEPT
                                   30137          30137 TABLE
02/05/12  02/05/12 2002-05-12:20:18:23 VALID   N N N

EMP
                                   30139          30139 TABLE
02/05/12  05/01/05 2002-05-12:20:18:24 VALID   N N N
```

```
PK_DEPT
                              30138         30138 INDEX
02/05/12 02/05/12 2002-05-12:20:18:23 VALID   N N N

PK_EMP
                              30140         30140 INDEX
02/05/12 02/05/12 2002-05-12:20:18:24 VALID   N N N

SALGRADE
                              30142         30142 TABLE
02/05/12 02/05/12 2002-05-12:20:18:24 VALID   N N N

6 개의 행이 선택되었습니다.
```

 예제 USER_OBJECTS에서 object_name과 object_type을 검색하여라.

```
SQL> SELECT object_name, object_type
  2  FROM user_objects;

OBJECT_NAME         OBJECT_TYPE
-------------------------------
BONUS               TABLE
DEPT                TABLE
EMP                 TABLE
PK_DEPT             INDEX
PK_EMP              INDEX
SALGRADE            TABLE

6 개의 행이 선택되었습니다.
```

 예제 USER_OBJECTS에서 object_type이 'TABLE'인 것의 object_name을 검색하여라.

```
SQL> SEELCT object_name
  2  FROM user_objects
  3  WHERE object_type = 'TABLE';

OBJECT_NAME
-------------------------------
BONUS
DEPT
EMP
SALGRADE
```

예제 USER_OBJECTS에서 object_type이 'TABLE'이거나 'INDEX'인 것의 object_name을 13자리로 나타내고 object_type, status를 출력하여라.

```
SQL> SELECT SUBSTR(object_name, 1, 13) object, object_type, status
  2  FROM user_objects
  3  WHERE object_type IN ('TABLE', 'INDEX');

OBJECT              OBJECT_TYPE      STATUS
------------------  ---------------  -------
BONUS               TABLE            VALID
DEPT                TABLE            VALID
EMP                 TABLE            VALID
PK_DEPT             INDEX            VALID
PK_EMP              INDEX            VALID
SALGRADE            TABLE            VALID

6 개의 행이 선택되었습니다.
```

3) USER_CONSTRAINTS, USER_CONS_COLUMNS

• 테이블의 제약조건에 관한 정보를 확인할 수 있다.

(1) USER_CONSTRAINTS

• 테이블에 대한 모든 제약조건의 정의와 이름을 볼 수 있다.

예제 USER_CONSTRAINTS의 구조를 확인하여라.

```
SQL> DESC user_constraints
 이름                              널?        유형
 ------------------------------  --------  ----------------
 OWNER                           NOT NULL  VARCHAR2(30)
 CONSTRAINT_NAME                 NOT NULL  VARCHAR2(30)
 CONSTRAINT_TYPE                           VARCHAR2(1)
 TABLE_NAME                      NOT NULL  VARCHAR2(30)
 SEARCH_CONDITION                          LONG
 R_OWNER                                   VARCHAR2(30)
 R_CONSTRAINT_NAME                         VARCHAR2(30)
 DELETE_RULE                               VARCHAR2(9)
 STATUS                                    VARCHAR2(8)
 DEFERRABLE                                VARCHAR2(14)
 DEFERRED                                  VARCHAR2(9)
```

```
VALIDATED                         VARCHAR2(13)
GENERATED                         VARCHAR2(14)
BAD                               VARCHAR2(3)
RELY                              VARCHAR2(4)
LAST_CHANGE                       DATE
INDEX_OWNER                       VARCHAR2(30)
INDEX_NAME                        VARCHAR2(30)
INVALID                           VARCHAR2(7)
VIEW_RELATED                      VARCHAR2(14)
```

 예제 USER_CONSTRAINTS에서 'EMP' 테이블의 제약조건을 검색하여라.

```
SQL> SELECT constraint_name, constraint_type, r_constraint_name
  2  FROM user_constraints
  3  WHERE table_name = 'EMP';

CONSTRAINT_NAME                   C R_CONSTRAINT_NAME
--------------------------------- - ---------------------------------
PK_EMP                            P
FK_DEPTNO                         R PK_DEPT
```

Note : -제약조건 유형이 NOT NULL인 경우에 constraint_type이 'C'로 표시
       -제약조건 유형이 PRIMARY KEY인 경우에 constraint_type이 'P'로 표시
       -제약조건 유형이 UNIQUE인 경우에 constraint_type이 'U'로 표시
       -제약조건 유형이 CHECK인 경우에 constraint_type이 'C'로 표시
       -제약조건 유형이 FOREIGN KEY인 경우에 constraint_type이 'R'로 표시

(2) USER_CONS_COLUMNS

• 제약조건의 이름과 관련된 칼럼의 정보를 확인할 수 있으며,

• 제약조건명을 시스템이 정한 경우에 특히 유용하다.

 예제 USER_CONS_COLUMNS의 구조를 확인하여라.

```
SQL> DESC user_cons_columns
 이름                              널?       유형
 --------------------------------- -------- ---------------------------
 OWNER                             NOT NULL VARCHAR2(30)
 CONSTRAINT_NAME                   NOT NULL VARCHAR2(30)
 TABLE_NAME                        NOT NULL VARCHAR2(30)
 COLUMN_NAME                                VARCHAR2(4000)
 POSITION                                   NUMBER
```

예제 USER_CONS_COLUMNS에서 'EMP' 테이블의 제약조건을 검색하여라.

```
SQL> SELECT constraint_name, column_name
  2  FROM  user_cons_columns
  3  WHERE table_name = 'EMP';

CONSTRAINT_NAME            COLUMN_NAME
-------------------------  -------------------
FK_DEPTNO                  DEPTNO
PK_EMP                     EMPNO
```

 예제 USER_CONSTRAINTS, USER_CONS_COLUMNS 데이터 사전으로부터 'EMP' 테이블의 칼럼명, 제약조건명, 제약조건 유형을 검색하여라.

```
SQL> SELECT ucc.column_name, uc.constraint_name, uc.constraint_type, r_constraint_name
  2  FROM user_constraints uc, user_cons_columns ucc
  3  WHERE uc.constraint_name = ucc.constraint_name
  4        and uc.table_name = 'EMP';

COLUMN_NAME
----------------------------------------------------------------
CONSTRAINT_NAME                       C R_CONSTRAINT_NAME
------------------------------------- - -------------------------
EMPNO
PK_EMP                                P

DEPTNO
FK_DEPTNO                             R PK_DEPT
```

4) USER_TAB_COMMENTS, USER_COL_COMMENTS

- USER_TAB_COMMENTS: 테이블에 대한 주석(comment)의 정보를 확인할 수 있다.
- USER_COL_COMMENTS: 칼럼에 대한 주석의 정보를 확인할 수 있다.

 예제 USER_TAB_COMMENTS의 구조를 확인하여라.

```
SQL> DESC user_tab_comments
 이름                                     널?       유형
 ---------------------------------------- -------- ----------------
 TABLE_NAME                               NOT NULL VARCHAR2(30)
 TABLE_TYPE                                        VARCHAR2(11)
 COMMENTS                                          VARCHAR2(4000)
```

예제 USER_COL_COMMENTS의 구조를 확인하여라.

```
SQL> DESC user_col_comments
 이름                                      널?       유형
 ---------------------------------------- -------- ----------------
 TABLE_NAME                               NOT NULL VARCHAR2(30)
 COLUMN_NAME                              NOT NULL VARCHAR2(30)
 COMMENTS                                          VARCHAR2(4000)
```

 예제 emp 테이블에 주석 'Employee Information'을 생성하고, empno 칼럼에 주석 '사원 번호'를 생성하여라.

```
SQL> COMMENT ON TABLE emp IS 'Employee Information';
```

주석이 생성되었습니다.

```
SQL> COMMENT ON emp.empno IS '사원번호';
```

주석이 생성되었습니다.

 예제 emp 테이블과 empno 칼럼의 주석을 확인하여라.

```
SQL> SELECT *
  2  FROM user_tab_comments;

TABLE_NAME           TABLE_TYPE    COMMENTS
-------------------- ------------- ----------------------------------
BONUS                TABLE
DEPT                 TABLE
EMP                  TABLE         Employee Information
SALGRADE             TABLE

SQL> SELECT *
  2  FROM user_col_comments
  3  WHERE column_name = 'EMPNO';

TABLE_NAME           COLUMN_NAME   COMMENTS
-------------------- ------------- ----------------------------------
EMP                  EMPNO         사원번호
```

오라클

지은이	윤정미
펴낸이	김형근
펴낸곳	도서출판 기한재
주　소	경기도 파주시 회동길 56 (파주출판도시)
전　화	031)955-0900~2
팩　스	031)955-0100
등　록	1990년 3월 15일 제2-968호
발　행	2023년 3월 10일 1판 6쇄
정　가	18,000원

무단 복제 및 무단 전재를 금합니다.
Published by Kihanjae Co.
ISBN 978-89-7018-752-5
http://www.kihanjae.com
E-mail : kihanjae@daum.net